高等职业教育财经类“十二五”系列规划教材·市场营销专业

消费心理学

郭兆平　主编
吕　慧　王潇潇　程　虹　副主编

電子工業出版社
Publishing House of Electronics Industry
北京·BEIJING

内 容 简 介

本书包括十二个任务，分成四部分：任务一与十二分别是消费心理学的基础知识与消费行为的综合分析；中间的十个任务分成三部分：消费者心理、社会影响下心理、产品或劳务心理。消费者心理包括消费者认知、需要、个性、态度等五个任务；社会影响包括群体、文化等两个任务；产品心理包括价格、包装、信息传递三个任务。

本书突出每个任务的学习目标、案例应用、应用举例以及实训项目的设计，语言简练，实用性强，既可以作为高职高专院校市场营销专业和其他相关专业的教材，又可以作为职业培训以及企业管理人员的自学参考书。

图书在版编目（CIP）数据

消费心理学 / 郭兆平主编. —北京：电子工业出版社，2014.1
高等职业教育财经类“十二五”系列规划教材. 市场营销专业
ISBN 978-7-121-22094-4

Ⅰ. ①消… Ⅱ. ①郭… Ⅲ. ①消费心理学－高等职业教育－教材 Ⅳ. ①F713.55

中国版本图书馆 CIP 数据核字（2013）第 292704 号

策划编辑：张云怡
责任编辑：郝黎明
印　　刷：北京捷迅佳彩印刷有限公司
装　　订：北京捷迅佳彩印刷有限公司
出版发行：电子工业出版社
　　　　　北京市海淀区万寿路 173 信箱　邮编　100036
开　　本：787×1 092　1/16　印张：18.75　字数：480 千字
版　　次：2014 年 1 月第 1 版
印　　次：2022 年 7 月第 15 次印刷
定　　价：35.00 元

凡所购买电子工业出版社图书有缺损问题，请向购买书店调换。若书店售缺，请与本社发行部联系，联系及邮购电话：（010）88254888，88258888。

质量投诉请发邮件至 zlts@phei.com.cn，盗版侵权举报请发邮件至 dbqq@phei.com.cn。

本书咨询联系方式：（010）88254573，zyy@phei.com.cn。

前　言

1991 年 10 月入职目前的学校，从教已经整整二十二年。对于高职院校的教师，教学任务远远多于科研与教研的要求，教师从事教科研工作也多是因为职称评审的需要。2008 年完成了教授职称的评审，没有了评职的功利性需求，更想静下心来，把自己从教二十年多年的积累，特别是对消费心理学相关教材情况的掌握，对授课对象的孩子们的理解，对高职教改发展趋势的认知和研究等，写一本书，作为自己执教消费心理学二十多年来的总结，献给自己的职业生涯，献给我热爱的学生们，献给同行们，力争对同行有所启发，并对这个学科有一点点贡献。

在本书的构思过程中，主要考虑了两个方面的需要；一方面是尽量符合学生阅读的习惯，文字以简洁、通俗甚至趣味性为主；另一方面是符合目前高职教材建设特点的需要，以任务和项目为导向。

因此，在教材的写作上突出了以下三方面的特点：

第一、任务与教学目标。全书由十二个任务组成，每个任务下面分成若干学习任务，每个任务中的学习目标分成知识与能力目标，符合高职教学的任务导向特点，使学生能更好地从整体上把握要学习的核心内容；

第二、引例、案例与应用举例。在每个任务中，以引例开始，使学生能更好地认识每一个任务的核心学习内容；在案例的选择和编写上，除个别经典案例原文引进外，其余都根据教材需要进行了改编，从文字以及表述上更加符合学生的阅读习惯；应用举例主要是为了更好地解释关键、重要以及较难理解的概念以及相关问题，以常见、简单以及通俗的话进行陈述，便于学生理解，也是本书的主要创新点；

第三、实训项目。针对每一个任务中的关键知识以及能力点，设计了 2～4 个实训项目；针对实训项目的总结，概括了该项目涉及的核心知识和应掌握的能力点，促使学生对该任务中的核心知识再次复习，既可以用于学生自主学习，也可以用于教师的课堂训练。

本书也是大连职业技术学院市场营销专业团队集体教研的成果，一起研讨确定了内容的大纲与结构，由郭兆平担任主编，具体分工如卜：程虹、王潇潇、吕慧分别负责任务十、十一、十二的编写；王培民、郑晓楠、郭兆超分别参与任务一、二、三的编写；感谢同事马晓娜、张帅协助完成了资料的收集和整理；感谢未曾谋面的同行给予的启示，这些都一一列在参考文献当中。

大连职业技术学院经济管理学院
郭兆平

目 录

（1）

任务一

了解消费行为与消费心理分析的基本内容

知识目标

1. 了解消费行为基本过程和特点、消费心理的基本内容；
2. 认识影响消费者行为过程的因素；
3. 了解消费心理的基本方法，熟悉和掌握消费心理的心理学方法。

能力目标

1. 能从整体上分析个体的消费行为，并能根据具体情境确定影响消费心理的主要因素；
2. 能够运用心理学的方法分析消费者的心理。

引入案例　高露洁的“中日之旅”

高露洁的英文名字为“Colgate”，音译为科尔盖特，是美国一家非常知名的公司。科尔盖特公司生产的牙膏是深受美国消费者欢迎的畅销产品，当它进入日本市场时，却出乎意料地滞销，市场占有率仅达1%。

科尔盖特牙膏与雄踞行业榜首的日本狮王牙膏的包装同属红、白两色的单纯设计，所不同的是，前者以红为主、红底白字，后者以白色为主、白底红字。这是因为美国人无论男女老幼都偏爱红色，认为红色象征着活力、生命力，日本人喜欢白色，很多商标名称都冠有“白”字，如白鹤、白雪等。他们认为像国旗那样，大片的白底上一个鲜红的太阳才是最美的色彩，而红色被认为是带有婴儿和女性气息的色彩，同时红色的扩张感也让人产生“强刺激”等，这与牙膏产品要求的温和舒服也不够匹配。科尔盖特牙膏大块地使用红色的包装，显然漠视了日本消费者与美国消费者的色彩感觉差异和购买心理差异，因此难逃失败的厄运。

或许这次失败的“日本旅行”，给科尔盖特的亚洲之旅敲响了警钟，于是在其进入中国市场的时候，做了充分的准备，其融入中国文化的营销策略就做得非常成功。

首先，其包装的红色与中国文化意外的巧合，中国人对红色的喜爱是显而易见的。其次，为了迎合中国消费者的心理，他们巧妙地把英文名称“Colgate”汉译为“高露洁”，这一主题清晰的名称，使中国消费者一下开始认识和喜欢上这个产品，并以为这是一家地道的中国公司，最后，高露洁公司在市场调研的基础上对1996年中国牙膏产业的现状进行了系统分析，得到了四个清晰的结论：第一是牙膏品牌众多，竞争激烈；第二是牙膏基本都集中在低价位；第三是几个老品牌市场份额相对稳固，不容易轻易夺走；第四是牙膏的广告趋于白热化，广告诉求重点很突出，即面对中老年消费者。

通过市场调研、市场细分、产品试用等几个阶段后，高露洁已经清楚地认识到中国牙膏市场高档产品所存在的巨大商机，于是接连打出了一套组合拳，即把高价位的“高露洁”品牌推向市场，在几乎占领了这一部分市场绝大份额后，利用品牌延伸效应推出“高露洁”品牌中档产品。这一系列衔接紧密的市场动作把中国的一些牙膏厂商打得措手不及。

时至今日，高露洁依然是中国人喜欢并一直使用的产品，你或你的亲戚朋友是否也是高露洁的用户呢？

案例评析：

1. 高露洁日本之旅的失败，是因为忽视了日本文化下的消费心理差异：美日文化中对红色的不同理解；

2. 在中国的成功是因为充分地研究了中国文化，从命名以及产品的定位等，满足了消费者的心理需求；

3. 抓住决定消费者消费的最核心因素，是一个企业和产品是否能够成功营销的关键和核心。

子任务一 认识消费行为与心理

每个成年人几乎每一天都要发生消费行为，虽然消费行为发生的原因千差万别，但是其过程基本一致。作为营销者，为了更好地进行营销，就必须寻找合适的角度对消费行为进行研究，并抓住其中的重要因素进行有针对性的分析和营销。

1.1.1 消费行为的过程

描述消费行为的过程有两种方式和途径：一是从宏观和整体角度进行概括和描述，即消费行为是消费者消费产品或劳务的过程；二是从一个具体的消费过程进行描述，消费行为要经过五个阶段即认识需要、搜集信息、比较分析、购买决定和购后感受。

前者的宏观描述具有抽象性和概括性；后者的微观描述，是对前者的具体分解。无论用什么方式进行描述，消费行为过程的特征和本质是一致的。

1.1.2 消费行为特点

1. 消费行为的动态性

从消费者认知个体的需要到需要的满足以及对消费行为的感受评估，消费行为始终是一个连贯的、不能分割的行为整体，在这个过程中消费者的认知过程、情绪过程、意向过程、选择过程、购买过程以及评价过程是动态的、连贯的过程。消费者的个人因素以及外界环境因素等，都使消费者的消费行为具备一定的动态性。

2. 消费行为的不确定性

即便是一个简单的消费，比如购买日用品的牙膏或者简单的小食品等，其消费行为也不是一成不变的，会受到诸多因素的影响，由于这些因素始终处于变化中，使人的消费行为也始终处于变化中。这种不确定性因素主要包括三个方面：其一是个体兴趣、爱好、情绪等因素；其二是个体经济状况的变化；其三是在购买行为的过程中，消费环境、营销人员的态度、促销手段等因素，这些使消费者的行为充满了随机性，增加了分析消费行为的难度。

3. 消费行为的规律性

消费行为的规律性体现在以下几个方面：其一是任何一个消费行为都是从需要开始到

需要得到满足结束，在这个过程中个体的需要总是体现着群体的需要，同时这些需要是有规律的；其二是作为消费者的个体特性是千差万别的，但是作为市场营销中的目标群体总是有某些共同的特点，比如同年龄人、同阶层人等，是有规律的；其三是消费者在选择商品时，对商品的关注点总是有很多的共性，比如对耐用品的品质、对服饰的时尚、商品的价格、耐用品的购买地点的选择等都是有规律的；其四是人的基础心理现象是有规律可循的，比如人的认知、态度、气质等总是有规律的。

所以，在分析人的消费行为时，在满足差异个体的需要同时，也需要满足群体的共性需要，尤其在目前的市场条件下，消费者的共性和个性的特点是同样需要注意的。

消费行为的分析是进行营销活动的基础，在关注消费行为的过程中，要把消费行为当成一个整体的过程加以分析。在分析中，不但要关注消费行为的不确定性，考虑到不确定因素的存在，更要关注消费行为的规律性，在寻找规律性的过程中制定符合消费者特点的营销方法，使营销活动更加有的放矢，深入人心。

小资料　　中国消费者消费心理的变化

1988—1990 年，中国消费者陷入非正常购物怪圈。一些消费者家庭消费支出打破了计划性，不是量入为出，而是有钱就花，为了追赶消费潮流盲目地把货币变成商品；一些消费者家庭没有摆好即期消费和中远期消费的关系，在市场上超常购物，有的消费者无消费目的地多买多存，影响了中远期消费；一些消费者的购物心理短时期内出现逆向转移，购买心理动机由求稳、求全、求廉、求实发展为随多、喜新、争胜、保值，又发展为求稳、求全、选择、求廉。这个非正常的购物圈，不仅圈住了消费者正常消费的手脚，也制约了我国消费品生产、流通、消费的正常运行，许多生产企业由此陷入困境，企业销售人员竭尽全力进行推销，仍没有减轻企业产成品货满为患、资金占压过多无法运营的压力。

1990 年以后，中国消费者的消费心理出现了变化，人们在购买行为上出现了“十买十不买”。

十买：①买名牌、质高、价格适中的商品；②买新潮、时代感强的商品；③买新颖别致、有特色的商品；④买迎合消费者喜庆、吉祥心理的商品；⑤买名优土特商品；⑥买拾遗补缺商品；⑦买卫生、方便、节省时间的商品；⑧买落实保修的商品；⑨买价廉物美的商品；⑩买日用小商品。

十不买：①不买削价拍卖商品；②不买宣传介绍摆“噱头”的商品；③不买不配套服务的商品；④不买无特色的商品；⑤不买缺乏安全感的商品；⑥不买一次性消费的商品；⑦不买无厂家、产地、保质期的“三无”商品；⑧不买监制联营商品；⑨不买粗制滥造商品；⑩不买不符合卫生要求的商品。

由此可见，近年来人们的消费心理和行为明显地更加理性化。

消费者的消费心理对市场波动产生重要的影响，因此营销活动应十分关注消费者的心理变化，而产生这些变化的原因会很多。

1.1.3 消费行为的影响因素

无论是一个简单或复杂的消费行为，分析一个消费行为的时候，都包含了以下因素。

1. 消费者因素

消费者的因素包括两个方面：一是消费者的自然因素和心理因素。消费者的个体自然因素包括年龄、性别、文化差异、经济状况等，对个体的消费行为是很重要的影响因素，在目前的市场状态下，研究这些因素的时候，是将其作为群体共性因素进行分析，个体的心理特征制约着个体的消费心理活动。人的心理是一个动态和复杂的过程，消费心理的分析从消费者的心理活动过程和个性心理特点这两个方面展开，揭示和分析消费者心理现象的一般规律，是消费心理分析的基础。

消费者（人）的心理过程包括两个方面，如图 1-1 所示。

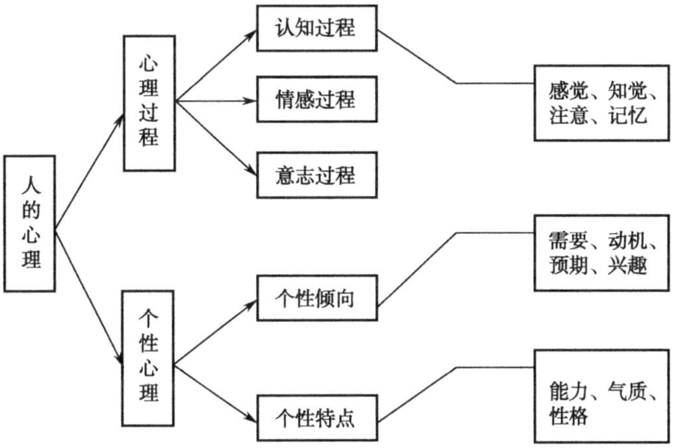

图 1-1 人的心理分析

2. 影响因素

人们的行为总是受到各种社会因素的影响并体现出其特殊的社会意义，这些影响因素包括社会文化、社会经济、消费习俗、消费流行以及社会阶层等，这些因素都对消费行为的产生和发展有着根深蒂固的影响。除了社会因素外，人的消费行为还受其他因素影响，如图 1-2 所示。

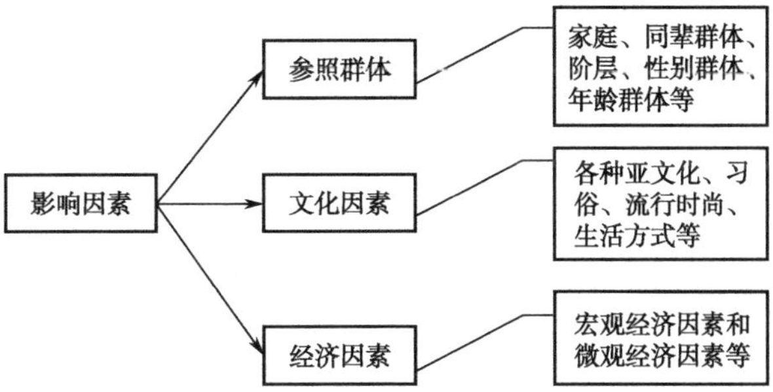

图 1-2 在消费过程中影响个体消费的因素

3. 产品或劳务因素

决定消费者选择的产品因素也有很多方面，包括产品所处的阶段、产品的价格、包装以及营销人员的活动等都对整个消费过程有重要的作用。

消费者的消费对象包括有形的产品，也包括无形的产品，也就是劳务，在分析时产品和劳务的特点同样对消费者的行为产生影响，如图 1-3 所示。

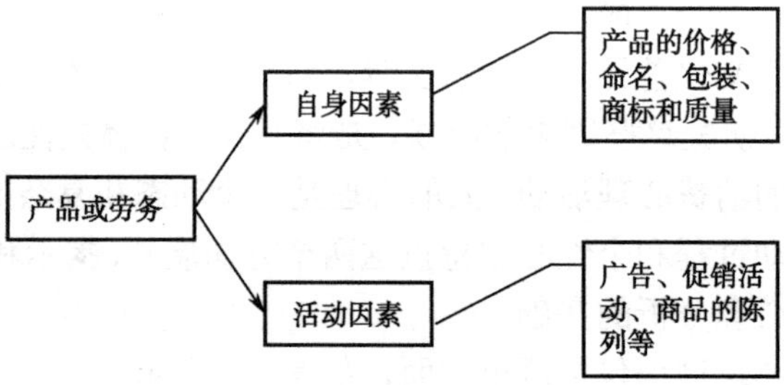

图 1-3　产品与劳务因素

1.1.4　消费心理学的研究内容

“消费者—过程影响因素—产品或劳务”组成了消费行为的整体过程，也是消费者心理分析和研究的基础单位和组成部分。消费心理学从抽象的角度将消费心理分析的研究内容概括为消费者消费产品或劳务过程中，消费心理产生、发展以及变化规律的科学。其具体包括以下内容。

1. 消费者购买行为心理过程和心理状态

消费者购买行为中的心理过程和心理状态分别从动态和静态两个角度描述消费心理，但无论从哪个角度出发，消费心理学研究的是人的心理共性特征，在心理过程和心理状态的作用下，消费者会采取和回避某些行为。

应用举例　**产品与群体决定的共性心理**

当消费者购买一块口香糖的时候，就会选择在购物方便的时候和地点，从货架上随机挑选一个；当购买一台电脑时，就会深思熟虑，收集信息并认真思考和比较。购买决策中前者随意而后者慎重。

在女性产品的销售场所，比如化妆品等，营销者就会设置温情的环境，包括休息的转椅，以迎合女性温情细致的一面；而在男性产品的销售地点就很少有如此的设计。

2. 环境制约和影响下的消费心理特征

任何个体的行为都要受到外界环境的影响，消费行为也不例外。消费者所处的经济、文化、群体以及市场环境都对消费行为的产生和发展有着深远的影响，消费行为的分析就是要找到环境制约下的行为的共同性并制定可行的策略。

应用举例　　“料子裤子”与“糟糠肚子”

在大连曾经有过一个俗语：“料子裤子”与“糟糠肚子”。说的是大连人特别喜欢穿着打扮自己，而对吃些什么并不是很在意，因此在日常消费中，更多地会投入到服装的消费中，为了穿着很美，可以尽量降低饮食中的消费。

3. 产品因素与消费心理的双向影响关系

不同的商品有不同的消费对象，不同的消费对象对产品有不同的心理要求。企业的营销会影响消费者心理的产生和发展；反过来，不同消费者的心理特点和心理预期，也会促使产品向某个方向发展和变化，所以产品和消费心理是一个双向互动的关系。在分析了消费者的基础后，就要依据产品的特点以及其对心理的影响和要求来考虑其价格、设计、包装、命名等如何满足消费者的要求。

消费行为是一个过程，为了更好地分析消费者的心理状况，将其分解成消费者、消费行为过程、产品或劳务三个方面的因素，三个因素相互制约、相互影响，构成对消费过程的变化。为了更好地进行消费心理的分析，把握整个消费行为过程，可从三个因素分析整个消费行为的过程，整体关系如图 1-4 所示。

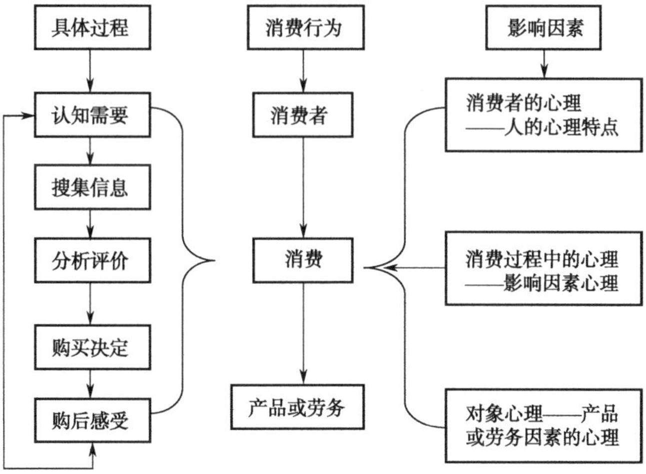

图 1-4　消费者行为以及影响因素

案例 1-1　　“多变”的消费行为

作为现实生活中的我们，每一位都是一个消费者，尽管由于个体的经济、性格、年龄等情况的不同，会出现千差万别的消费行为，但无论你是一个购物达人，还是简约生活者，都要进行一些消费。想想你是否有过下列的消费行为：

情况一:

要上大学了，很想买一个日思夜想的“苹果”手机。于是，通过与老爸交流，因为你知道妈妈是一个不好游说的对象，而老爸是很慷慨的，在一个妈妈不在的下午，跑到苹果专卖店购买成功，实现了自己的愿望。

情况二:

本来要买“苹果”手机，在路上的时候很兴奋，给好朋友打了电话，好朋友说：现在大街上卖菜的都拿“苹果”手机了，不如买一款别的有性格的手机。于是，你改变了买“苹果”手机的打算，买了一款“HTC”最新款手机。

情况三:

上了大学，也不像想象的那么有趣好玩，好无聊啊，找朋友闲逛一下吧，结果，却花光了兜里所有的、为数不多的钱。买的东西后来看看都不是什么自己必需的，钱包是因为一折的高折扣，颜色艳丽的外套，就是因为那个售货员的“眼缘”。

如此等等不一，想象你还有什么样的消费行为与过程，是比较特殊和不同的呢？

案例评析：

1. 从消费行为的过程来看，在三种消费行为中，都包含着三个因素：消费者、产品以及各种影响因素。

2. 每一次消费中三个因素所起的作用是有区别的。

3. 虽然，对消费者而言这些消费行为有些是偶然的、有些是有计划的，但是消费者的行为也是有规律的：升学计划、经济基础以及年轻人群体特点，这些都是进行营销的前提和分析的重点。

子任务二 认识消费心理的发展与研究方法

消费行为的分析是随着市场环境的变化，营销理论的不断发展而逐步产生、发展和成熟起来的一门学科，它是用心理学的观点和方法来分析市场中的消费者的行为，为企业营销方案的制定提供准确的消费者的信息。作为一个学科，其经历了产生、发展和走向成熟的时期，在目前的市场条件下，又有很多新的趋势。

1.2.1 消费心理学的发展

从有商品开始，在商品的交易过程中，消费行为作为一种社会活动方式就已经存在，卖者对买者行为的关注就成为商家的必修课程，一些诱导消费者进行消费的方略在市场中广泛交流。但作为一门学科，消费行为的分析经历了以下三个阶段。

1. 萌芽阶段

从 19 世纪末到 20 世纪 30 年代，有关消费心理与行为的理论就开始出现，并得到了初步的发展。

19 世纪末 20 世纪初，各主要资本主义国家都经历过工业革命，生产力大大提高，市场也逐渐从生产者导向向消费者导向过渡，市场的竞争越来越激烈，生产企业开始注重商品的推销以及刺激需求，推销术好的推销人员成为企业竞争的必要条件和手段。

1895 年，美国明尼苏达大学的盖尔首先用问卷调查的方法，就消费者对商品广告以及所介绍商品的态度与看法进行了调查并进行了详细的分析与研究。1899 年，经济学家凡伯伦在《有闲阶级论》中深刻地揭示了所谓的“炫耀性消费”这一点。他认为，有闲阶级把钱投入象征他们高人一等的实物（产品）消费，即所谓“炫耀性消费”，这种消费并不是维持生活必需的，而是特殊化的，使用这些更加精美的物品既然是富裕的证明，那么这种消费行为就成为光荣的行为；相反，不能按照适当的数量和适当的品质来进行消费，意味屈服和卑贱。所以消费者的很多过度消费是因为人们的炫耀心理，即个体不但要满足生理的需要，也要满足社会的需要。1902 年，美国心理学家斯科特提出广告应该发展成为一门学科，而消费心理学可以在其中大有作为。1903 年，斯科特汇编了十几篇论文，出版了《广告理论》一书，同时美国心理学家盖尔出版了《广告心理学》一书，标志着消费心理学作为一门学科的诞生。在以后的几年内，心理学的观点不断被应用于消费行为与心理的分析和研究中。

由于对消费行为分析的起步较晚，研究的重点是企业如何从企业已有的产品出发进行有效的产品销售，所以研究消费行为的主要目标是为企业产品的销售活动服务，所以从理念到方法都是比较初级的。

2．发展阶段

从20世纪30～60年代，消费行为的分析被广泛应用到市场营销活动中，消费行为的理论和市场环境的变化速度一样得到了迅速发展。

消费行为分析的迅速发展主要由于以下两方面原因：

第一是市场环境的变化与市场的需求促使理论的发展。1929年至1933年的西方资本主义国家的经济危机，导致了生产的严重过剩，企业的生产观念发生了重大的改变，“刺激”和“创造需求”被作为一种反危机的手段提了出来，企业开始千方百计地研究消费需求的走势，以引导企业的生产。

第二是各种理论不断应用于消费行为的分析，促使消费行为的理论更快地成熟。市场营销学、管理学、广告学、推销学在营销中得到广泛的应用，并取得了明显的效果，这些理论极大地丰富和完善了消费行为理论的研究，并使其从其他理论中分离出来，成为一门独立的学科。

第二次世界大战以后，心理学在各个领域的应用都取得了重大的成果，人们对消费行为的关注也产生了更大的兴趣，心理学家、经济学家和社会学家都转入了这个领域的研究，并相继产生了很多重要理论。比如，1951年，马斯洛的需要层次论，1957年社会心理学家鲍恩开始研究参照群体对消费行为的影响等。

各种相关消费心理学会也纷纷成立，1960年美国正式成立了“消费心理协会”，1969年成立了“顾客协会”等。

3．变革时期

从20世纪70年代到现在，是消费行为理论高速发展和变革时期，这一时期关于消费行为的理论越来越成熟，同时也出现了很多分支，与市场营销的关系也越来越紧密，目前消费行为分析已成为各大学营销类专业的必修课程。

1.2.2　消费心理学研究的趋势

1．研究角度的多元化

消费行为从根本上说就是消费者在购买某种商品或劳务的行为过程，以及这个过程所蕴涵以及产生的心理现象。在传统消费行为的分析中，总是着眼于从商品的生产者和经营者的角度研究消费者的行为，以此来帮助企业通过满足消费者的需求扩大销售。随着研究的深入，许多学者开始把消费行为同更广泛的社会问题联系到一起，比如从宏观经济、社会环境、生活方式等联系，并与更多的学科交叉，与心理学、行为科学、社会学、经济学、文化学等交叉融合，并借鉴了各学科的概念对消费行为进行有效的、综合的分析。

2. 研究参数多样化

在研究初期，消费行为的分析主要以社会学、经济学的相关概念为参数变量，从消费者所处的文化环境、阶层、年龄、性别、收入等分析和解释消费行为的差异。随着研究的不断深入，与心理学相关的概念被大量地引入消费行为的分析中，需要、动机、个性、参照群体等都被运用到对消费行为的分析中，消费行为的参数越来越多样化。

3. 研究概念实用化

消费行为的分析越来越接近消费群体的心理特点和现实的状态，新的概念越来越完善，并且更加实用化。比如鲍尔的“知觉到的风险”，就结合了心理学的知觉和消费行为过程的消费者对消费结果的担心，而形成的概念，这些概念能更好地解决消费现象中的实际问题，知觉到的风险就是消费者在消费中觉得要承担的某种不确定损失，营销者要进行更好的营销就必须了解和研究针对某一种产品的消费者共性的担心，并把消费者的风险降到最小，就会赢得市场。

1.2.3 营销中的“四字经”与消费心理分析的变化

消费行为的分析和研究是随着市场关系的变化而产生和发展，这种市场关系的变化也促使市场营销理念的不断发展，这些营销理念以营销中的“四字经”为代表。

1. 4P 理论与消费心理分析的核心内容

4P 理论是美国密歇根大学教授络姆·麦卡锡在 20 世纪 50 年代末提出的，即产品（Product）、价格（Price）、渠道（Place）和促销（Promotion）。

在 4P 理论时期，消费行为分析的核心内容是产品核心，或者是企业核心，认为企业只要提供相应的产品，明确目标客户，选择合适的营销方案，有合适的价格，就会赢得消费者，所以企业从经营出发，4P 都在企业控制范围内，有很好的可操作性。然而，4P 的最大不足就是忽略了客户在企业成长中的重要性，它掩盖了消费者的多样性，适合用来销售大量制造的规模化产品，即产品差别性小的时期，也是适应生产力导向时期的消费行为分析理论。

2. 4C 理论与消费行为分析的核心内容

美国劳之朗教授 20 世纪 80 年代又提出 4C 理论，它是由消费者（Consumer）、成本（Cost）、便利（Convenience）和沟通（Communication）组合而成。

4C 在对前者扬弃的基础上，将整个营销活动的重点目标置于现实消费者和潜在消费者身上。4C 理论的营销工具是营销过程中消费者、成本等基本因素的组合运用，做到从消费者的立场出发，达到产品、服务、成本的和谐统一。相比前者，其可操作性也有些弱化。该理论适应于消费者导向时期的消费行为分析，即一切从消费者的需要出发。

3．4R 理论与消费行为分析的核心内容

本世纪初美国学者舒尔兹提出了包括市场反应（Reaction）、顾客关联（Relativity）、关系营销（Relationship）和利益回报（Retribution）的 4R 理论。

4R 营销理论同样重视消费者的需求，但它更多地强调以竞争为导向，因为处于激烈竞争环境下的企业，不仅要听取来自客户的声音，还要时刻提防身旁的竞争对手，兼顾了消费者和行业竞争者的特点，采取相应的策略。

4．4V 理论与消费行为分析的核心内容

随着以 IT 技术为代表的高科技产业迅速崛起，营销理念又有了新的阐述，即差异化（Variation）、功能化（Versatility）、附加价值（Value）和共鸣（Vibration）的营销组合理论。4V 理论是根植于某一个具体的行业而产生，并关注于某一个具体的消费群体特点。

从 4P 到 4C，到 4R，再到 4V（统称“4X”），代表了营销理论的发展和演变过程，它们都带有强烈的时代背景，也意味着企业所处的营销环境有了巨大的变革，在这个变化中，消费者越来越成为营销活动的核心。

4P 是站在企业的角度来看营销；4C 理论以消费者为导向，站在消费者的角度来看营销；4R 则更进一步，也是站在消费者的角度看营销，同时注意与竞争对手争夺客户。从导向来看，4P 理论提出的是由上而下的运行原则，重视产品导向而非消费者导向，它宣传的是“消费者请注意”；4C 理论以“请注意消费者”为座右铭，强调以消费者为导向。4R 也是以消费者为导向，“便利”与“节省”，“沟通”与“关联”，虽然紧密相关，但 4R 较之 4C 更明确地立足于消费者。4V 理论是根植于某一个具体的行业而产生的，并关注于某一个具体的消费群体特点。

随着营销理论的发展，对消费行为的分析也越来越重要和具体，而且营销理论的核心是策略，相对于市场营销理论，消费行为分析的理论相对起步较晚，而且消费行为具有很大的不确定性和变化性，所以消费行为分析的难度和应用价值就显得同样重要和难得。

子任务三 消费心理的研究方法

消费心理的研究方法包括两大类：一类是基本的调查方法，比如问卷、实地调查等具体的方法；另一类是心理学的一些方法在消费心理学中的运用。由于实地调查、问卷等方法，在市场调查和预测的研究中已经作为一个独立的学科进行研究，所以在这里侧重心理学的方法，来分析和研究消费行为的特点和规律。常用的心理学调查方法主要包括三种，即投射法、推测试验法和语义区别法。

1.3.1 投射法

投射法也叫投影法，是根据个体无意识的行为反映探寻个性内心的想法和动机的方法，是透过表面人的防御心理而探寻人的内心。

这种方法是用来研究深层心理活动的。在投射测验中，往往要求被试者帮助别人在一种特定的情况下做出决策，或者不相关的事件来反映推测人的内心。人们常常不愿承认自己的某些愿望，可是却很愿意分析别人的心理活动。在推断他人的动机和态度时，人们会不自觉地表明自己的动机和态度。

1. 词联想法，也叫语言联想法

这种方法是给被试者一个有许多意义无关的词的词表，让被试者看到词后说出最先联想到的词。通过对反应词以及反应时间的分析，了解被试者对刺激词的印象、态度和需求。词联想法包括：

（1）自由联想法。即让被试者自然、任意地说出联想到的词，通过反应的内容和时间来分析所需要的内容。

应用举例 调查怎样问更合适？

苹果电脑公司进行调查时，如果直接问“你是否知道苹果这个品牌”，基本上所有的消费者都会告诉你知道。如果用自由联想法就是设计出一个词汇，让消费者自由联想，即给“苹果”一词，让被试者进行联想，根据消费者说出苹果电脑的顺序和时间来确定消费者对产品的认知度，比直接询问会更加准确。

（2）控制联想法。即让被试者按照规定说出某种联想到的词，通过对反应的内容和时间分析调查关注的内容。

应用举例 “冰箱”品牌排位的调查

给消费者“冰箱”一词，规定被调查者说出你联想到的冰箱品牌，可以通过消费者在联想过程中对每个品牌的排位等情况，了解消费者对产品的认识和对这些产品的态度等。

2．示意图法

也叫图画解释法，是向被试者出示一张图画，让其写出图中所画人物提出的问题答案，从中了解被试者的想法。

应用举例 对吸烟者的看法

美国学者密斯曾用这种方法调查香烟销售情况。示意图上画着一个男子下班回家后对妻子说：“我决定吸烟啦!”就此向消费者搜集男子的妻子对他吸烟的反应。据此，借第三者之口自然说出被试者对吸烟的看法和态度。

3．造句测验法

也叫文章完成法，这种方法是给被试者一些不完整的句子，让被试者迅速造成完整的句子，通过这些造句分析消费者对产品的态度和认识。

应用举例 如果的“假设”

给出“假如您头痛，可以买——”，“男青年买自行车要选——牌的”等等，可以根据调查对象完成的造句情况，分析消费者对头痛药、自行车品牌的排序和看法。这种方法对于想要调查的商品和品牌，比词联想法能获得更多的信息。

1.3.2 推测试验法

推测试验法是让被试者对假使具备特定条件（如购买电脑的人）的消费者性格、职业、年龄、收入、行为等加以想象和说明，从中了解被试者对特定商品的印象，判断产品在消费者心里的定位以及与企业产品的定位是否一致，或者间接判断消费者对该产品的真实动机和态度。

案例1-2 速溶咖啡为何受到冷落的调查

在20世纪50年代的美国，速溶咖啡刚刚面市，在人们的心目中，速溶咖啡节约了很多制作的时间，对于生活节奏越来越快的社会来讲，应该有很大的消费群体，但是购买速溶咖啡的人却寥寥无几。

为了弄清楚咖啡滞销的原因，有关人员进行了调查，许多人回答不喜欢速溶咖啡的味道。这显然不是真正的原因，因为速溶咖啡的成分和口味同传统的咖啡毫无差异或者差异较小，而且速溶咖啡饮用方便，无须花长时间去煮，也省去了洗刷器具的麻烦。为了进一步了解消费者不愿意购买的潜在动机，心理学家海伊尔拟订了两张购物单，单子上所列的商品内容除了一张上是速溶咖啡、一张上是豆制咖啡外，其余的商品都一样。

购货单一	购货单二
1 磅发酵粉	1 磅发酵粉
两块面包、一块萝卜	两块面包、一块萝卜
1 磅速溶咖啡	1 磅传统咖啡
1.5 磅牛肉	1.5 磅牛肉
2 磅桃子	2 磅桃子
5 磅土豆	5 磅土豆

然后调查人员把两张购物单分别发给两组妇女，请她们描述一下按照购物单买东西的家庭主妇是怎样的形象。

调查的结果差异非常显著：绝大多数人认为，按照含有速溶咖啡的购物单买东西的主妇是懒惰的、差劲的、没有生活情趣的主妇和妻子，用第二个购物单的主妇是有消费经验、勤快和讲究生活的主妇。

因为当时，美国妇女中存在着这样一种观念：担负繁重的家务劳动如煮咖啡之类是家庭主妇的天职，任何试图逃避或减轻这种劳动的行为都应该受到谴责。由此，调查人员才恍然大悟，速溶咖啡之所以受到冷落，问题并不在于速溶咖啡本身的味道，而是因为人的观念——家庭主妇受到社会的影响，尽力去保持社会公认的完美形象，而不愿意因为购买速溶咖啡遭到别人的非议。

原因找到后，生产厂家对速溶咖啡的广告作了调整，不再强调简便的特点，而是着重宣传速溶咖啡的醇香、味美。这样，就消除了女性顾客购买时的心理障碍，使速溶咖啡成为至今都受欢迎的产品。

案例评析：

上述调查方法是典型的推测试验法，假定某主妇已经决定购买速溶咖啡或者咖啡豆，让被调查者进行分析这两个主妇的性格等方面的差异，确定速溶咖啡在消费者心目中的真实评价和想法，间接地了解消费者的真实想法。

1.3.3 语义区别法

语义区别法，也叫语义分析法。这种方法原是奥斯古德在分析语言的语感差异时设计的方法。用这种方法可以测定被试者对品牌、商品和企业的态度。

一般用 7 点等距离的序数量表，这个表上有几组正反意义的形容词，让被试者反复进行概念判断。这种量表既可用于评定商品、商标、广告效果，又可用于对商店、厂家、公司的印象进行评定，还可用于评定对概念的态度。

案例1-3　科尔盖特的“牙膏调查”

科尔盖特牙膏在进入日本市场进行销售受到了市场的打击，虽然产品量一流，产品推广的时间也很长，但是市场的反应平常。为了了解消费者对该产品的真实想法和态度，了解消费者不接受科尔盖特牙膏的真正原因，科尔盖特牙膏采用全新的调查方法，并进行了认真的设计。

他们选择一系列的反义词，分成7个等级，形成一个等级量表，并运用这个量表向消费者进行调查，以调查的结果来分析消费者真正不喜欢该产品的原因。

科尔盖特牙膏是

温柔	3	2	1	0	—1	—2	—3	粗犷
精致	3	2	1	0	—1	—2	—3	粗糙
男性	3	2	1	0	—1	—2	—3	女性
温和	3	2	1	0	—1	—2	—3	刺激
	…	…	…	…	…	…		

通过上述问题的选择，发现科尔盖特牙膏在多数的日本消费者心目中是男性的、粗犷的、刺激的、粗糙的等，分析原因是因为美国传统文化中，比较喜欢红色，所以科尔盖特牙膏的外包装是红色的；而日本人却偏爱白色，红色在日本的心目中是饱满、不太洁净的，所以对科尔盖特牙膏的红色包装接受起来相对不容易。

案例评析：

本案例的研究消费者心理的方法就是典型的语义差别法，即运用几组反义词，描述了消费者对该产品的真实感受，对产品后续的营销和产品策略，有很大的帮助。

案例1-4　你愿意与黑人保持怎样的关系

美国的心理学家用这个方法来研究美国人的种族歧视的观点。

通常情况下，当人们被问到你是否有种族歧视观点的时候，有几种情况会出现：一种是真的没有种族歧视的观点，因此回答“没有”；第二种是你没有什么概念，所以为了回答方便说“没有”；第三钟情况是本身可能有些这种感觉，但是为了掩饰自己的想法，所以回答“没有”。为了更好地调查美国人对该问题的真实想法，调查者设计了一个递进的关系量表，让被调查者进行选择愿意和黑人保持的关系，从而了解人的真实想法。

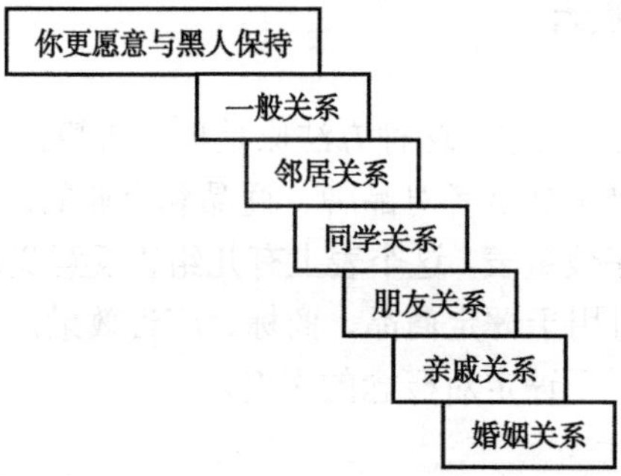

被调查者在不自觉的情况下进行了选择，通过分析每个人愿意与黑人保持的关系程度，判断整个人群的种族歧视的观念。

案例评析：

种族歧视是一个敏感的问题，直接提问的难度很大，运用这种投射方法和语义差异法对该问题的调查，既回避了敏感问题，也能分析出每个人对该问题的程度差异，这种方法比直接的询问的结果更客观、可信和科学。本方法对描述消费者对某产品了解程度、愿意与产品保持的关系等，都有很好的帮助。

小知识　**人的联想与联觉**

语义分析法是根据人的联觉和联想建立起来的。例如，当看到红色时，人们常常产生温暖的感觉，而看到黑色时，人们则产生寒冷的感觉；人们总是将声音响亮与“大的”联想在一起，而将声音柔和与“小的”联想在一起；好的总是和“光明的”、“温暖的”、“快乐的”、“无上的”结合在一起，而不好的总是和“黑暗的”、“寒冷的”、“地下的”结合在一起。在不同民族、文化中，人们常常存在这种相同或相似的联觉或联想，这表明人类许多语言的意义是相同的、普遍的。

实训一

任务：从整体上分析消费心理，并能从中确定重要或者是主要的影响因素。

【实训目的】 提高学生分析消费行为的能力。

【实训题目】 夏季的时候，商家进行反季推广的羽绒服，作为营销者分析消费者心理应从哪些方面入手，在影响这些因素中，主要的核心因素有哪些？

【实训方法】

1. 学生分组进行讨论分析，采用头脑风暴方法与粘贴板法：用前者的方法对该行为的营销因素进行尽量地列举，用后者将讨论的意见进行汇总，并分析其中最重要的因素；选择一名代表向全班同学介绍，并进行记录；学生对所分析的因素尽心汇总，教师进行总结、点评。
2. 时间：50 分钟左右。
3. 地点：教室。

【总结】

1. 分析消费心理的因素主要有三个方面，即消费者本人的心理因素、产品因素、影响因素，在分析消费心理时应从三个方面有规律地进行。
2. 在本次消费中，影响消费者的因素主要有消费者的年龄因素、产品的价格因素以及产品的特点和款式等问题。
3. 避免在分析中漫天分析、没有规律和条理。
4. 强调从整体上对该问题进行分析，运用已经学过的知识等。
5. 以本案例推广到其他实践问题的分析。

实训二

任务：举出心理学的研究方法的应用案例，或者设计出心理学的研究方法的应用方案。

【实训目的】 促使学生熟悉、掌握心理学方法的研究方法，并能够明确在营销心理学中消费者行为分析的应用，提高学生对小组工作方法的理解，掌握集体解决问题的能力和方法。

【实训题目】 以小组工作的方法，举出投射法、推测试验法以及语义差别法的应用案例，或设计出三种方法的应用案例和方案，分析这些应用中，哪个更典型；总结小组工作方法的注意事项、本次实践工作的优点和缺点，并对本小组的工作方法进行评价和打分。

【实训方法】

1. 实训过程：

第一步：学生分成5～6人的小组，每个小组选出负责人。

第二步：每个小组分别针对三种方法进行分析和学习，同时学习工作方法，设计自己小组的工作方法和原则。

第三步：以本小组的工作原则和途径，设计和寻找出三种心理学的研究方法对消费行为分析的应用，以及案例。

第四步：小组选出代表，将小组的工作成果向同学们分享；分享的内容包括本小组的工作过程，以及心理学的方法在营销心理学的应用案例。

第五步：同学选出最典型的案例和应用案例；对小组工作的注意事项进行总结和归纳，以指导以后的小组工作。

第六步：实践指导教师进行总结、点评。

2. 时间：60分钟。

3. 地点：教室。

【总结】

1. 心理学的方法主要包括投射法、推测试验法以及语义差异法，投射法包括词语联想、造句法等，这些方法主要是研究人的内在心理的方法，与市场调研方法是相互补充的，目的就是更好地了解消费者行为的真实内心，能更好地为做好市场营销奠定基础。

2. 小组工作方法是经常要用到的方法，在小组工作中，主要有几个方面需要注意：小组工作的目标、小组工作的分工、小组工作的过程控制等。同时，在小组工作中，应注意到小组意见的统一等，通过小组工作，在以后的小组工作中提高小组工作的水平和效果。

任务二

认识消费者的认知过程

知识目标

1. 了解感觉、知觉、注意、记忆的基本概念和分类；掌握上述心理现象规律以及应用；
2. 掌握知觉到的风险的基本概念、种类、规律以及对消费心理的意义。

能力目标

1. 能够运用上述认知规律分析消费心理现象，能为营销活动的开展做好准备和辅助的工作；
2. 能够准确地分析一个产品的知觉到的风险，并在营销活动中加以注意，以赢得消费者的满意和认可。

引入案例　“富士”与“樱花”胶卷的较量

20世纪50年代，日本的胶卷市场最先被两大公司占据——富士公司和樱花公司。富士公司在胶卷市场上的市场占有率超过了50%，随着竞争的不断深入，富士胶卷显示了极大的竞争力，很快占有市场的更大份额，并战胜樱花公司而成为胶卷市场的主宰。众所周知，在后来的70年代，樱花胶卷和公司一起更名为柯尼卡，又重新回到胶卷的竞争行列。

其实，樱花公司失败的原因并不是产品质量的问题，其产品的质量与同时期的富士胶卷不相上下；其品牌的知名度也非常相同，樱花取名于日本的“国花”，富士取名于象征着日本的“富士山”，在日本人的心目中同样重要。

但是，真正让樱花败下阵来的就是这个樱花的名字。

每个人都知道，胶卷是要给每个人留下自己美好的瞬间，因此对相片，每个人都希望自己的照片是清晰的、能够为自己保留美好的记忆并长期留存。

富士胶卷的名字给人的联想是富士山的高远、蓝天与白云，而山在人们的心目中是世世代代的，能够长久保存的，就像人们喜欢用的词汇“海誓山盟”一样；樱花胶卷的名字给人的联想和樱花相似，樱花为粉色，粉色的东西在人们的心目中是暧昧、不清晰，正如人们所说的“桃色新闻”的概念一样，同时樱花花期短暂并且花开花谢只需经历一年的时间，所以产品的名字给人的联想与富士正好相反，因而人们从内心上说很难接受其产品的形象。

受到这些影响，樱花日渐萎缩，更名为“柯尼卡”后有了一些起色。

案例评析：

1. 同样的产品由于没有考虑到产品的名字给人的联想和人的认知规律，因此遭到了失败的命运。所以，关注消费者认知心理和规律是非常重要的。

2. 人的认识规律有很多，应从产品各个细节加以注意，使其符合人的心理需要。

子任务一 认识消费者的感觉和感觉规律

“跟着感觉走”是大家熟悉的，也是一些人在做事时，不自觉地做法和想法。这句话的潜台词很多，但说明了感觉的两个基本属性：基础性和模糊性。

2.1.1 感觉与感觉的分类

1. 感觉的概念

感觉是指人脑对作用于人感觉器官的客观事物和现象的个别属性的反映。感觉是人认识世界的基础，是一种“一对一”的“镜象”条件反射。

应用举例　　我们怎样感受世界

通俗地说，就是用手触到苹果是硬的。用眼睛看到的苹果是红色和绿色的、形状是圆的，用嗅觉闻到的苹果是香的，用味觉尝到苹果是酸和甜的。

感觉就是人的感觉器官对相应的刺激的直接反应，即用手永远“触不到”苹果的香和酸。

感觉的生理过程是感觉器官接收到外界刺激，传入神经把接收到的刺激传输到大脑皮层的中枢部分，再通过传出神经将所接收的信息传导给感受器做反馈联系。

2. 感觉的分类

个体对世界的认识，依赖于人的各种各样感觉器官。人主要有六种感觉能力。

第一是视觉，是对作用于人眼的光线感觉，是人了解世界的主要通道；第二是听觉，是人对外界声音的感觉；第三是嗅觉，是最原始的也是最重要的感觉之一；第四是味觉，是人对酸、甜、苦、咸的感觉，其他味觉都是这些特质相互之间或和其他感觉的融合；第五是皮肤觉，是人对压、疼、湿和冷的感觉；第六是动觉和平衡觉，是人对身体各部位的位置和运动情况的感觉，并调整和保持身体的平衡性。动觉和平衡觉是评价人衰老程度的重要指标。

小知识　　平衡能力——简单地评价人的衰老

动觉和平衡性属性是评价人衰老程度的重要指标。方法如下：

双手自然下垂，大腿紧贴，闭上眼睛，一只脚站立，另一只脚着地，测试结束；根据其单脚独立稳定不移动的时间，来判断衰老的程度。

测定标准（男性）为：30～39 岁为 9.9 秒；40～49 岁为 8.4 秒；50～59 岁为 7.4 秒；60～69 岁为 5.8 秒。女性比男性推迟 10 岁计算。

反之，5.8 秒以内的话，就是说明从平衡能力角度上说，身体年龄就是在 60 岁以上，以下类推。

或闭目，双手平举向前，抬一脚离地 15 厘米左右，若能坚持 3 分钟者为优秀，说明你的小脑半球平衡共济功能良好，反之说明较差。

2.1.2 感觉的规律以及应用

1. 感觉强度与刺激强度的依从性

（1）感受性和感觉阈限。

感受性指感觉器官对适宜刺激的感觉能力。能引起感觉的刺激，其强度必须是适宜的。感觉强度依赖于刺激强度，心理学用感受性、感觉阈限来说明二者的关系。感觉阈限指能引起感觉的、持续一定时间的刺激量或刺激强度。比如说，当人被敲打的时候，用很小的力人就感受不到，增加到一定量的时候，人们就能感觉到，我们把能感受到的最小的量就作感觉阈限。感受性越强，感觉阈限越小；感受性越弱，感觉阈限越大。

应用举例　每个人的“冷暖自知”和敏感性是一样的吗？

冷风吹过，有些人感觉到了微风拂面，觉得很冷，有的人却木然的没有感觉，这就是人的感受性不同。

当敲打别人的手，用 5 公斤的力时，被敲打的人并不感觉到疼，用到 10 公斤的力时就感觉到疼，10 公斤的力就是这个人对疼的感觉阈限，而另一个人当用到 7 公斤的力时，就感觉到疼，所以后者的感受性就比前者强，即后者比前者更敏感。

（2）差别感受性和差别阈限。

刚能觉察出两个同类刺激物之间最小差异量的能力叫作差别感受性；刚能引起差别感觉的两个同类刺激物之间的最小差别量叫作差别阈限。差别感受性可以用差别阈限来衡量。差别阈限的值越小，则差别感受性越大；反之，差别阈限的值越大，则差别感受性越小。

应用举例　感觉差异

当一个人提着 15 公斤的东西在走，增加 1 斤或更小的量是感受不到其重量的增加的，当增加 1 公斤时开始感觉到重量增加，那么变化量 1 公斤就是这个人对重量感觉的差别阈限；人们对这种变化的感受能力就是差别感受性。之所以称之为差别感受性，是因为每个人能够感受到的变化量是不同的，比如有的人对提的东西增加 1 斤就感受到了，而有的人要增加 2 斤才能感受到，那么前者的差别感受性比后者更好、更敏感。

（3）规律的应用。

任何一个感受器都有一个适宜刺激的范围，只有在这个范围内的刺激才会引起感觉。能够让人产生愉快的刺激范围则更小，愉悦的听觉刺激范围就在 40～80 分贝之间，超过 80 分贝的声音强度让人听起来就会不舒服。这些数据，都是确定产品的性能范围、外观设计等的有力依据，如音响的低音和最高音的确定等。

根据感觉阈限的规律，商家可以有选择地改变产品的规格、价格等，以引起或避免消费者对改变的反应。比如，当对产品的价格进行下调时，就要做出适宜的调整，既要能引起消费者的注意，又要注意保护商家自身的利益；当价格上调时，由于消费者对价格的上涨比较敏感，而对产品的重量敏感度较低，所以商家可以通过对产品的重量调整，避免消费者的过度反应。

案例2-1　“阈下广告”和“植入广告”

“阈下广告”也有人称之为潜意识广告，是由调研专家维克利提出的广告理论。这个理论表示，有意识的感知中，实际上看见的只是眼睛呈现的一部分。维克利在美国新泽西北部的一家电影院做实验，他让老板准备了一部特别的放映机，在放《Picnic》电影时两部机器同时工作，在电影放映过程中，用很弱的强度在银幕上映出“喝可口可乐”或“请吃爆米花”字样，并每隔 5 秒钟以 1/3000 秒的速度插入。如此一来，有意识的眼睛虽然无法注意到叠印在电影情景上的这些广告信息，但“无意识的眼睛”却已经记忆中并“读到”了这些信息。在 1957 年的整个夏天，测试取得成功，可口可乐的消费量因为潜意识广告而上升了 1/6，爆米花则超过了 50%。维克利为这个构想申请了专利，并且组织了一家公司来处理“潜意识”的电影和电视。

维克利的研究也颇受非议，尽管如此，人们还是认同了“潜意识广告”在宣传过程中所起到神奇的作用。潜意识广告的刺激落在消费者感知阈限之外，只能被潜意识所接收，通过对潜意识的刺激，引发消费者的某些响应行为或者认知。这种广告实际上利用了消费者的潜意识知觉进行广告刺激。

“植入式广告”是潜意识广告的主要类型，也称“置入式广告”，特指在影视剧情节中植入商业品牌。中国最早的植入式广告是 1983 年春节联欢晚会上马季的“宇宙牌”香烟。90 年代，在《编辑部的故事》电视剧中使用植入式广告，广告商品是百龙矿泉壶。植入式广告作为全新的广告形态为国人所熟知，则要归功于冯小刚的娱乐大片《天下无贼》。随着社会的发展，很多电影，包括春节联欢晚会等，植入式广告也成了很重要的话题。

案例评析：

1. 人对某种刺激的感觉是需要刺激达到一定量的，只有达到一定的量才能被人感觉到。所以，在改变外界的刺激的时候，必须达到一定的规模和数量。

2. 阈下广告恰恰是利用的人们感觉不到的刺激量影响人的潜意识，实现对人的影响。

因此，掌握心理学的规律，并敢于“反常规”会有意想不到的效果。

2. 感觉适应规律

（1）感觉适应。

感觉适应是指由于刺激物对感受器的持续作用，使感受性发生变化的现象。适应可以使感受性提高，也可以使感受性降低。

应用举例　你的适应力怎样？

视觉适应包括明适应和暗适应两种。当人们从暗处来到光亮处，刚开始会觉得目眩，看不清周围的东西，几秒钟以后才逐渐看清周围的物体，这叫明适应，明适应使视觉器官在强光的刺激下感受性降低了；当人们从光亮处来到暗处，开始什么也看不清，若干时间后才逐渐看清周围事物的轮廓，这叫暗适应，暗适应使视觉器官在弱光的刺激下感受性提高了。

人们熟悉的“入芝兰之室，久而不闻其香；入鲍鱼之肆，久而不闻其臭”这句话说的是嗅觉适应。不同的刺激，适应的时间不同，有的只需一两分钟，有的需要十几分钟甚至更长的时间。

（2）感觉适应规律的应用。

由于感觉适应性的存在，在进行产品的宣传时就必须注意消费者的这一心理规律。当消费者长期地接受某一信息就会产生心理的适应，对信息的敏感度降低，所以定期地改变信息的内容和传播的方式，会使消费者对产品和产品所代表的企业保持新鲜的印象。

应用举例　适应规律在广告中的应用

为了克服适应心理的负面作用，很多企业采用了以下三种方法：第一，在宣传中运用多方面的宣传手段，包括电视广告、报刊广告、公益活动、赞助体育赛事、路边广告、企业家的活动等，使消费者从多层面接触关于企业和产品的信息；第二，将一个广告的内容分成几部分，分别在不同的时间段内播放，而不是每次都将广告的内容完整地播放；第三，定期地改变广告的故事情节或形象代言人等，通过这些策略的运用，降低消费者对固定信息的适应，增加宣传对消费者的影响，比如雪碧等产品定期更换代言人等。

3. 感觉的相互作用规律

（1）同一感觉的相互作用。

同一感觉的相互作用是指同一感受性中的其他刺激影响着对某种刺激的感受性现象。同一感觉相互作用的突出事例是感觉对比。感觉对比指感受器因接受不同刺激而产生的感受性发生变化的现象。

应用举例　水果味道的变化

在吃完雪糕之后，再喝饮料就感受不到饮料的味道，如果吃水果，也体会不到水果的酸甜，就只能感受到那种雪糕凉凉的感觉。

（2）不同感觉的相互作用。

不同感觉的相互作用指不同感受器因接受不同刺激而产生的感觉之间的相互影响，也就是说，对某种刺激的感受性会因其他感受器受到刺激而发生变化。

应用举例　你观察过吗？

不同感觉相互作用的规律尚未揭示得很清楚，但有些研究也证明了微弱的声音刺激可以提高视觉对颜色的感受性，强噪声会降低视觉的差别感受性，当环境里声音很小的话，人对颜色的感觉能力就会提高。生活中，人们有一个常识就是在黑暗中人的听力就会敏感一些。

（3）联觉。

联觉是指不同感觉的相互作用的一种特殊表现形式。联觉指一种感觉兼有另一种感觉的心理现象。

应用举例　“懒人听风”

有一句俗语为：“懒人听风越听越凶。”说的是在北方的冬季人在听风的时候，会觉得很冷，呼呼叫的风声会使人产生寒冷的感觉，就是一种联觉。看见绿色产生酸的感觉，红、橙、黄色使人产生暖的感觉等，都是联觉的应用。

（4）应用。

由于感觉相互作用的存在，一种刺激会影响人对另一种刺激的心理反映，所以在商业活动中可以加以利用。

应用举例　有创意的餐厅和商家

澳大利亚一家餐厅，在顾客就餐时，尽量降低光线的影响，客人在较黑暗的环境里就餐，由于客人的视觉活动降低到最低限度，所以味觉的感觉就会加强，因此可以更好地让消费者品尝美味。而有的餐厅正好相反，在重大的节日推出明星的表演，歌舞、音乐、美食等同时作用于顾客，顾客对食物的挑剔程度就会降低；同样，很多专卖店在营业的过程中，会伴有流行的音乐和年轻营业员的问候掌声和加油声，这样，都有效地分散了消费者对产品的挑剔度，使消费者在愉悦的心情下进行购物，达到了促销的效果。

针对人的联觉现象，可以有目的地调整消费者的感觉。

应用举例　颜色对冷暖调整

在夏季消费者希望清凉的感觉，运用清淡的色彩，比如淡绿色、白色等包装和环境的布置，就会使消费者有清凉的感觉；在中国传统的春节，消费者希望所买的东西，既喜庆又温暖，所以红色的包装和宣传语的运用，都会让消费者产生喜庆的联觉。

4. 感受性的发展

随着个体年龄的增长和生活实践的丰富，人的感受性会随之逐渐发展，不同人之间的感受性呈现出极大的差异。人的各种感受性都有极大的发展潜力。某些特殊职业要求从业者长期使用某种感觉器官，因而这些从业者相应的感觉比一般人敏锐。

应用举例　　专家的特殊能力

茶艺师能品出茶与茶之间的细小差异，而一般人却做不到；有经验的飞行员能听出发动机每分钟 1300 转与每分钟 1340 转的差别，而常人却不能；音乐家的听觉比常人敏锐；调味师的味觉、嗅觉比常人敏锐等。

在开展营销活动的实践中，应分析消费者的基础心理现象，不断地寻找规律，使活动更加有的放矢。

子任务二 学习运用知觉规律

如果说感觉是人的认知活动的基本单位，知觉就是它的相对高级阶段；感觉是镜象反射，知觉就是对事物各个属性的综合反映过程，人脑将各个感觉器官“收集”到的信息进行分类、综合并加以分析，得出一个结论。

2.2.1 知觉的概念和种类

1. 知觉的概念

知觉是人脑对直接作用于感觉器官刺激的整体反映，它是人感觉的高级阶段。

应用举例 **“苹果是这样获得来的”**

手触摸到物体的形状，嘴尝到酸甜的味道，眼睛看到红色，于是人脑判断是苹果，前面摸、尝、看分别是人的感觉，知觉就是在此基础上得出“是苹果”的结论的高级心理活动。

2. 知觉的种类

（1）根据反映的事物特征。

知觉可分为空间知觉、时间知觉和运动知觉。空间知觉反映的是物体的空间特性，比如物体的大小、距离等；时间知觉反映的是事物的延续性和顺序性；运动知觉反映的是物体在空间的移动。

（2）根据反映活动过程中某个知觉器官所起的优势作用。

知觉分成视知觉、听知觉、触知觉等。通俗地说，就是在知觉活动中，当眼睛起到的作用最大时，把它称为视知觉，听知觉、触知觉以此类推。

2.2.2 知觉的规律

1. 知觉的选择性

（1）选择性的定义。

客观世界是丰富多彩的，在每一时刻里，作用于人的感觉器官的刺激也是丰富多彩的，人不可能对同时作用于他的刺激全部都清楚地感受到，也不可能对所有的刺激都做出相应的反应。人们总是把某些事物作为知觉的对象，其他事物作为知觉的背景。这就是知觉的选择性，即人总是选择某些事物或事物的某些特性作为知觉的对象。知觉的对象能被人清晰地感知，知觉的背景只是被人模糊地感知。

应用举例　葛优被选出的原因

在人群中，有特点的人，比如像葛优、平安以及孟非等，就会很容易地成为人们知觉的对象，而周围其他人便成为知觉的背景，这是因为葛优的形象尤其是光头相对其他人是差异最大的；当人们注意听音乐时，音乐便成为人知觉的对象，周围其他的声音便成为知觉的背景。

知觉的对象和背景之间的关系是相对的，这表现在知觉的对象和背景可以互相转换。

应用举例　环境变化对人的认知影响

如图 2-1 左图所示，当人们把图中白色部分作为知觉的对象，黑色部分作为知觉的背景时，人们看到的是一个杯子；当人们把图中黑色部分作为知觉的对象，白色部分作为知觉的背景时，人们看到的是两个侧面人头。如图 2-1 右图所示，如果以白色为背景，则易知觉为男人，如果以黑色为背景，易知觉为一个少女。

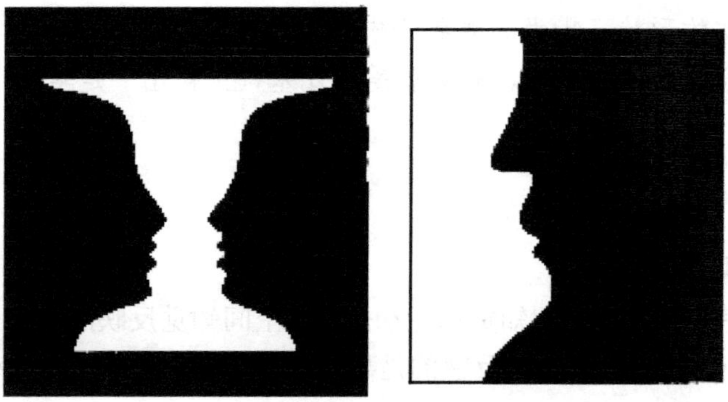

图 2-1　知觉的对象和背景的相对关系

（2）选择性的条件。

把对象从背影中区别出来，一般要取决于三种条件：

第一是对象与背景的差别。当知觉的对象与背景的差别越大、对比越大时，对象越容易被感知。

应用举例　对比的感觉

万绿丛中一点红、夜深人静时的电话铃声等；反之，比如冰天雪地中的穿着白衣的女孩、穿着迷彩服藏在草地中的士兵、喧闹中的手机声音等则不容易被认识。

第二是对象的运动性。当对象是相对活动的而背景是相对不动的，或对象是相对不动的而背景是相对活动的，对象也容易被感知，如夜空中的流星、火车站附近的滚动广告等。

第三是符合人的兴趣，当对象是自己熟悉的、感兴趣的内容时，或与人的需要、愿望、任务相联系时，也容易被感知，如在嘈杂的环境中听见有人喊自己的名字等。比如图 2-2 中的图片，大都数人第一眼看到的是美女回眸。

图 2-2 知觉选择性条件（美女或老妇）

（3）知觉选择性的应用。

消费者要在众多的产品中选择出所要购买的对象，根据个体的知觉选择性特点被选择的商品通常是与周遭产品相比差异性较大的产品；或者是相对特殊的信息，所以差异性是产品被消费者关注的关键。

案例2-2 日本电器的差异化战略

产品的差异定位就是符合知觉选择性心理规律的做法。比如，日本市场中的电器品牌，如松下、索尼、日立、东芝和三洋等。一个小小的岛国有如此多的品牌，并各自在市场占有应有的位置，除了日本产品质量之外，也因为产品的差异定位，使消费者的区别度较高。

松下是“家电之王”，要买家用电器的消费者可以选择该品牌，广告中的男低音说出的“Panasonic”，对那些想买家电的人来说绝对是不能拒绝的；索尼的“高、精、尖”的定位，对先进技术感兴趣的年轻消费群体也是非常大的吸引；日立以“吸收快”而见长，想要买到技术综合产品的消费者就可以考虑该品牌；东芝以“包罗万象”而著称，对愿意在所有的产品都保持一个品牌的消费者可以购买该产品；三洋则是“物美价廉”，想要买适用而不贵的产品可以考虑该产品。所以，通过差异定位，可以满足不同消费群体的要求。

案例评析：

1. 差异度使日本的家电产品各自占有各自的市场，并方便不同消费者的选择。
2. 产品的差异可以体现在产品的各个方面，如包装、命名、宣传方式等方面。
3. 产品差异度提高更加有利于消费者的认知，也方便产品的推广。

2. 知觉的整体性

（1）知觉的整体性定义。

客观事物是由不同部分、不同属性组成的，但人们总是把客观事物作为整体来感知，即把客观事物的个别特性综合为整体来反映，这就是知觉的整体性。如图 2-3 所示，当人们看到下列图形，自然会想到是三个完整的圆、两个三角形等。

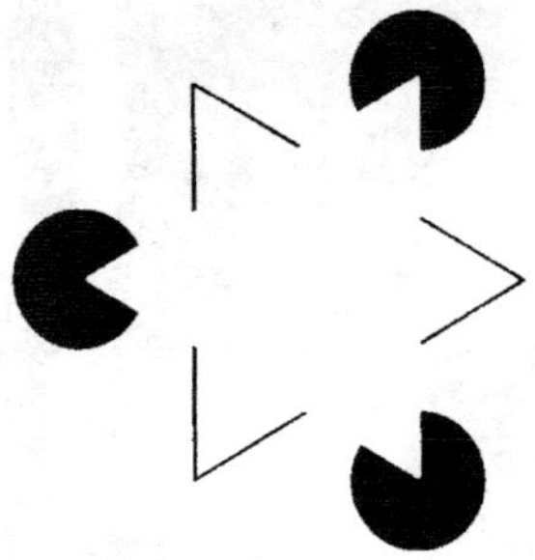

图 2-3　知觉的整体性

（2）决定知觉整体性的因素。

第一是知觉对象的特点。如接近（时间或空间上接近的刺激物容易被知觉为一个整体）、相似（彼此相似的刺激物容易被知觉为一个整体）、闭合、连续等因素。

第二是知觉对象各部分之间的结构关系，同样一些部分，处于不同的结构关系中就会成为不同的知觉整体。例如，把相同的音符置于不同的排列顺序、不同的节拍和旋律之中就构成不同的曲调；如果曲调的各成分关系不变，只是个别刺激成分发生变化，或用不同的乐器演奏或不同人来演唱，就不会改变人们对其歌曲整体性的知觉。

第三是知觉者本身的主观状态，其中最主要的是知识与经验。当知觉对象提供的信息不足时，知觉者总是以过去的知识经验来补充当前的知觉。

应用举例　**“看到的比赛各不相同的原因”**

美国心理学家曾将棒球和斗牛的比赛交叉放映——几秒钟的棒球比赛，几秒钟的斗牛表演，让爱好棒球的美国人和喜欢斗牛的墨西哥人同时观看。结果，美国人看到了棒球比赛，而墨西哥人看到了斗牛。

（3）知觉整体性的应用。

由于人的认知整体性原因，在产品的设计及宣传中都要注意每一个细节的要求，达到宣传的目的。

应用举例 细节决定成败

如果一个航空公司的服务是一流的、连锁的酒店也是无可挑剔等，但会因为工作人员的一次工作失误——忘记给客人预订靠窗的座位，而使客人在心里认为“该公司根本没有资格经营航空业务”。所以，认知整体性的特点，要求企业宣传和产品要追求完美。

这些细节包括产品的各个层面，从核心产品、形式产品和延伸产品都要保持和谐和统一。

应用举例 麦当劳的“完美”

当每一个麦当劳的顾客进入麦当劳的餐厅，都会感受到每一个细节给顾客带来的整体冲击感：周围环境的布置、员工的精神面貌及其洁净的着装、餐盘上的标志、幽雅的背景音乐、大堂内广播员温柔的产品介绍，甚至面巾纸上的麦当劳标志等，都在告诉顾客优良的产品、好的就餐环境以及麦当劳的良苦用心。

在营销案例里，有很多因为细节的失误而使消费者丧失乃至丢掉市场的例子。比如，某火腿肠中出现的头发差点使该企业多年的经营功亏一篑。

案例2-3 “可口可乐”的整体是什么？

可口可乐从首次出售距今已有100多年的历史，现在每天销售3亿瓶，遍及世界155个国家和地区，几乎每天24小时任何一秒钟，世界上都有人在喝可口可乐。可口可乐获得如此成功，竞争力如此之强，其奥秘得益于该公司的总体形象策划。

1. 神秘的配方强化了可口可乐的神性。据说，可口可乐的配方至今是个未被解开的谜。世界上掌握这个配方的只有10个人，而这10个人是绝对保密的。这个绝密的配方藏在美国佐治亚州一家银行的最深的地下室中的一个上着7道锁、封着7个火胶印的保险柜中，要想打开保险柜，必须经过银行正、副行长联席会议批准，并请州的官方代表参加，由掌握秘方的10个人一齐到场，不能提前一分钟，也不能延后一分钟。所以，至今这个保险柜还不曾被打开过。与其说这是一个故事，倒不如说是一个神秘形象的策划。

2. 商品内在品质迎合了公众嗜好。最初可口可乐仅仅被看作是一种药品，并被指控含有有害药物，因此很长一段时间销路不畅。公司向社会公众宣布：可口可乐是强壮剂，而不是药物，并相应策划出广告，确立广告标语为“可口、清爽”，成为世界通用的商品用语。

3. 商品的外在形象塑造。可口可乐瓶子设计具有很多优点：瓶子颈部有凸起的花纹，握住瓶颈不会有滑落的感觉；里面所装的液体，看起来比实际的分量多；外观别致，瓶子呈曲线，很像线条优美的裙子。可口可乐的标识也很有特色：“COCA COLA”的斯宾塞标准字形，与白色字体形成强烈对比的红色标准色，流动的水线，响亮易记的名字等，都别具一格。可口可乐这个与众不同的包装攻略，牢牢印在广大消费者的脑海里。

4. 热心赞助世界体育事业。作为以营利为目的的企业，可口可乐经常做“分外”之事：每当奥运会举办之际，可口可乐公司都出巨资赞助，并且以体育为传媒，利用全世界都关注的奥运会，宣传公司的雄厚实力，树立产品形象和公司热心支持世界和平、进步的良好社会形象。由于可口可乐公司的贡献，1996 年夏季奥运会被确定在可口可乐总部所在地——美国亚特兰大市召开。

5. 塑造完美的产品形象。可口可乐公司从领导人到普通员工像爱护自己的生命一样爱护产品形象。公司董事长说："我的血管内所流的不是血液，而是可口可乐。"他们把产品信誉看作公司的生命。为保证产品质量信誉，公司始终坚持直接从美国总公司批发原浆到世界各地分公司。

6. 公司形象宣传是一流的。100 多年来，可口可乐从未在人们的生活中消失过。它的广告宣传总是以世界青年为主体对象，它的形象总是代表着快乐、和平和未来，代表着年轻人的信心和意志。喝可口可乐确实有"挡不住的诱惑"，这种感觉表现出了青春的活力、丰富多彩的生活和世界的和平。因此，它一直赢得全世界青年人的青睐。

案例评析：

1. 一个产品要能够长久地赢得消费者的欢心，主要是因为整体上的成功，从各个方面对产品进行策划和营销。

2. 案例再次说明"细节决定成败"。

3. 知觉的理解性

（1）知觉的理解性。

在知觉过程中，人们总是根据已有的知识经验来解释当前知觉的对象，并用语言来描述它，使它具有一定的意义，这就是知觉的理解性，如图 2-4 所示。

图 2-4　知觉的理解性

（2）决定知觉理解性的三因素。

第一是经验，也是最重要的因素。比如上述所说的墨西哥人和美国人的实验，美国人只所以看到了棒球比赛，是因为美国人的经验中有很多场看到的棒球比赛，同样的道理，墨西哥人看到了斗牛比赛。由于不同的人对比赛的熟悉程度不同，因而决定了人们在比赛之前所需要看到的片段的长短也不同，不是很热爱比赛的人比热爱比赛的人需要看到的片段要长一些。

第二是言语的指导对知觉的理解性也有较大的作用。在较为复杂、对象的外部标志不很明显的情况下，言语指导作用，能唤起人们的过去经验，有助于对知觉对象的理解。

应用举例 马背上的骑士

如图 2-4，初看时只觉得是一些墨块，但有人告诉你“这是一个骑在马上的古代骑士”时，言语的指导就会唤起你过去的经验，补充了当前知觉的内容，会立刻看出图中所指代的东西。

第三是知觉对象本身的特点。

应用举例 中间的是什么？

如图 2-5 所示，如果遮住左右的 12、14，会把中间的看成是英文字母 B；如果遮住上下的 A、C，会把中间的看成是阿拉伯数字 13。

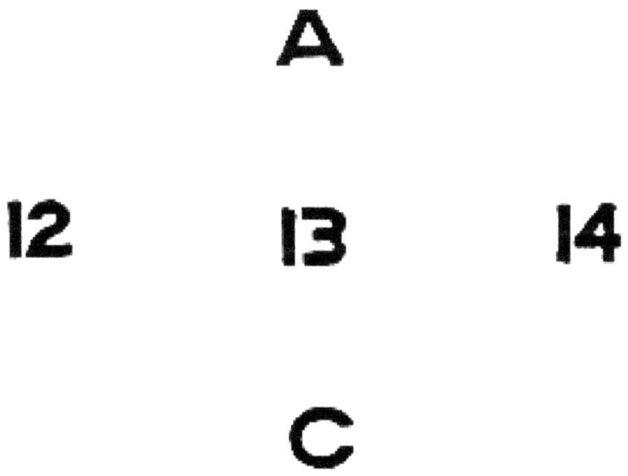

图 2-5　中间的是什么

为什么对同一个符号有不同的理解呢?那是因为这个符号所处的环境不同，因而人们的理解也就不同。

（3）知觉理解性的应用。

消费者先前的经验对产品的理解是很重要，人通常用经验来判断和体会目前的产品。所以，针对消费者的经验，运用合适的引导词，来增加消费者对产品的理解是非常重要的课题。

应用举例 人的经验与广告创意

在一个杯子的经典广告中，画面是一个杯子，上面有五个清晰的手印，引导词是“爱不释手”，让消费者会心一笑。同样，多数的消费者都希望所穿的鞋子是舒适而又轻便的，所以在一则平面广告的宣传中，一个人反复地给天平的一端添加重量，希望能因此与另一端的天平上的鞋子保持平衡。几次失败后，百无聊赖的他，随手将一片羽毛吹向天平，天平一下平衡起来，引导词是“原来像羽毛一样的轻便”，很容易让消费者动心。

所以，利用消费者的经验，将产品传递的信息用消费者熟悉的感觉传递给消费对象，可以增加消费者对产品的理解和直观感觉。

4．知觉的核心品质

（1）知觉的核心品质。

消费者对一个产品形成印象时总有一个品质起到了重要的作用，就把产品的这个特性叫作产品的核心品质。

应用举例　　产品的核心

通常情况下，面包是软的，当面包变成硬的话就叫作饼干，软的这个属性就是面包的核心品质；冰箱是能保鲜食品的，如果不能制冷就不再是冰箱，所以每一个产品都有一个关键的品质影响到人的认知。

小知识　　人际认知的核心品质

社会心理学家阿希曾将一个班的同学分成甲、乙两组，阿希分别给了两组同学关于某个人的描述，给甲组同学的词是热情、勤奋、聪明、灵巧、果敢，给乙组同学的词是冷淡、勤奋、聪明、灵巧、果敢，所描述的词汇只有第一个词有差异，即甲组里的是热情，乙组里的是冷淡。心理学家分别让甲组和乙组的同学来描述这个人在人格上是一个怎样的人，结果大不相同，90%的甲组同学将这个人描述成一个慷慨大方的人，77%的同学会认为这个人是幽默风趣的；而乙组只有10%的人将这个人描述成宽宏大量或者风趣的，多数人会认为这个人是斤斤计较和势利的人。心理学家又将第一个词换成礼貌和粗鲁或者内向和外向进行测试，结果发现差异性并不明显。所以，经过反复的实验，心理学家认为当一个人对另一个人形成印象时，热情和冷淡起到了关键的作用，所以就把热情叫作影响人相互认知的核心品质。

（2）知觉核心品质的应用。

由于对一个产品的印象中，总有一个核心品质会起到决定性的作用，所以在产品的宣传中，要注意突出产品的核心品质。产品的核心概念要突出，并且符合消费者的预期和产品的行业特点。

应用举例　　人们到底买“液晶电视”与“大宝”的什么？

2004 年初，在市场上越来越多的液晶电视引起消费者的关注，但所有的消费者对液晶电视的技术水平稳定性是最关注的，所以在宣传中，谁能抓住稳定性的核心品质，谁就会抓住消费者的心；当大宝化妆品以女工、护士、摄像师、京剧演员等形象说“大宝，挺好”的时候，更多人接受的是产品传递的“大家的、物美价廉的大宝”产品的核心概念。

2.2.3　知觉到的风险

1. 概念

知觉到的风险，又可以称为知觉风险，是指消费者在购买过程中总是感觉要承受某种不确定的损失，这种不确定的损失就是知觉到的风险。比如，购物之后总是担心价格高了、质量差了，等等。这种不确定性的产生是因为在购买中有很多不确定性的存在。

2. 知觉到的风险的种类

（1）功能风险。

功能风险是消费者在购物的过程中，对产品的质量和产品的功能的担心。

（2）经济风险。

经济风险是消费者在购物时，总是要担心同种商品不同购物地点的价格是否会不同，或者产品本身的价格是否会高于产品的价值等，因此产生经济上的损失。

（3）社会风险。

社会风险又可以称为心理风险，是指消费者在购买商品之后，总是考虑到是否符合自己的身份，是否会降低个人的身份等担心。

（4）安全风险。

安全风险是指消费者在购买某些产品时对产品可能对自己或他人的健康和安全的担心。

应用举例　　**这些风险分别是什么？**

消费者在买电热水器时会担心与燃气热水器相比的能量使用的节省性和安全性的问题；买了电脑，就会担心功能会不会稳定等；买衣服时，买完后发现另一个商场的价格要低；买了 5000 元的一款新的手机，不到三个月降低到一半的价格；购买了一款新的手表，总是期待同事或朋友的认可，被同学或朋友们认为是符合年龄和社会角色的特点，是时尚的、不落伍的等；消费者购买了转基因的食品之后会担心它会不会影响人的健康等。

3. 知觉到的风险的特点

（1）不同产品的知觉风险不同。

在消费者的消费行为中，消费的风险总是存在的，但是不同的产品风险是不相同的，因为人们对不同产品的关注和期待是不相同的。如买耐用品，会更多地关注产品的质量和耐用性，而在雨天买的一把雨伞，人们更多关注的是使用价值和方便等。

（2）同种产品不同时期的消费风险也不同。

消费者对一种产品消费时，随着时间的推移，人们对消费中关注的问题也会有所不同。这和产品的成长时期有关，也和经济环境的发展和变化有关。

应用举例　　人的知觉风险的变化

在我国，20 世纪 70 年代末，由于生产能力的不足，因此不能满足消费者日益增长的物质需要，所以发生了抢购风潮。如即使不能转动的电风扇，也有消费者抢购回家，然后修理使用。但在目前的消费市场，消费者就不必担心买不到电风扇，而要担心买不到合适自己的电风扇，比如电风扇的颜色与家具环境的搭配、功率与自己需要的搭配等。在七八十年代，消费者去饭店吃饭，最关心的是量够不够大，能不能吃饱，现在人们更关心的是环境够不够干净幽雅，饭菜是否可口卫生健康。所以，同样的商品由于环境的变化，人们的担心内容是不同的，这种担心随着市场和消费者需求的变化是不断变化的。

4．消费者降低风险的方法。

（1）选择信誉度高的商品或者名牌产品。

由于某产品消费后的市场评价比较好，同时能满足消费者的不同要求，消费者就会重复购买，并且把购买的经验告诉给自己的朋友、亲戚和同学等，这样就会建立对产品的信赖度。市场上的名牌产品也是建立在较高信誉度的基础之上的。生活中，消费者为了回避消费的风险，会选择声誉较好的商品和名牌产品，而不会轻易地去购买不熟悉商标的产品。

（2）选择信誉度较好的购买地。

在日常的生活中，通常在买某些商品时，在消费者的心里有一个常识性的看法，即有些商品可以在任意地方购买。比如口香糖、一元钱一个的面巾纸和牙刷等价格低廉的商品，在购买的时候会任意选一个地方购买，方便是第一位的，即使在使用时发现质量较差，也不会觉得怎样，因为对这种商品的购买期望不是很高。但当消费相对价高的商品时，为了保障质量和售后服务，通常情况下，会选信誉较高的商场进行购买。

（3）搜集信息、增加知识。

消费者在购物的过程中，总会有各种各样的风险，作为社会中的人总会在无意和有意中收集到各种各样的信息。对于某些商品还会千方百计地去搜集信息，消费者搜集的信息越多，就会进行有效的比较，选择决策的自信心就会越强，从而减少由于对产品不了解所导致的风险。

（4）从众购买。

从心理学的角度讲，从众可以使个体的行为更有安全感，所以在消费者的购买过程，有些消费者也会根据同辈群体的购买或者父母、长辈或者多数人的购买进行购买，使自己的购物风险降到最低。

5．针对消费者行为特点的营销策略

清楚地了解消费者降低购物风险的方法时，就可以有针对性地调整企业和营销者的策略，来降低消费者的购物风险，使消费者在购物时更加放心，从而赢得消费者。

案例2-4　“不满意就退货”

“天百”曾经是大连一家以零售业为主的大型商业企业，从20世纪80年代末到90年初开始发展和壮大起来。自1994年以来实行了以“不满意就退货”为主要内容的“十五条龙”系列服务而闻名遐迩，它为企业创造出无限的生机和活力。

80年代末90年代初，随着商品经济的发展，市场变得非常活跃，但经济活动不够规范，商品质量良莠不齐，一时间假冒商品充斥市场，老百姓在购物过程中更是谈虎色变，“电风扇不会转，冰箱不制冷，鞋跟百步断”等现象是司空见惯，商家的质量信誉变得异常的重要。1993年初，国家为了保护消费者的利益，准备颁布《消费者权益保护法》。经过讨论，“天百”最终确定了“以经济效益为中心，以服务建设为重点”的经营指导思想，围绕顾客购物过程关注的重点和热点问题，出笼了以“不满意就退货”为主要内容的“十五条龙”系列服务，在1993年10月31日“消法”颁布15天以后，向社会推出，为企业的发展创造了良好的市场环境。

从实施“十五条龙”系列服务以来，以“一切替顾客着想，一切为顾客负责，一切让顾客满意”为宗旨的系列服务，为顾客退换商品18万人次，为企业赢得了大量顾客的信任。

目前，在零售业市场全面开放的形势下，大型国有零售企业已经无法独占市场，并且面临着利润率逐年下滑的危机。零售业的市场竞争日趋激烈，已由拥有紧俏商品、改善购物环境、有奖销售、打价格战发展到服务竞争和战略竞争。消费者也走过了感性和理性的消费时代，步入了情感消费时代，并追求消费的多样化和个性化。如何改善服务、使顾客满意已是商业零售企业为实现其利润最大化的关键所在。

在激烈的市场竞争下，大连的商业企业也进行了“大洗牌”，由于各种原因，“天百”已退出了一流商业企业的行列。

案例评析：

1. “天百”的不满意就退货，打消了当时消费者在消费中最担心的质量问题，为企业赢得了发展的机会，成为商业企业中的佼佼者。

2. 随着市场经济的发展，原有的策略已不再是一个具有竞争力的策略，需要研究市场后重新确定新的策略。

2.2.4　错觉和知觉效应

1. 错觉

错觉是人们观察物体时，由于物体受到形、光、色的干扰，加上人们的生理、心理原因而误认物象，会产生与实际不符的判断性视觉误差。比如，在春节联欢晚会上刘谦隔着玻璃喝咖啡的魔术，其实也是利用了人的错觉。思考一下下图可以引起的人的错觉。

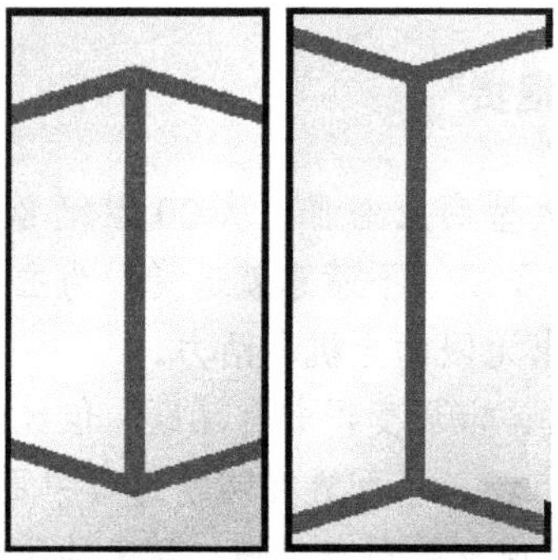

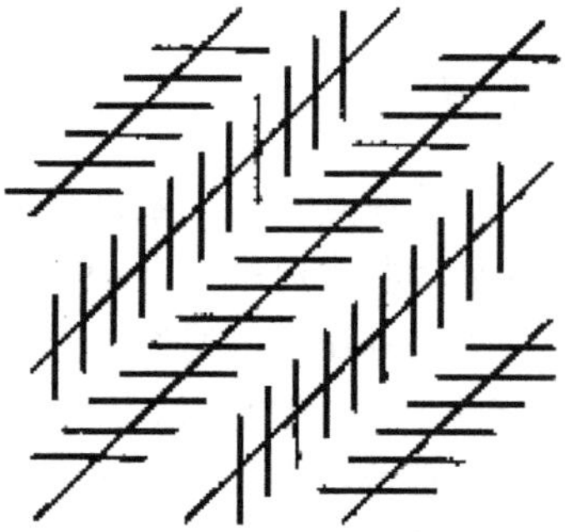

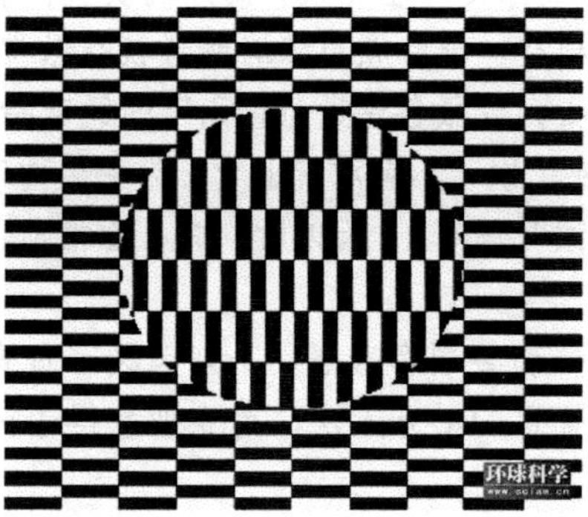

在商品的陈列、背景音乐的利用等，都可以人的错觉进行改变消费者对商品的认识和理解。

2. 知觉效应

知觉效应来自于社会心理学关于社会认知中知觉偏差的研究。在人对人形成印象时总有一些偏差的出现，就把这些偏差叫作知觉偏差，现在把它引入到消费心理的分析中来。

（1）首因效应。

首因效应是指首先接触到的关于某个产品的信息会给认知者留下深刻的印象并影响到消费者对该产品的认识。

小知识　　社会认知中的首因效应

在社会认知中，第一次见面的表情、衣着、年龄、服饰、言行等细小方面都对被认知者的第一印象的形成有很大的作用，同时在很长的时间内难以改变影响。同样产品也是如此，当它第一次给人的印象决定了在消费者心中的印象，所以产品和推广活动的第一次与消费者见面方式等都要注重到每一个细节。

（2）近因效应。

近因效应是指最近一次了解的关于产品的信息对消费者印象的形成至关重要。社会心理学对此的描述是对某个人的最后一次的印象对人的认知有强烈的影响。

近因效应和首因效应看起来是矛盾的，近因效应强调的是最近的一次印象，而首因效应强调的是第一次印象的作用，心理学家为此进行的实验表明，两者并不矛盾。当两个信息是连续地作用于一个人的时候，首因效应会起到作用；当两个信息是不连续地作用于一个人的时候，近因效应会起到主要的作用。

小知识　“首因效应”与“近因效应”的心理学实验

美国心理学家罗钦斯曾做过实验，把描述汤姆的两个生活片段分别用两种方式向两组人宣读。这两个片段的内容分别是关于汤姆的内向和外向的描述，向其中的一组宣读的方式是将汤姆的外向的材料先读，然后再把内向的描述进行朗读，让该组的实验对象来描述汤姆的性格趋向，结果多数人将其描述成是外向的性格特征；对另一组的描述方法进行了改变，将其外向的材料朗读之后，让所有的实验对象进行半小时的休息后，继续将汤姆的内向的材料宣读完，然后让实验对象对汤姆的性格进行描述，结果多数人将汤姆描述成内向的人。所以，前者是首因起到了决定性的作用，后者是近因起到了关键的作用。

分析其原因是，当不同的两个信息连续作用于一个人的时候，第一种信息的影响作用就大，即首因效应起作用；当两种不同的信息间隔了一段时间作用于一个人的话，最近的信息的作用就大，即近因效应起作用。

生活中，有一个常识，同样关于一个产品的两个广告，当新的广告播出时，原来关于该产品的广告总是在一段时间内影响到人们的认知，当一段时间后人们对新的产品广告印象就会超过原来广告的印象。所以要彻底改变人们对某一个产品的印象，先将原来的在市场上宣传的信息收回，然后再推出与原来宣传不同的信息，效果会更好。

3. 光环效应

光环效应又称晕轮效应，是指对一个产品的某一个特性形成或好或坏的印象以后，会以此来推断产品具备其他或好或坏的特点。如当人们发现某冰箱的制冷很好之后，就会推断它的保鲜功能、节电等都会好；反之，就会推断产品的其他特性也不会好。

小知识　心理学的小实验

社会心理学家用反复的实验证明了这一点。苏联的心理学家曾描述说一个人具有尖尖的下巴和深陷的双眼两个特点。其向甲组人说具备该特点的人是一个科学家，向乙组人说该人是一个罪犯，分别让两组人来说明这两个特点的象征意义。结果，甲组的人认为尖尖的下巴象征着科学家的坚忍不拔，深陷的双眼象征着智慧，而乙组的人则会认为尖尖的下巴意味着罪犯的至死不改，深陷的双眼则说明了狡猾等特征。

在产品的推广中，要强化产品的某一突出优点，并从每一个细节出发，不能因小失大，失掉消费者。

4. 刻板印象

刻板印象是指当人们依赖一定的信息对某一产品所形成的固定印象，当印象一旦形成，就变得难以改变。

正如在日常生活里会认为法国人是浪漫的、英国人是绅士的、德国人是严谨的等，对产品也如此。

应用举例 刻板印象与其作用

刻板印象的作用有两个方面：一是积极的作用，节省了很多的宣传活动。比如，通常人们认为宝洁公司的产品是品质优良的，所以一旦有新产品面市，人们就会认为其品质是良好的。二是消极的作用，如果消费者对一种产品产生不良的刻板印象的话，企业要改变这个印象必须经过很长的时间，或者给产品造成毁灭性的打击。比如，人们发现某牛奶中含有三氯氰胺，即使产品进行了有效的改进等，但要改变产品在消费者心中的印象就会很困难。另一种消极影响的情况是当消费者对产品的定位已经形成刻板印象，再要为产品加入新的元素，也会很难。比如，人们通常认为可口可乐是绅士的、传统的，如果要加入新的元素就需要不断地努力才能改变或建立新的印象。

子任务三 运用注意的规律

2.3.1 注意与其分类

1. 注意

注意是指人的心理活动对外界某一具体事物的指向和集中，它是一种基础的心理现象。

2. 注意的特征

注意有两个基本特征：指向性和集中性。注意的指向性特征表明了人认知的选择性，在人的心理活动的每一个瞬间，心理活动都有选择地指向一个事物，而离开其他事物；注意的集中性表明了人的心理活动对指向对象的时间长度，因为长期地全神贯注于某一个对象，排除各种外界等因素的干扰，人才能对注意的对象进行有效的、清晰的和鲜明的反映。

应用举例　日常的注意

在日常生活中，人们常常有这样的现象，正与朋友聊天，却突然被对面走来的穿着奇特的人所吸引，饥饿时对食物的关注等。注意与人们的一切心理活动密不可分，它伴随人的认知、情感、意志等心理活动过程而表现出来。

在商场里逛街的顾客在选购商品时总是指向自己感兴趣的商品或者有特点的商品，排除噪声、服务员的劝说等对其心理活动的抑制，集中考虑某一商品的特点等，以获得商品的信息，准确地认识商品，决定购买与否。

3. 注意的分类

根据产生和保持注意的有无目的和努力程度，注意可分为两种：有意注意和无意注意。

有意注意是指自觉的、有目的的注意，在心理学上也被称为主动注意；是指人事先没有预定的目标、无须努力、不由自主地指向某一对象的注意，所以也被称为被动注意。

应用举例 有意注意与无意注意

需要买衣服的消费者对商场内的服装的注意，上课时学生的听课等，都是人有准备和有目的的注意现象；正在挑选化妆品的消费者，突然被叫卖声吸引去关注降价的衣服，走在马路上的行人，突然看到了关于一则介绍减肥产品的广告等都是无意注意。

有意注意与无意注意是有区别的，但是两者又是有联系的，两者可以互相转换。

2.3.2 影响人注意的因素

1．位置差异

根据心理学家的研究，人的注意习惯是从左到右、从上到下的顺序，所以在人的视线左侧和上面的东西更容易引起人的注意。

应用举例 “色眯眯”源于什么？

有一个经验的现象可以在某种程度上说明注意的习惯问题。人们通常描述一个人“色眯眯”，是因为这个人观察人的视线习惯与大多数人不相同，注意的顺序是从下向上看到人的脸，多数人的视野习惯是从上至下的顺序来观察一个人。

2．事物大小

形状大的刺激物比小的物体更容易使人注意。

应用举例 注意与大小关系

在日常的生活中，人们对悬挂在商店门口的巨大的、超过人的习惯的鞋、牛仔裤、运动服等店外的大招牌更容易关注和感兴趣；有时，在男士西装等卖场的外面，小巧精致的“浓缩版”的衣服等，也容易引起人的注意。

3．色彩

通常情况下，鲜明的色彩比暗淡的色彩容易引起人的注意。

应用举例 色彩与注意

一般地讲，黑色比白色、红色比粉色等更引人注目，所以在路边的广告中，红色、黑色、绿色等鲜艳的颜色仍然是主要的颜色选择，边缘色、淡色等仍然需要慎重选择，这是符合人的注意规律的。

4. 强度和对比

通常的情况下，强度大和对比度大的东西更容易引起人的注意。

应用举例　　强度与对比度大与注意

洪亮的声音比微弱的声音更容易让人注意，强度和对比度越大越容易让人注意，“于无声处听惊雷”说的就是这个现象；说相声的一胖一瘦、一高一矮的组合永远比两个身材相同的人更具喜剧色彩，也说明了这个道理。

5. 运动

运动中的物体比静止的物体更容易让人注意。

应用举例　　运动物体的应用

电影与电视剧的主角通常在电影和电视剧的开始，人们就基本能区分出来，是因为他们在出场时的动作幅度、走路的速度和方向都与电影或电视剧中其他的人不同，所以是大家关注的焦点；火车站、飞机场周围的滚动播出的广告，总是能吸引旅客的眼球。

6. 隔离

在大的空间或空白的中央放置或描绘的对象容易引起人的注意，或者与周遭比较不同的事物或者创意等更容易让人有隔离感，容易引起人的注意。

应用举例　　运动物体的应用

在一个地段放置 10 块广告牌，就会分散人的注意力，如果只有一块广告牌就会很容易受到人的关注；用一定的手法制造与其他事物的一定的隔离和区分感，更容易使人注意，比如 2012 年夏季的《中国好声音》的王韵壹的光头造型、王乃恩的帽子、袁娅维的芍药花等，更让人有隔离感，容易被人注意并产生记忆。

应用举例　　AIDA 中的“注意”

AIDA 模式也称“爱达”公式，是推销专家海英兹·姆·戈得曼（Heinz M.Goldmann）总结出的推销模式，是西方推销学中一个重要的公式。它的具体含义是指一个成功的推销员必须把顾客的注意力吸引或转变到产品上，使顾客对推销人员所推销的产品产生兴趣，这样顾客欲望也就随之产生，再促使采取购买行为，达成交易。AIDA 是四个英文单词的首字母，A 为 Attention，即引起注意；I 为 Interest，即诱发兴趣；D 为 Desire，即刺激欲望；最后一个字母 A 为 Action，即促成购买。

该模式被很多的领域应用，其中广告策略中就有很好的运用。以该学说来分析广告：

首先，广告应唤起受众的注意，这是关系到广告是否成功的基本要求，如果广告不能吸引受众的注意力，受众就对广告一无所知，也就没有什么作用。要唤起注意应从多方面加以考虑，电视广告应在黄金时间播出，这时收视率、收听率均高，报纸广告应在发行量大且位置合适的地方刊登，以引起注意。广告本身构思应巧妙，有新奇图案、漂亮的照片、动人的表情，还要有吸引人的标题。其次，广告使受众发生兴趣。再次，广告使消费者产生购买欲望。最后，购买欲望导致购买行为，这是广告的目的。消费者对商品的认识是逐步深入的，所以在保证商品质量的同时，广告也要反复做，不断强化广告在人们心目中的印象，从而有利于扩大产品的销售量。消费者对广告的记忆（Memory）有关，因此，在 AIDA 基础上又加入了记忆，成为 AIDMA。

子任务四 认识记忆的规律

2.4.1 记忆与记忆种类

1. 记忆与记忆种类

记忆是指过去的经验在人脑中的反映，或者说是人脑对过去发生过的事物的反映。用现代信息论的观点来解释，可以把记忆看作是对输入信息的编码、储存，在合适的条件下提取出来的过程。

2. 记忆种类

（1）按照记忆保留的时间长短分类。

按照记忆保留的时间分成瞬时记忆、短时记忆和长时记忆三种。

第一，瞬时记忆。瞬时记忆的记忆材料在人脑中的保留时间为 0.25～2 秒钟。瞬时记忆的特点是持续的时间短、瞬息即逝、容量小。所以在广告语的选择中，简练的语言是最好的选择，而短时间的大量信息只会让人难以记忆。

瞬时记忆通常是在非常短的时间内形成的，人们通常没有或不能长时间关注某个信息的条件下形成的，是一种下意识的记忆。

小知识　瞬时记忆

有心理学家曾将一把十几种颜色的彩球撒在地上，让人看上一眼，并迅速地将其盖上，让人描述有几种色彩的小球。结果，多数人能描述的在 7～8 种。瞬时记忆的容量是非常有限的，在传递信息的过程中，要注意瞬时传递的信息不能超过人的接受能力。

小知识　瞬时记忆测试

关于瞬时注意的测试，有 10 组数据，被试者在实验者读完后就行记录，记忆组数表明了人的瞬时记忆程度和水平。

9637、65709　如果只记忆这两组数的话，瞬时记忆能力低下；

209674 、4932758、38541790 记住这三组以上的话，瞬时记忆能力水平一般；

704251638、5736082491 记住这两组以上的数字的话，瞬时记忆能力较好；

13497052836、849037541762 能记住上述以及这两组数字，记忆超群。

第二，短时记忆。短时记忆的记忆材料在人脑中的保留时间为 5～20 秒钟，最长的时间不超过 1 分钟。如果记忆材料受到人主观的关注，即人有意识或者被某个信息所吸引所发生的记忆现象。如果瞬时记忆是下意识的话，那么短时记忆就是个体有意识的记忆活动，所以商业广告的目的，就是制作人们喜欢的信息，引起人的注意，形成短时记忆。

第三，长时记忆。长时记忆的记忆材料在人脑中的保留时间为是 1 分钟以上甚至人一辈子的记忆。长时记忆是对短时记忆的重复加工的结果，有时打动人的、富有影响力的信息一次也能让人形成长时记忆。商业广告以及企业传递给消费者的信息，可以通过重复或者富有人情化的信息影响消费者，形成永远的记忆，比如很多家喻户晓的产品就是通过长时间重复的结果。

（2）从记忆形成的方式上分类。

从记忆形成的方式上分为印象记忆、情感记忆、逻辑记忆和运动记忆四种。

印象记忆是因为感知对象形象的原因而形成的记忆。

应用举例　　香水的印象记忆

在琳琅满目的商品中，总是对形象特殊的东西产生较深的记忆。20 世纪的法国香水广告所利用的就是人们的印象记忆，即将香水的包装设计成人体的某一个器官，吸引了消费者的注意，并对产品产生印象。同样，很多产品的包装、标识的设计等都是运用了人的印象记忆。

情感记忆是因为人体验过的某种情感的原因而产生的记忆。

应用举例　　情感记忆的应用

消费者光顾某一个小吃店，尽管食物的味道并没有什么好的特点，但是因为寂寞的周末，老板娘的嘘寒问暖让消费者感动，因此而记住那个小店，所以现在广告的情感诉求也是符合情感记忆的规律。

逻辑记忆是因为事物的内容、性质和意义的内在逻辑的原因而产生的记忆。

应用举例　　逻辑记忆的应用

在日常的学习过程中所形成的记忆多数是逻辑记忆。第一节课的时间、老师的授课内容以及同学的参与等，都是形成逻辑记忆的基础。

运动记忆是因为做过的运动和动作的原因而产生的记忆。

应用举例　　运动记忆的应用

游泳、骑自行车等都是运动记忆。心理学家认为运动记忆一旦形成是很难消退的，一个会骑自行车的人即使十年或更长的时间没有骑自行车，一旦需要骑自行车，还是很快就能恢复运动的记忆，熟练地骑自行车。所以在现在的营销中，有很多方式让消费者参与到某种活动中，让消费者熟悉某一个过程，这样产生的记忆是很难忘记的，也是符合记忆的规律。

2.4.2 记忆的规律

1. 时间律

研究表明，每次信息的重复输入，其维持记忆的时间是各不相同的。以外语单词记忆为例，第一次可能几秒钟；第二次、第三次就可能由几分钟到几小时；再重复就能几天，甚至几个月。重复次数越多，记忆时间就越长。所以在现在的电视广告中，有很多广告会在一个晚上的多个时间段内播出，对人的记忆是有好处的。

2. 数量律

当需要记忆的材料数量偏大时，会给记忆带来困难。

应用举例　如何记住数量大的信息

研究表明，在这种情况下，把记忆的对象适当分散成若干小单元后，再依次存储，记忆的效果就可能好些。比如对连续的几分钟的广告，分成多个部分，在节目的不同过程中进行播放也是很有帮助的。

3. 联系律

联系律也可以称为渐进规律，信息总有内在联系有利于人的记忆。任何新知识的获得都是由原来知识发展、衍生或转化而来的。所以，对新信息的记忆，通过和原有知识的各种形式的联想，形成新、旧知识之间有机联系的系统，是有利于知识储存的。

4. 转化律

记忆是一个不断巩固的过程。由瞬时记忆到短时记忆，再到长期记忆有一个转化过程；由感知保持到理解，到衍生新知也有一个转化过程。这个过程是一个由量变到质变的过程，质变之后外来信息就能长期、牢固地保存在脑海中。所以在新产品的宣传中，要不断强化，使人对产品的记忆形成长久的记忆是需要不断宣传的。

5. 干涉律

当一个新的信息输入后，它与原有的知识储备之间会产生一种相互干扰。一是前后信息互相加强，称为“正干涉”；二是前后信息互相干扰，称为“负干涉”。正干涉有利于记忆，负干涉则对记忆起抑制作用，所以前后一贯的宣传对产品的宣传是至关重要的。

应用举例　　记忆干涉率的应用

当一个产品的宣传在最初选择的形象代言人是一个活泼的、个性突出的女性，而一段时间后，又换成一个成熟稳重的淑女作为产品的代言人，那么就会造成消费者产生混乱。所以在成功的品牌宣传中，产品宣传的风格等前后一致性是很重要的，有良好的延续性，可以使消费者更好地理解产品。

2.4.3　遗忘

1. 遗忘

在人记忆的心理活动过程中，存在着另一个与记忆相对的心理机制，即遗忘。人对记忆过的事物不能再忆或回忆，或者表现为错误的再忆或回忆的心理过程称为遗忘。

2. 遗忘的规律

人的遗忘现象是有规律可循的。人记忆的材料在人脑中的保持是随着时间的推移而递减，这种递减的速度在最初的几个小时内是很迅速的，随着时间的推移会越来越慢，在一天以后，在人脑中所保留的材料会形成永久性的记忆。

小知识　　艾宾浩斯遗忘曲线

根据德国心理学家艾宾浩斯的研究，人们对无联系音节东西的记忆，随着时间其内容在人的头脑中呈现出逐步下降的规律，如图 2-6 所示。

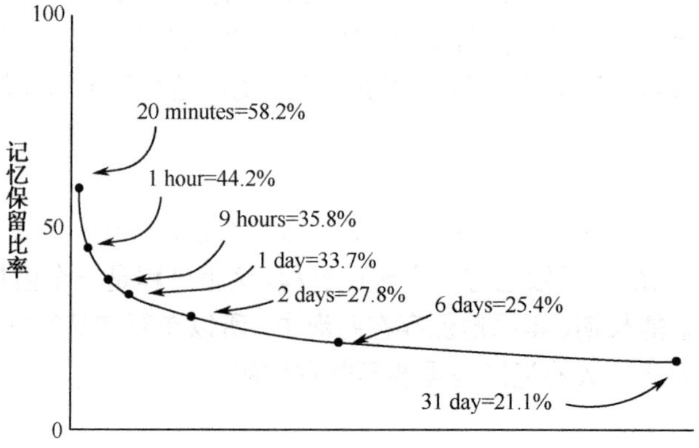

图 2-6　艾宾浩斯遗忘曲线

根据消费者的这个心理规律，在活动中就可以充分利用这个规律，进行有效的宣传活动。

3. 相对应的策略

人的遗忘原因有两个方面：一方面是由于人的个体原因；另一方面是由于信息间相互抑制。前者是不可控的因素，后者是可以加以利用的。

第一是用好的创意减少抑制的影响；第二是运用信息出现的顺序减少遗忘；第三是由于人的遗忘是前快后慢的，所以在短时间内要尽量重复，有助于将人的短时记忆转化为长时记忆。

小知识　　怎样让企业传递的信息不被忘记？

由于独特的、不寻常的信息较少受到遗忘的干扰，具有更大的记忆潜力，比如杜邦漆的小孩屁股的“处处放光彩”的设计，麦当劳的大 M 的设计等，无论什么时候都能打动人的心灵，让人印象深刻；在宣传中，重要的信息或放在前面或放在后面，这样就会尽量避免抑制现象对人记忆的影响。

2.4.4　影响记忆的因素

1. 影响记忆的个体因素

在影响消费者的记忆因素中，个体的主观因素也是一个很重要的方面。消费者个体的因素主要有以下几个方面：

（1）个体的需要、兴趣等因素。

消费者的需要和兴趣等主观因素决定了记忆的内容和记忆维持的时间。

应用举例　　符合人的兴趣更容易被记住

一个对电脑有兴趣的人对电脑知识与配件的记忆与一个对电脑一无所知的人记忆要深刻和全面，同时女性消费群体对剃须刀等男性用品的记忆与男性消费群体的关注和记忆是不同的。这些都因为消费者的需要和兴趣是有差异的，所以要研究产品消费群体的兴趣及需要等特点，进行有针对性的宣传。

（2）个体的状态。

个体的状态，比如知识水平、经验、年龄以及主观的情绪状态等，对人的记忆也有一定的影响。

应用举例　　怎样的状态影响人的记忆？

有一个最基本的经验是，小孩子对一首古诗的记忆能力与一个成年人的记忆速度以及理解程度总是不同的，所以在针对小孩子的产品宣传中，如何使信息更符合儿童的特点和经验的要求是至关重要的。同样经心理学家的研究表明，人在愉悦的条件下所产生的记忆要迅速和深刻，所以将产品与人们喜欢的人和物连接起来，对人形成愉快的记忆是很重要的方法。比如，可口可乐的“要爽由自己”的“六个明星”广告宣传就是一个很好的例证，将可口可乐与刘翔等大家喜欢的明星连接起来，使人们对明星的好感帮助消费者更愉悦地接受产品，并形成更深刻的印象。

2. 记忆对象的特点

记忆对象的特点也影响消费者对某一种产品和企业的记忆，这些因素与影响人注意的因素相似，所以不再讨论。

3. 信息以及信息传递的方式

在产品和企业进行的宣传中，宣传者总是希望消费者能对本企业的产品宣传有深刻的印象并能记住产品宣传的属性，因此影响消费者的消费行为，但不同的信息组织和信息的传递方式都会影响到消费者对其宣传的记忆程度。

在信息的组织和传递中，强化、泛化与联想等方式的运用对消费者记忆的形成和维持有很大的作用。

（1）强化。

强化就是反复地实施某一程序，增强消费者对某一信息的条件反射的强度和发生条件反射频率的心理过程。

小知识　条件反射的实验

苏联的心理学家巴甫洛夫曾经有一个非常著名的实验，他利用狗看到食物或吃东西之前会流口水的现象，在每次喂食前都先发出一些信号（一开始是摇铃，后来还包括吹口哨、使用节拍器、敲击音叉、开灯等），连续了几次之后，他试了一次摇铃但不喂食，发现狗虽然没有东西可以吃，却照样流口水，而在重复训练之前，狗对于铃声响是不会有反应的。经过了连续几次敲铃、喂狗食物、狗分泌唾液，然后敲铃，不再喂狗食物，狗依然分泌了唾液。这种现象称为条件反射。在经典的巴甫洛夫实验中，打铃、给食物的过程就是典型的强化过程，通过不断地在打铃之后喂给狗食物吃，时间越长，狗对打铃后分泌唾液的应就越强烈并容易发生条件反射。

强化的概念有两个重要环节：一是设定的过程；二是重复的时间。根据条件反射的研究，程序的实施时间越长，才能有效建立条件反射。所以，一个营销活动的开展，必须有一个比较好的设计过程，并且坚持长期一贯，才能使消费者形成始终如一的印象，增加消费者对企业和产品的看法。在实施强化的过程中，应注意以下的问题。

第一，宣传信息的部分与整体的结合。

应用举例　从整体上让人记忆

雪碧代言人始终保持了靓丽、青春的形象，从张惠妹、付明霞、萧亚轩等都给消费者清新的感觉，对消费者理解产品，加深对产品的印象，培养品牌的忠诚度都是很重要的。

小知识　**强化记忆效果**

心理学家沙尔达柯夫曾做过有关的心理实验。沙尔达柯夫把实验对象分成三组，第一组在记忆的时候，把记忆材料分成若干段进行记忆，记熟一段，然后再记忆下一段，即部分法进行记忆；第二组，将记忆材料从头至尾的记忆，直到记熟为止，即整体法记忆；第三组，将记忆材料按照整体、部分、整体的过程进行记忆，即综合法记忆。三组用不同的方法记忆同一首诗，结果如下表所示。

三种方法的结果比较

记忆方法	所需时间（分）	20天后记忆需要提示的次数
整体法	8	4
部分法	16	7
综合法	6	1.5

从上述的结果可以发现，部分法的效果最差，因为它割裂了材料的整体之间的联系，妨碍了人对材料的整理；整体法有利于材料的理解，但由于材料过多，容易产生前后的抑制现象；综合法最优，因为它兼顾了前两者的优点，先整体，使人理解材料，然后分段，使记忆的材料相对较少，然后再整体，加深了人对材料的综合。

所以，在企业产品的广告和宣传中，也要充分利用消费者这一心理规律。比如一分钟的产品广告，先将整体的内容展示给消费者，让消费者了解广告的内涵，然后将整体的故事分成几段，分别播放，然后一段时间再将广告整体进行播放，就是通过这样的强化过程，使消费者对企业和广告的印象更难消退。

第二，多种分析器的运用。

强化过程如果过分单调，就会使人的记忆产生疲劳现象，所以运用多种分析器参与到记忆的过程，就会增强人的记忆效果。多种分析器就是指视、听等感觉同时参与到记忆的过程。

应用举例　**调动人的全部感受器官强化人的记忆**

心理学的实验中，让甲、乙、丙三个人分别记忆10张图片，甲用视觉、乙用听觉、丙用听觉和视觉的结合分别进行记忆，结果如下表所示。

多种感官的记忆效果比较（%）

参与记忆的感官	记忆效果
甲（视觉）	70
乙（听觉）	60
丙（视听结合）	86.3

在记忆的效果比较中，很容易发现视听结合的记忆方法记忆效果是最好的，所以，在强化的过程中，运用的分析器越多强化的效果越好。因此，在宣传中，不但要用画面的效果，也要运用声音的效果，松下广告后的浑厚的男低音“PANASONIC”，更让消费者深深地记住了松下的广告。

（2）泛化。

泛化是指人对一种刺激产生了条件反射，另外一种刺激由于同时出现等原因，也产生了同样的条件反射，就叫作后者对前者的泛化。

引起泛化的原因有两个方面：一是两个刺激出现的时间相近；二是两个刺激在性质上的接近。

小资料　**赵本山小品中的心理学**

在著名的笑星赵本山的小品中，有一个这样的情景：父亲（赵本山）去找儿子（范伟），在交谈中，每当父亲念到“改革春风吹满地，王二堡人要争气”时，儿子的电话就会响起，因此父亲总是不自觉地抬头看儿子，后来第三次念到“争气”时，电话没有响，而父亲同样地抬头看儿子。在这个过程中，让父亲停下来的真正原因是儿子的电话声，但是由于“争气”总是出现在电话响起的时候，所以 “争气”也具备了让父亲停下来的功能，就叫作“争气”对“电话声”的泛化。这种泛化是因为两者出现的时间接近，泛化现象的发生依赖下列的条件：

在上述的小品中，父亲停下来的条件反射是由于电话声的出现和父亲所念内容的接近，所以两者都具备了让父亲停下来的功能。在中央电视台的天气预报前后的第一个广告中，人们总是在看完天气预报前后，第一个看到该广告，具备和天气预报一样的功能，使人们更容易和愿意关注，所以更方便消费者的认知和记忆。

应用举例　**德芙巧克力广告中的联想**

德芙巧克力的广告语“滑得和丝绸一样”，就是将巧克力的嫩滑与性质相同的丝绸感觉联合起来，使消费者更好地理解德芙巧克力的感觉。将两个性质相同的两个刺激联系起来，让人对熟悉事物的感觉泛化到要宣传的产品上面，使消费者更容易对产品形成印象。

（3）联想。

日本的创造学家高桥浩认为，联想是打开沉睡在头脑深处记忆的最简单和最适宜的钥匙。通过联想，可以寻找到抽象概念的具体体现，加深人们对事物的有效理解，从而使记忆有很强的刺激性和冲击性。

联想就是心理过程由此即彼的现象，即消费者从甲事物的某一个特点而想到与此有联系的乙现象的心理过程。联想有以下几种：

第一种，接近联想。接近联想是由于时间和空间上的接近而产生的联想。

应用举例 看到 2008 年你想到什么？

人们一说到 2008 年，立刻就能想到北京“奥运会”；一说到 1996 年的北京亚运会，就会想到“健力宝”；一想到 2005 年的“神舟六号”，就会想到“伊力牛奶”等。

有一则广告就是利用这种联想成功的案例。如剃须刀是男人早晨起床之后通常要用的工具，这则广告说“男人的一天从飞鹰开始”，起床与“飞鹰”在时间上就联系在一起了。

第二，类似联想。类似联想是指在性质、形状和内容上相似的事物所产生的联想。对新产品和复杂产品进行宣传时运用相似联想，对消费者熟悉新产品的特点有很大的帮助。

应用举例 类似联想的应用

浙江信联轧钢厂的宣传就是把复杂的制作工艺与制作拉面的技术结合起来，一面是信联轧钢的钢花四溅，一面是拉面师傅的信手拈来的拉面，用大家熟悉的现象说明信联轧钢厂制作钢筋就如拉面师傅制作拉面一样游刃有余，并让人们把钢筋和面条的某些特性相连，让人们更好地理解和体会信联轧钢的技术和工艺的娴熟，因此使复杂的东西简单化，帮助人们在理解产品的基础上，记住产品的特性。

第三，对比联想。对比联想就是在性质或特点上完全相反的事物产生的联想。

应用举例 LG 广告中对比的应用

LG 在产品的宣传中就是运用了对比联想，在火热的夏季和热烈的世界杯足球赛中，足球运动员将火一样的足球踢向球门，守门员做出了扑救的姿势，但奔向球门的足球突然戛然而止并冻裂开来，在守门员和全体观众都惊讶不止的时候，画面出现了一则广告“LG 空调”，把火热的足球和 LG 空调的制冷迅速结合起来，虽然夸张，但对消费者却是一条印象深刻的信息。

第四，因果联想。因果联想是在逻辑上有因果关系的事物产生的联想。

应用举例 因果联想的应用

从成功想到勤奋刻苦、由畅销想到质量和功能的良好等，这是目前广告宣传中经常运用的技巧。“全国驰名商标”、“出口销量第一”、“省优、部优”、“总统用的是派克”、“我只用力士”等，这些充满诱惑力的语言，使人很容易想“一定不错，可以一试”，因此达到宣传的目的，是最简单和直接的广告创意。

实训一

任务：自选商品分析其消费者知觉到的风险内容，因此确定针对该心理的市场营销策略。

【实训目的】 促使学生掌握知觉到的风险概念，明确知觉到的风险的内容和种类，促使学生在制定营销策略时，更好地利用知觉到的风险的规律。

【实训题目】 学生根据所学习的知觉到的风险概念，自选一个熟悉的商品，分析该产品的知觉到的风险是什么，为了降低消费者的购物风险，企业的主要针对性的策略是什么，并据此总结知觉到的风险的规律。

【实训方法】

1．实训过程：

第一步：课堂教师讲解知觉到的风险的相关知识；

第二步：学生根据所学的知识，在课下自己选择一个有代表意义的产品，分析其消费者主要知觉到的风险内容，针对这些消费者担心，制定怎样的策略降低风险，促使消费者购买，形成方案；

第三步：课堂上选择10个左右的学生进行交流；

第四步：现场选择学生对上述学生的发言进行点评，选出一个自己认为最好的方案，并说明理由；

第五步：实践指导教师进行点评和提高。

2．时间：40分钟左右。

3．地点：教室。

【总结】

1．消费者知觉到的风险是指消费者在购物时总是感觉有某种不确定的损失，就把这种心理称为消费者知觉到的风险。这些风险包括。经济、心理（社会）、质量、安全四个方面。比如，买了一件内衣就会担心是否会有不利于人健康的东西存在等。

2．通常情况下，不同产品的知觉风险是不同的。比如，购买衣服与购买食品，衣服更多的是款式是否符合身份，属于社会风险，食品担心的是不是健康，属于安全风险。同样的产品在不同时期，消费者的担心也是不同的。比如，处于成长期的产品，消费者多是担心其质量，而处于成熟期的产品，多是担心其社会性，如有没有新产品或会不会落伍等。

3．学习该知识的重要性在于，作为产品的营销者，在推广产品时，应明确知道消费者最担心的内容，并制定相应的策略降低消费者的购物风险，使消费者能无后顾之忧地购买。

实训二

任务：比较知觉整体性与选择性在产品策划中的作用。

【实训目的】 促使学生掌握知觉整体性与选择性的概念，明确消费者的知觉整体性与选择性特征对产品市场推广的意义，促使学生在制定营销策略时，更好地利用知觉到整体性与选择性的规律。

【实训题目】 学生针对《中国好声音》的节目，根据消费者的选择性与整体性的心理特征，说明该节目中体现注重消费者知觉整体性与选择性的地方，通过小组讨论方式确定在整体性和选择性上，还可以做出哪些方面的完善，启发意义是什么。

【实训方法】

1．实训过程：

第一步：分享《中国好声音》的节目视频 5～10 分钟；将学生分成 6～7 人一组。

第二步：学生根据所学的知识，进行小组讨论，进行分工协作，讨论《中国好声音》体现整体性与选择性的方面，自己选择一个有代表意义的产品，分析其消费者主要知觉到的风险内容，针对这些消费者担心，制定怎样的策略降低风险，促使消费者购买，形成方案。

第三步：课堂上选择 10 个左右的学生进行交流。

第四步：现场选择学生对上述学生的发言进行点评，选出一个自己认为最好的方案，并说明理由。

第五步：实践指导教师进行点评和提高。

2．时间：40 分钟左右。

3．地点：教室。

【总结】

1．消费者知觉到的风险是指消费者在购物时总是感觉有某种不确定的损失，就把这种心理称为消费者知觉到的风险。这些风险包括：经济、心理（社会）、质量、安全四个方面。比如，买了一件内衣就会担心是否会有不利于人健康的东西存在等。

2．通常情况下，不同产品的知觉风险是不同的。比如，购买衣服与购买食品，衣服更多的是款式是否符合身份，属于社会风险，食品担心的是不是健康，属于安全风险。同样的产品在不同时期，消费者的担心也是不同的。比如，处于成长期的产品，消费者多是担心其质量，而处于成熟期的产品，多是担心其社会性，如有没有新产品或会不会落伍等。

3．学习该知识的重要性在于，作为产品的营销者，在推广产品时，应明确知道消费者最担心的内容，并制定相应的策略降低消费者的购物风险，使消费者能无后顾之忧地购买。

实训三

任务：从营销的实践案例中，找出运用心理学中强化与泛化的案例。

【实训目的】促进学生熟悉心理学的强化与泛化的相关知识；使学生能认知到强化与泛化对消费者的心理影响；使学生在营销过程中注意运用心理学的规律。

【实训题目】可以从各种案例中或是自己亲历的经验中，找出营销者运用强化和泛化规律影响消费者的做法，每种应用案例各两个以上；陈述其运用的做法和过程，以及在市场营销中的效果；比较强化与泛化对消费者记忆影响的作用。

【实训方法】

1．实训过程：

第一步：将学生分成 3～5 人一组；小组成员分工。一个人负责全面工作；每个人都要进行案例收集；一个人负责案例整体，形成整理的文字案例；一个人负责课堂上分享。

第二步：收集案例，并进行小组的充分讨论。对案例进行梳理和小组汇编，形成案例的文字稿（鼓励简洁、清晰）。

第三步：在课堂上进行分享；派3名代表进行记录和整理；选出大家认为运用较好的案例，说明选出的原因；比较强化、泛化对人的影响途径。

第四步：教师点评汇总和提高。

2．时间：40分钟左右。

3．地点：教室。

【总结】

1．强化与泛化都是加强消费者记忆的方法，除上述方法外，联想也是常用的心理学方法。

2．强化是设计、实施某种程序，并反复进行实施，使消费者记住某些信息，在强化中，设计的程序、强化物等都非常重要；泛化是将要传递的信息和某一个大家熟悉并喜欢的事物、人、时间等联系到一起，从而记住要传递的信息，me-too策略就是泛化的最好应用。

任务三

态度、心理预期与消费心理

知识目标

1. 了解态度的构成因素，掌握态度与行为之间的关系以及影响态度改变的因素；
2. 了解人的预期、预期的种类以及对消费者行为的影响。

能力目标

1. 能够根据态度的形成过程以及营销的产品特点，制定有效的方案，使消费者对产品或服务形成积极的态度；
2. 能够依据消费者对某种产品的心理预期，为产品或服务选择有效的市场策略。

引入案例　也曾被消费者左右的“可口可乐”

世界各地的消费者似乎都喜欢可口可乐这个产品和品牌。正如可口可乐最大的股东沃伦•巴菲特所说：“它是全球规模最大的生意，价格适中并被广泛接受。每年每个国家的人均消费量都在上升，没有其他任何一种产品能与之媲美。”

在 1982 年 7 月，可口可乐未经考虑就推出了一个新的牌子——低热可乐。几个董事担心这将影响可口可乐品牌的号召力。然而，这种情况并未发生。低热饮料成为 20 世纪 80 年代最成功的饮料新产品之一。

1985 年春，可口可乐公司宣布一种改进了口味的新产品问世，取名“Coke”，接着宣布传统的可口可乐品牌将永久性地退出市场。原先的配方和神秘的配料将被锁在亚特兰大一家银行的保险柜里，永不使用。公司认为新产品是公司历史上最有意义的进步。但是，消费者似乎不买账，到 7 月份公司就被迫改变了原来的决定，宣布原来的品牌（和配方）以“经典可口可乐”的品牌名称重被启用。

公司没有理解消费者对原有可口可乐品牌的强烈积极态度。正是这种积极的态度和信念使消费者一次又一次地购买，它们是品牌忠诚度的基础。

让老可口可乐配方“退休”的决策失误于对消费者的态度没有进行深入研究。公司认为他们做了所有的前期调查，特别在口味方面，公司花费400万美元进行了许多不同口味实验，涉及25个城市的20万消费者。测试反映多数人喜欢新的更甜的可乐。“所有投入消费者研究的金钱、时间与技术都不能反映或显示人们对老可口可乐的深厚持久的感情。”

公司发言人这样表述：“我们带走的不仅是可口可乐，还有他们和他们的过去一部分。他们说：‘你们没有权力这样做，快把它拿回来。’所以可口可乐公司照他们的心愿做了。”

案例评析：

1. 可口可乐消费者固有的积极意念和感觉是品牌价值的基础，公司曾运用它去开发新产品，大多数也成功了，新品牌多数是产品线的延伸；

2. 后来的失败也是因为消费者对品牌的积极态度和不能改变的预期，也成了左右企业的一个不能或缺的力量。

子任务一 态度与消费心理

消费者是否购买一个产品，在很大程度上依赖于消费者对它的态度，因此营销者花很多的金钱和时间去建立、维护和改善消费者对本企业和本企业产品的态度，但是态度只能从陈述或行为中推断出来，它是不可触摸的，并且不可能直接观察到。换句话说，尽管能够观察和测量行为，但必须要向消费者询问他们对各种事情的态度，并且希望他们的回答是可信的，这样本身就有很大的困难。

3.1.1 态度与其构成

1. 态度

态度是消费者对某一认知对象所持有的、稳定的行为倾向。在态度的概念中有两个关键词：对象和稳定性。任何一种态度都是有对象的，并保持一段时间，难以改变。

2. 态度的构成

消费者的态度是由认知、情感和意向三部分构成。

认知成分是消费者对对象的了解和形成印象的过程，表现为消费者对有关商品质量、价格、包装、服务等方面的印象、理解、观点和意见。

情感成分是消费者对某一对象的情感或者情绪体验，表现为对有关商品质量、价格、包装、服务等方面的喜欢或厌烦、积极或消极、欣赏或反感的各种情绪情感体验。

意向成分是消费者对某一对象的反映倾向，表现为对商品的靠近或疏远的行为表现，即行为的准备状态。

消费者态度中的认知、情感和意向三个成分是一个整体的心理过程，三者是不可分割的。通过分解研究，解决了态度的研究难题，其中，情感在三者中的作用是比较重要的，同样一个对象，由于对其的感情不同，因此判断和行为也就不同，所谓的“情人眼里出西施”说的也是这个道理。

3. 态度的特点

（1）态度的习得性。消费者对产品的态度是在生活中和消费过程不断形成的，是需要不断地进行活动来建立对产品的态度，比如人们对可乐型饮料的接受就是长期宣传和消费的结果。

（2）态度是行为的准备。消费者的态度是消费者对某一特定行为的一种偏好。简单地说，一个人在某事上有一个特定的态度，但这并不意味着此人将按此态度行事，如喜欢奔驰或奥迪品牌的车，但并不表明消费者就会购买该产品，而是要受到消费者的消费能力等其他方面的影响。

（3）态度具有稳定性。态度具有相对的稳定性，并不随着自身的状态和环境而发生很大变化。

一个消费者最喜欢的是“中华牌”的牙膏，在消费中不会因为产品的包装、价格的细小变化而放弃购买该产品，同样当消费者对某一产品的态度是消极的时候，也是很难改变的。所以培养消费者对产品的积极态度、避免消极态度的产生对营销者来说很重要。

（4）态度的矢量性。消费者和一件产品或事物之间的关系不是中性的，它是一个矢量，具有方向和强度。

应用举例　　态度中难有“中立”

人们通常这样总结自己对一件事的态度：喜欢、不喜欢、无所谓三种。因此，有人说：无所谓就是中立。生活中这种事情不是很多吗？这个听起来是有道理，但是如果对该事物保持中立或冷漠，其实没有任何态度的时候就表明了个体对对象的不认同。生活中难得中立。

（5）态度的内潜性。

消费者对产品的态度是内在的过程，不是简单的行为现象。所以，不能以消费者的一次购买就推断消费者对产品的态度是肯定的、积极的，它需要一个复杂的判断过程。

3.1.2　态度的形成途径

人的态度是一个不能分割的过程，人们对对象的态度形成受到很多因素的影响，根据态度的三个因素在个体的态度形成中，总是有先后不同。

1．认知优先

在态度形成中，是由于对认知对象有了一些基本的认知后，产生了或喜欢或厌烦的情绪体验，然后靠近或疏远。这种态度形成途径可概括为：认知—情感—意向或者认知—意向—情感。

2．情感优先

在态度形成中，由于对认知对象有了一些情感体验之后，产生了或喜欢或厌烦的情绪体验，然后靠近或疏远，然后去了解认知对象的属性。这种态度形成途径可概括为：情感—认知—意向或者情感—意向—认知。

3．意向优先

与上述态度形成不同，由于人有意或者无意识靠近了认知对象，因而开始了解或者产生了情绪体验，将此种态度概括为：意向—认知—情感或者意向—情感—认知。

应用举例　“喜欢榴梿的三种可能”

一个人对榴梿的喜欢态度的形成，按照上述三种态度的形成途径，有几种可能：

一是看见图画里关于榴梿的介绍，了解了该水果所有的知识之后，觉得该水果好玩：闻着臭吃着香。于是，去超市买个回来品尝，结果自己就喜欢了，态度形成，即认知一情感一意向。

二是妈妈出去买水果，一眼见到了这个看来怪怪的水果，一见钟情喜欢了榴梿，买了尝尝。开始了解关于榴梿的知识，加剧了对榴梿的喜欢，态度形成，即情感一意向或认知；

三是妈妈出去买苹果，找了半天没有，只有人卖着看起来很怪的水果，买回家尝尝，吃过后很喜欢，并开始了解水果的产地等，即意向一喜欢或认知。

4. 应用

态度的形成途径给营销的意义是：以什么途径更好、更方便地影响消费者。在日常生活中，一见钟情的态度（情感优先）是不稳定的、需要形成的条件相对苛刻；认知优先的态度是通过了解对象，然后建立态度，因此需要的时间会很漫长；意向优先的态度，是由于接触了某事物很快喜欢，这是最容易进行操作的。作为营销者，让消费者一下喜欢或者花费长时间介绍和了解，而消费者不反感是不容易做好的，而意向优先只需要把自己的产品让消费者接触，以直接的方式让消费者试用产品，更容易操作。

案例3-1　“盲测”的“百事挑战”

盲测是一个心理学名词，“百事可乐”曾用盲测的方式，与“可口可乐”进行了一次挑战。人们把 1972 年在“百事可乐”和“可口可乐”之间发生的这个事件称为“百事挑战”。

1972 年，在北美洲软饮料调查中显示只喝“可口可乐”的人占 18%，只喝“百事可乐”的人占 4%，但到了 20 世纪 80 年代初期，比例变了，前者占 12%，后者占 11%。于是，百事公司做了一个测试，名叫“百事挑战”。挑战是以一种口味测试的形式进行的，在卖场、购物中心和其他公共场所，百事工作人员搭了一张桌子，摆好两个没有标签的杯子，一杯装的是“百事可乐”，一杯装的是“可口”。购物者被邀请尝试两杯可乐。然后选择喜欢哪一杯。接着，工作人员会告诉你哪杯是“百事可乐”哪杯是“可口可乐”，这样被测试者就可以知道他们更喜欢哪个。结果，57%的人选“百事可乐”，43%的人选“可口可乐”。盲测的结果是“百事可乐”的味道比“可口可乐”的好，但为什么选择“可口可乐”的人还是多过选择“百事可乐”的人呢？后来，每年夏天，百事在购物中心和海边旅游胜地支起了小摊，给予路人在盲测中比较“百事可乐”和“可口可乐”的机会。人们经常会很奇怪地发现，他们实际上更喜欢“百事可乐”。这其中的一个原因就是这两种饮料实际上尝起来非常相似，没有包装上的视觉线索，消费者一般不能说出二者的区别。由于“百事可乐”比“可口可乐”的市场份额小，为了得到比它现在更大的市场份额，公司只需要一半的尝试者喜欢“百事可乐”就到达了活动的目标。

案例评析：

1. 前期的态度对后面事物的判断是很重要的；

2. 当针对同类产品销售中，如果要改变其对别的产品的态度，转而喜欢自己的产品，是非常不容易的，而让消费者在不知觉的情况下，或者是免费让其进行消费（给消费者各种方便接触产品的机会），更容易让消费者接触产品，产生对产品的好印象和态度。

3.1.3 态度和行为的关系

1. 态度对行为的影响

从逻辑上讲，态度决定人的行为，但是在实际的生活中，态度对行为的影响并不是决定性的。

小知识　关于态度与行为关系的心理学实验

美国心理学家用实验证明了这个问题。在美国五六十年代，社会中的种族歧视是普遍存在的，大多数白人经营的酒店是不愿意接受有色人种入住的，但在被调查的酒店中，当调查者和黑人或其他有色民族的客人入住酒店时，90%以上的酒店接受了客人的入住。只有少数酒店拒绝了有色人种的入住。所以态度和行为并具有绝对的一致性，会受到很多因素的制约。

影响消费者态度和行为一致性的因素有以下几个方面：

（1）消费者的经济状况。

消费者可能喜欢 42 寸的电视，但是因为财力不足或者所居住的空间太小，而无法购买该产品。所以，合适产品的价格比对产品的态度更决定了消费者的购买。因此了解市场定位指向的消费者消费水平是建立良好态度的前提条件。

（2）认知和情感的一致性。

当消费者对产品的认知和态度一致时，态度对行为的影响就很高；反之，态度就不会影响行为。

应用举例　什么决定人吃不吃“臭豆腐”

消费者可能非常喜欢吃臭豆腐，但是可能因为在对产品的了解过程中，了解其制作过程以及对身体健康是不利的，因此消费者在消费过程中，就会产生各种“纠结”，有些人会考虑自身的健康，会谨慎选择，甚至尽量不消费。

（3）环境和社会因素的影响。

个体对事物的态度，受到环境和各种社会因素的影响。

应用举例　**不敢穿花色裤的女教师**

一个中年的女教师非常喜欢新款的花色裤，但是由于教师的角色要求和社会对老师的期待是希望教师是稳重的，同时穿着花色裤的年龄通常被界定在年轻人群中，所以尽管喜欢，但不会产生直接的购买行为。

2．行为对态度的影响

（1）熟悉导致喜欢。

人们对自己熟悉的认知对象，因为没有恐惧感，所以更容易产生喜欢的感觉。商品信息的长期重复接受和商品的长期使用，确实可以导致消费者喜好与兴趣的产生。新产品在大众传媒中反复发布的广告，也有使消费者养成消费习惯的目的。

应用举例　**妈妈的“大粒盐”和“豆油”**

在日常生活中，重复形成习惯，习惯引起喜好的例子也随处可见。妈妈每天做菜用的食盐，在过去的生活中，一直使用大粒盐，使用中感到味重，做的菜香，形成习惯。但随着生活条件的变化，加工条件的改进，市场上大粒盐几乎看不见了，逐渐改用精盐。开始时，妈妈不喜欢，不习惯，总认为细盐味轻，做菜不香，放多了味苦。随着时间的流逝，天天使用细盐，妈妈形成了新习惯，养成了偏好，认为细盐方便、卫生。妈妈对“色拉油”的态度改变也依然如此，认为原来的压榨“大豆油”做菜色香味俱全，而“色拉油”就显得清淡多了，后来也渐渐习惯了使用色拉油。

小知识　**是否喜欢汉字的实验**

在国外有一个实验，让美国学生看他们完全不认识的汉字，有的汉字让他们重复多次地看，有的汉字让他们看得次数少，实验结果发现，被试者对重复多次的汉字喜好的程度高。这说明引起被试者喜好汉字完全是由于重复造成的，因为被试者根本不认识汉字，不存在被试的认知过程。所以，这个实验证明，在排除认知过程作用的情况下，信息的长期反复出现会形成喜欢。

（2）为行为寻找充分的、合理的理由。

当个体的行为理由不充分时，个体为了使自己的行为更加合理，常以改变态度来获得心理的平衡。

应用举例　**到底发生了什么？**

在生活中有一个事件经常发生，即自己买了某一产品，在购买几天后，朋友以更便宜的价格购买了与自己完全相同的产品，通常除了有些“不甘心”外，有时会发现，提前购买的产品与朋友的不太相同，质地和品质都优于朋友的产品，认为自己的选择是没有错误的，甚至觉得自己本身就是喜欢，和朋友的购买心情完全不同，这里到底发生了什么？简单地说，就是为自己的行为找理由时，改变态度也是其中的一个“法宝”。

（3）行为使人的态度更可靠。

没有得到行为的直接经验，态度会摇摆不定，经过行为过程获得的态度会更加的稳定可靠。

应用举例　　行动坚定了态度

当所有朋友都给你推荐一种洗衣粉的时候，或许你已经开始喜欢这个牌子的洗衣粉，但是有一天，你却意外地接触了另一个牌子的产品，发现自己喜欢了这个产品，把前面的产品忘记了，甚至向朋友推荐这个品牌；但是，如果对朋友开始推荐的产品是自己多次使用过得出的经验，即使偶尔使用了别的产品，改变的几率相对前者也是要小的。

小知识　　心理学的实验

美国心理学家曾用心理学的实验来证明行为对态度的影响。实验者将实验对象分成两个类型，共同在实验室中，旋转木螺栓半个小时，其中的一部分实验对象被给予1美元，另一部分的是5美元。实验结束时，对等在门口将要参加实验活动的对象，分别介绍旋转木螺栓的经历，拿到1美元的被实验者，更愿意把实验过程描述为是有趣味的，并不提到报酬，而被赋予报酬较高的实验对象，更愿意介绍实验的报酬，不愿意说活动的有趣味性，因为报酬所以实验是可以一试的。心理学家分析实验的结果认为，当我们的行为理由充分时，我们通常并不思考原因；当我们的行为理由不够充分时，通常为了行为的理由更合理，使我们相信自己没有做错事情，会改变或建立态度的因素去平衡行为，这时，行为就会改变和建立态度。简单地说，就是旋转半小时的木螺栓，在当时五六十年代的美国社会条件下，对于一般人来讲，5美元的收入已经很高，所以行为的理由已经很充分，但是1美元的报酬不足于半小时的劳动，为了使自己的行为看起来具有合理性，所以人们更愿意相信活动是有趣的、好玩的。

3. 行为对态度改变的应用

行为对态度的养成是有促进作用的。从逻辑上来说，态度应该在行为之前。即人们将期望消费者先形成一个对某企业或产品的态度，然后依照态度去购买某企业的产品。实际上，许多证据表明正相反。一些情况下，似乎人们首先行动，然后才形成相应的态度。营销者常常努力于鼓励人们先购买，然后形成态度。

应用举例　　“试驾”、“试吃”与“试用”

试车、演示和赠券在形成态度和行为一贯性中，都比广告更强有力。产品试用是如此强有力，以至于汽车生产商都准备给予汽车租赁公司和驾驶学校特殊的交易，以便鼓励雇主和学习者将来购买同样类型的车。

免费地品尝、赠品发放、家电等产品的试用等方式，目的就是让消费者先使用上该产品，产生“敝帚自珍”的心理，促使消费者在使用中建立感情，新产品的推广尤其如此，无论用什么方式，让消费者使用产品并产生直接的经验是很重要的。

3.1.4 影响态度改变的因素以及应用

影响人态度改变的因素有三个方面：信息的发出者、信息以及信息的组织、接受者自身的特点。

1. 信息的发出者方面

信息的发出者因素会决定人们对信息可靠程度的确认。比如一个医生所介绍的医院比一个朋友介绍的更容易使人相信。信息的发出者方面的因素包括四个方面：

第一，信息发出者的专家身份。某一行业的专业人士所传递的关于本专业的信息更容易让消费者产生信赖。比如，医生推荐的药品和治疗方法、电脑专家所推荐的计算机品牌、美容师所推荐的化妆品等都比非行业人士的推荐更有说服力。

第二，信息发出者的社会地位、声望等。一个社会声望和地位较高的人由于对社会信息的获得和拥有机会比一般人相对要高，因此人们对他们所介绍产品的信任度相对较高。

第三，年龄等自然的因素。中国人有句俗话“嘴边没毛办事不牢”，说的就是年长者给人的印象比年轻者更可信，因为年长者通常经验比较丰富，所以人们更愿意相信长者的话。

第四，信息发出者的“非语言信息”。非语言信息包括信息发出者的面部表情、言语声调和体态外貌等影响到听众对他的印象或听众是否喜欢他，从而影响他所传播的信息可信性和说服力。因此，作为信息源的个人着装打扮，他是否为听众所喜欢，以及他与听众的相似性多少等，也都是态度改变的条件。

总之，信息源可信，人们就接受他的观点、意见而改变自己的态度；信息源不可靠，人们就蔑视、抵制、反驳他的意见而保留自己的态度。

2. 信息方面的因素

信息的内容对人的态度改变具有很大的影响，但由于信息内容是不容易确定的，在分析信息对人的态度改变上，主要有以下三点：

第一，信息与信息发出者之间的关系，决定了消费者对某一件事情的态度。

应用举例　谁说的话更可信？

一个犯人与一个监狱管理者同时说应该加强监狱的管理，哪一个更可信呢？一个邻居老奶奶和专业推销员都说某一冰箱的好，谁的话更可信？选择起来很容易：前者。因为在第一个情景中，信息不利于前者，而有利于后者；在第二个情景中，信息与前者无关，而有益于后者。所以，当信息与发出者的关系不是直接的有利益关系时，人们更可能相信。所以，赢得消费者就会带来更多的“业余”的、“有信誉”的销售人员。

第二，信息内容的组织。信息的组织有两种方法：单方面论证和双方面论证。单方面的论证就是在向对象推荐人或物的时候只介绍优点或缺点，双方面论证就是优点和缺点同时介绍。

心理学的研究表明：当原有的态度和要说服对象改变的态度一致时，单方面论证效果更好；当态度不一致互相抵触时，双方面论证效果就更好。

应用举例　怎么介绍他更好?

向班级的同学介绍一位大家熟悉的人，第一种情况是：大家很不喜欢他，而你却希望通过你的介绍改变对他的印象，你怎么介绍呢？第二种情况是：大家原本就喜欢他，现在你想让大家更加喜欢他，又怎么介绍呢？

按照日常经验：第一种情况先承认他缺点的存在，然后再说其优点，比只介绍其优点效果好得多，因为这样会让人觉得你的介绍很客观；第二种情况是直接介绍其优点，因为大家原本喜欢他，因此会加深人们的喜欢。

案例3-2　逆向思维的创意

20世纪80年代中期，日本五十铃汽车公司在美国推出了一则轰动一时的电视广告：由滑稽艺人大卫·里特饰演一个名叫“五十铃约瑟”的“吹牛皮大王”，向受众推荐五十铃房车，广告如下：

镜头一：里特说：“五十铃房车被汽车杂志权威评为汽车大王。”字幕打出一行醒目的字：他在说谎！

镜头二：里特说：“五十铃房车最高时速可达300英里。”字幕打出：他在说谎！

镜头三：里特说：“五十铃房车经销商非富即贵，因此他们把它贱卖，只售美金9元正！”字幕打出：他在说谎！

镜头四：里特说：“假如你明天来看看五十铃的话，你可得到一栋房子作赠品。”字幕打出：他在说谎！

镜头五：里特说：“我绝不会说谎，绝不是吹牛皮的人。”字幕仍打出：他在说谎！

这则广告推出后，轰动一时，获得消费者及权威的《广告时代》周刊的一致好评，为五十铃在美国的销售带来了前所未有的效果，后来还被评为80年代美国经典广告创意之一。

实际上，这种广告创意手法在国内外极少使用，因为一般情况下营销者很难面对自己的产品弱点，并向客户进行自我的嘲讽，尤其是涉及轿车之类高品质、高科技产品，广告创作人员更不敢冒此风险。所以，称其为99.9%之外的广告创意“逆向思维”法则。

“逆向法则”成功的关键是通常在产品推荐时，只是进行信息的单方面论证，而该法则则是不但说自己产品的优点，也说缺点，对消费者而言这种信息就更加可信。

案例评析：

1. 向消费者介绍产品的信息，有两种方式可以选择：单面论证和双面论证，由于在多数时都是单方面的论证，可信度并不高；

2. 这里的“逆向法则”宣传产品，采用的是既说明产品的正面信息，也说明产品的负面信息，给人的感觉是客观的、可信的。

第三，信息能否唤起人的情感体验也是很重要的因素。在促使消费者建立和改变态度时，不但要运用信息去说服，也要有一定情感的唤起。

小知识　菲斯巴赫的心理学实验

美国心理学家费斯巴赫在20世纪50年代的时候对孩子进行实验。他把参加实验的学生分成三组，让他们分别观看宣传口腔卫生的影片，甲组看到的是严重龋齿、齿龈溃烂，并夸张地说：溃烂到一定程度，就会吃不下饭并饿死，从而激起高度的恐惧；乙组看到的画面不那么显明，有龋齿等不良的后果，激起了中度的恐惧；丙组看到的只是简单的知识介绍，然后说明不刷牙的坏处，帮助学生养成一日刷牙三次的习惯。在实验过程中，不断向孩子介绍这些信息，实验结束后，对参加实验的孩子进行跟踪调查，询问对刷牙的看法，并且记录其刷牙习惯的建立情况。结果表明：乙组改变得最多，甲组改变得较多，丙组没有变化。

心理学对该实验的分析是：人的态度的改变和信息带来的恐惧度有关，第一种是恐惧程度很高，并超出了某种程度，人就拒绝相信该信息，而不改变态度；如果信息能唤起人的适度恐惧，就能促进人的态度的改变；没有什么恐惧感的唤起对人的态度改变影响相对小。

同样在宣传中唤起人的其他情绪体验比没有唤起的信息更感人，因为人的感觉参与的记忆更有效。在广告宣传中，也常常会使用该策略。比如，长期用一种油烹饪会导致血管疾病，因此定期使用橄榄油等。

3．接受者方面的因素

同一信息源和信息作用于不同的人，其结果也是不同的，有的人接受了宣传改变了态度，而另一些人却有可能无动于衷，所以个人的特点以及原有的态度都起了很重要的作用。

（1）对象个人的特点。人的性格、年龄等因素都对态度的改变有一定的作用。比如：自尊心较重的人，态度改变起来相对较难；年龄长者比小孩子的态度更难改变等。这些因素对于宣传者来说是稳定的、可认识与掌握的。

（2）原有态度的特点。消费者对某产品持有的态度，有两个心理对态度的改变很重要。

第一，距离。距离是指信息的接受者能否接受宣传的信息改变态度，是同他原有的态度与说服的态度之间的距离有关，在一定的范围内，要改变的态度与原来态度的距离越大，态度的改变就越大；但超过一定的范围，接受者就不再改变态度，而拒绝相信那条信息来达到认知的平衡。

应用举例　关于睡眠时间的讨论

心理学家博克纳曾做过一个心理实验。人们通常相信成年人一天正常的睡眠时间在8小时左右，博克纳试图分别劝说人们相信0～8小时的睡眠不等，最多的是8小时，最少的为0小时，希望改变人们对该事件的看法他告诉实验对象这个说法分别是科学家研究结果。结果发现4～8小时是人们能够接受的，低于4小时以下的时候，由于超出人们能接受的范围，因此人们不再相信信息的真实性。该心理学的实验说明，在某个范围内，距离越大态度的改变就越大，在范围之外，人们就拒绝相信这条信息，不会改变态度。

在新产品的推广中，要考虑到消费者的习惯和能接受的范围，包治百病的药品，以及用途极为广泛的产品通常是消费者很难相信的，更不用说改变态度了。

应用举例　登门槛术

美国心理学家弗里德曼和弗雷泽于1966年主持了一个实验：他们首先访问郊区一些家庭主妇，请求主妇将一个关于“驾驶安全”的小标签贴在窗户上，这是一个小小的要求。两周后，再次拜访，要求家庭主妇将一个呼吁安全驾驶的大招牌竖立在自家院内。

实验结果：首次答应了“小要求”的主妇中，有55%接受了这项“大要求”；首次被访问到的就要求立“大招牌”的家庭主妇中，只有17%接受了这个要求。这说明，一个人，先答应了别人的小的要求，为保持形象的一致，就比较容易接受大的，甚至是更不合意的要求了。

第二，接种。接种是医学的名词，心理学引用这个名词是指一个人对某种产品和事物的态度，没有受到反面意见的冲击时是脆弱的、容易改变的，而一旦受到反面意见的冲击比没有受过反面意见冲击的态度更难改变。

小知识　“罗密欧与朱丽叶效应”

为了了解父母的干涉是否改变了夫妻和恋人之间的关系和相爱水平，心理学家德瑞斯科（R • Driscoll）等在1972年对91对夫妇和相恋已达8个月的41对恋人进行了调查，发现在一定范围内，父母干涉程度越高，恋人之间相爱越深。当出现干扰恋爱双方关系的外在力量，恋爱双方的情感反而会加强，恋爱关系也因此更加牢固，这种现象借用莎翁名剧命名为“罗密欧与朱丽叶效应”。

对一个产品进行争论，或者是企业和产品发生的危机，并不一定是坏事，一旦处理得当，就会更坚定消费者的消费信心。比如海尔销毁有质量问题的冰箱的做法等对消费者信心的建立是很关键的。

子任务二 心理预期与消费信念

除了经济、文化等一些因素，人们的消费也受到一些来自消费者“自身想法”的制约，这其中的一些想法会产生一些心理预期，影响消费者的消费行为。

3.2.1 预期、预期效应、消费预期、消费预期效应

1. 预期与预期效应

预期就是人们对某事或人的行为或状态发展趋势的一种估计和预测。

预期效应在心理学中又称为期待效应，指由于人的心理预期促使事物的发展按照预期的方式进行的心理现象。

应用举例 “罗森塔尔效应”与“皮格马利翁效应”

“罗森塔尔效应”产生于美国著名心理学家罗森塔尔的一个心理学实验。他和助手来到一所小学，对儿童的“未来发展趋势”进行了测验，将一份名单交给校长与老师，称其是“最有发展前途”的学生。叮嘱他们务必要保密，以免影响实验的正确性。其实他撒了一个“权威性谎言”，因为名单上的学生就是随机挑选出来的。8 个月后，奇迹出现了，凡是上了名单的学生，个个成绩都有了较大的进步，且各方面都很优秀。

有人把这个效应称为“皮格马利翁效应”。这是一则古代希腊神话故事。塞浦路斯的国王皮格马利翁是一位有名的雕塑家。他精心地用象牙雕塑了一位美丽可爱的少女，并深深爱上了这个“少女”，并给他取名叫盖拉蒂。他还给盖拉蒂穿上美丽的长袍，并且拥抱它、亲吻它，他真诚地期望自己的爱能被“少女”接受。他的真诚期望感动了阿弗洛狄忒女神，女神决定帮他，雕塑成了他的妻子。

罗森塔尔与皮格马利翁效应，也称为期望效应，心理学是指由于人的期望提高使人的活动动机增强，因此提高了人的活动水平和效率。

2. 预期促使行为改变的原因分析

（1）对象对预期的暗示接受，促使活动动机的变化。

在“罗森塔尔效应”中由于被期待的对象被认为是有潜力的、优秀的一群小学生，因此促使被期待者的活动动机加强，因此真的实现了期待的行为。同样，当社会的期待和预期被消费者接受，消费者的活动动机就会受到影响。比如，当社会对液晶电视的价格期待

是下降时，多数消费者的购买动机因此就会下降，人们不会去购买该产品，而导致自己的行为给自己带来经济上的损失。所以，社会的期待强化了人们的活动动机，因此实现了期待的行为。

（2）预期是事物发展的不确定性导致的主观状态。

人们做出的决定通常是人们对未来事件所做的选择，虽然未来的事件不确定性有所差异，但是未来事件的不确定性总是存在的，不确定性很小的事件通常就将其视为确定的，如出门乘坐公共汽车、吃饭的安全性等；当旅行乘坐飞机，往往就只有在重大的空难世间发生以后，才深深地感到原来是不确定性的。但在实践上不得不将很多的不确定性的事件当作是确定的，否则就没有办法进行日常的活动了。所以对未来事件的决策取决于主体的预期状态，而预期状态既受获得的客观信息影响，也受人们主观心理预期的影响，也就是说，人们处在一个不确定存在的世界，但是由于人们的长期经验积累和文化的影响，人们对未来事件总是有一定的预期。同时，由于人们的互相交流和知识的存在，因此人们的预期很容易形成一致性，对不确定性的主观心理预期是影响经济的一个重要变量，因为人们的预期实现对经济的发展起到了一定的促进作用。

（3）预期是多数人依据的客观条件所做的模糊判断。

人是一个社会性很强的动物，由于传媒的迅速发展，人们的交流越来越容易，对社会信息的分享程度也越来越高。因此，心理预期通常是社会的多数人根据模糊的共同信息所做出的判断，这些判断多数是有一定的科学依据在内，因此预期和事实的差距并不很大。

（4）预言过程中的模仿、从众和互相感染促使了期待的更快实现。

人总是会受到环境因素的影响，在环境的影响下，从众、模仿、感染等心理因素就会起到作用，使个体的行为更加符合群体的行为，因此会形成“三人成市虎”的现象。

3. 消费预期与消费预期效应

消费预期是消费主体在对市场和经济状况做出判断情况下的消费倾向；消费预期效应是当消费主体在预期市场活跃、收入增长、价格上扬等的情况下，其消费预期是积极的，因此消费具有冲动倾向，反之，就会出现消费降低和减少。

案例3-3　“次贷危机”对消费支出的影响

美联储（Fed）副主席 Donald Kohn 表示，次级房贷危机对消费者支出的影响可能是“温和”的，尽管消费者支出已经存在下降的风险。

Kohn 在由澳洲中央银行举办的研讨会中指出，“次级房贷的贷款人数可能很小，它的影响将会非常温和”。Kohn 在研究报告中表示，然而，违约率可能会使投资人提供信贷的意愿降低，“进而对总体支出造成较大的影响”。

案例评析：

在次贷危机的条件下，消费者对市场和经济的发展会产生一个基本的分析和预期，因此影响其消费的水平和消费态度。

3.2.2 消费心理预期

1. 消费心理预期

消费心理预期指消费者在消费过程中，对所要购买的商品，在了解的基础上，所确定的心理上定位。

人们对一包面巾纸的购买，由于在长期的消费过程中，对其价格等有一些认知和习惯，在消费者心目中，价格就在 1 元左右，超过太多或低得太多，都会使消费者减少消费或不消费。

该概念中有三个核心的词汇：一是消费者认知，任何一个消费心理预期都是建立消费者对某个商品的长期消费或者接触的基础上，对商品属性的一些基本的判断和认知，这些判断或者是认知由于消费者知识或经验的限制等，所以不一定都是正确的，比如对电热水器比燃气热水器安全等；二是对产品的心理上定位与预期，比如由于人的消费经验和层次的不同，因此在购买一部手机的心理预期可能是几百到几千不等；三是对象是产品，是消费者在心目中对产品的预期，产品的概念虽然有很多种不同的理解，但基本包括了产品的核心功能等、形式产品的价格等、外延产品的文化等。

2. 消费心理预期的内容

产品内涵很丰富，在市场营销的理论中，7P 营销理论主要是针对有形式产品的营销，因此消费者的主要消费心理预期也是对这七种有形产品的预期，其中前四个最为主要。

（1）对产品（Poduct）功能的消费心理预期。

产品的功能是产品的基础，也是消费者消费该产品的基础。消费者对此会产生一定心理上的想象和期待，从而影响到消费者的消费。

应用举例　　未来的苹果手机会怎样呢？

苹果手机作为追求时尚的年轻人的首选，越来越受到消费者的关注，在新一代产品上市之后，消费者就开始对下一代产品的面市产生一些期待，特别是对使用功能上，消费者会产生很多期待，这些期待是企业生产和改进产品的依据。

（2）对价格（Price）的消费心理预期。

价格是消费者较为关注的内容，消费者在消费每一种产品，尤其是消费者熟悉的产品或经常消费的产品，受每个消费群体的收入、文化等因素的影响，消费者都有一定的预期，超出预期太多或太少，就会影响到消费。比如，上述关于面巾纸的例子。

（3）对渠道（Place）的消费心理预期。

不同的销售渠道虽然并不能决定产品的核心功能和对消费者的消费利益变化，但是，不同渠道也在消费者心目中有不同的预期，代表着不同服务水平和产品质量。

案例3-4 **马路售货的议论**

某大集团公司已有30多年的历史，生产销售冰箱、冰柜。由于历史原因，销售科一直设在公司大院外临街的一排简易房内，除批发外，为了扩大销售还搞门市销售，每天在路旁便道上摆着各种规格的冰箱和冰柜，立着价格牌。

一位消费者走进低矮的销售科办公室，对供销员甲说："听说你们公司的冰箱质量不错，售后服务很负责，本地许多家庭都用你们的产品。可是这么漂亮的产品放在马路边推销，太不雅观，我还以为你们公司的产品卖不出去了呢。"事后供销员甲把顾客的话在科务会上重复了一遍，引起一番争论。

供销员甲说："这个顾客真多事儿，我们的产品销售这么红火，产品好就行了，他买冰箱又不是房子，管我们在哪儿卖呢？"

供销员乙有不同看法，他说："我和这位顾客有同感。我们这么大的企业，多少年还在这破房子里卖冰箱，好像鸡窝里蹲着凤凰，影响企业形象。甭说顾客到这里觉得不舒服，我每天上班一进门就提不起情绪，好几个顾客曾问我，这里卖的是不是处理品？真让人窝囊。咱们该给公司领导建议下，建个销售大厅。"

销售科副科长沉思了一会儿说："马路边销货有它的优点，商品暴露，能见度高，老远就能引人注意，不用花钱就起了广告宣传作用。顾客的感觉好不好关键在我们的冰箱质量、外形和价格，常言说人叫人千声不语，货叫人自然上门，人们只要记住这里卖的冰箱价格合理、节电外观漂亮就行，修不修销售大厅无所谓。"

销售科长听了大家的发言，最后说："这些年大家在这样差的条件下，为公司作出了很大贡献。现在消费者要求高了，没有良好的销售环境，会影响消费者对我们公司的印象，破门破户像地摊售货，直接影响顾客对产品的感觉，长此以往，我们产品的知名度会降低，销售不容乐观。南方一家产品行销全国的冰箱厂，进去后感觉像到了三星级饭店，可以想象企业资金雄厚，欣欣向荣，买这样的企业产品的产品消费者自然放心，我打算给公司写个报告恳请公司领导拨款，装修改造销售科门市。"

案例评析：

1. 同样的产品由于放在不同销售地点进行销售使消费者产生了不同心理感受，是因为消费者对不同的销售渠道是有自己的预期和想象的；

2. 要推广产品，需要了解消费者对该类产品销售渠道的"预期"，从而将产品"送到"它应该在的地方。

（4）对促销（Promotion）的消费心理预期。

营销者通过改变销售行为来刺激消费者，以短期的让利行为等吸引其他品牌的消费者或导致提前消费来促进销售的增长。消费者对此预期也不同，比如当一个价格近万元的产品，赠品是一个100元左右的商品就达不到促销的目标，人们对该产品的赠品价格、质量的预期都会相对较高。

小知识 **从 4Ps 到 7Ps 的营销理论**

4P 营销理论产生于 20 世纪 60 年代的美国，是随着营销组合理论的提出而出现的。1953 年，尼尔 · 博登（Neil Borden）在美国市场营销学会的就职演说中创造了“市场营销组合”（Marketingmix）这一术语，杰罗姆·麦卡锡（E.Jerome McCarthy）于 1960 年在其《基础营销》（Basic Marketing）一书中第一次将企业的营销要素归结为四个基本策略的组合，即著名的“4Ps”理论：产品（Product）、价格（Price）、渠道（Place）、促销（Promotion），由于这四个词的英文字头都是 P，再加上策略（Strategy），所以简称为“4Ps”。

1967 年，菲利普·科特勒在其畅销书《营销管理：分析、规划与控制》第一版进一步确认了以 4Ps 为核心的营销组合方法。

1981 年布姆斯（Booms）和比特纳（Bitner）建议在传统市场营销理论 4Ps 的基础上增加三个“服务性的 P”，即人（People）、过程（Process）、物质环境或是有形展示（Physical Evidence），与上述的 4P 合成 7Ps 的营销理论。

3．消费心理预期的规律

第一是产品的价格高低或消费者喜欢程度决定了消费心理预期的不同；第二是不同产品的消费心理预期不同；第三是同一种产品不同时期的消费心理预期不同。

小知识 **预期对消费需求的影响**

1988 年夏天，我国将进行“价格闯关”的种种传闻出现后，人们预测各种商品会全面涨价，触发了全国性的抢购风潮。一时间，像皮夹克、鸭绒被、毛毯等冬令商品也伴着赤日炎炎的盛夏汗水淌出了商店，流进了千家万户。甚至不制冷的电冰箱，不摇头的电风扇和漏水的洗衣机也被抢购一空，还出现一家抢购几百公斤食盐的奇闻。但是经过 1988 年的抢购风潮，人们汲取了经验和教训，认识到我国物价改革是在稳步而合理地进行，因此在以后的物价改革中，尽管 1994 年物价水平上涨率达 21.3%，但人们对价格的预期心理是稳定的，没有出现大的抢购风潮。

1997 年以来，尽管我国的物价水平上涨率为负，但我国居民消费需求不足一直持续到现在。引起我国居民消费需求不足的原因是多方面的，但是收支预期是影响居民消费需求的一个重要原因。一方面，经济结构转型升级、企业体制改革和农村富余劳动力向非农产业转移所带来的就业压力，使城乡居民就业稳定性减弱，再就业困难加大，与就业直接相关的收入不乐观。同时，社会各阶层收入结构中，工资等持久性收入比重减少，其他临时性收入比重增加，从而居民对未来不能形成可靠的收入预期。另一方面，居民对自己承担的改革成本和社会保障制度的保障程度预期不明，同时住房商品化、教育体制改革、医疗体制改革等使得人们预期未来的支出增加。因此，体制性变革、新旧体制的摩擦导致居民产生的紧缩消费、增加储蓄的预防心理没有根本性转变，居民对未来收入和支出的预期没有实质性改变的情况下，我国居民的消费需求难以启动也就是必然的了。

2011 年以来，由于国家对房地产经济的关注，促使消费者对房地产的价格产生很大的预期，因此市场中出现了各种观望。几次价格的变动之后，人们也越来越能理智地对待房地产的价格。

3.2.3 消费信念

1. 消费信念

消费信念，是消费者在消费过程所持有的观念和价值判断，这些观念和判断决定了消费者对产品的选择。比如，在消费中消费者对价格的消费信念有很多，比如“一分价钱一分货”、“好货不便宜，便宜没好货”等。

2. 消费信念的形成

消费信念和价值判断的主要来源有以下几个方面：

（1）文化与习俗的影响。

文化和习俗对消费信念的影响使某一个拥有同样文化和习俗的群体在消费中体现出某种一致性。

应用举例　中国文化影响下的消费信念

由于中国传统文化的影响使中国人更认为红色是喜庆和欢快的颜色，因此在办婚事时，多采用红色的着装和打扮；同样，传统的中国人在消费中的观念是储蓄是优先的，所以借贷消费在中国人的心中是不稳妥的等。

（2）由于消费经验的积累所形成的消费信念。

消费者在消费过程中不断地根据个人的消费经验和别人的经验影响形成了一些固定的观念。

应用举例　由于经验形成的消费信念

在对产品的长期选择中，很多消费者产生了对品牌的观念，“名牌的质量是有保障的”，“名牌比其他品牌更物有所值”等。对特殊产品的信念，比如“食补比营养品和保健品补的方法更安全可靠”等。

（3）消费者个人的兴趣、习惯和生活方式所形成的消费信念。由于个人的爱好兴趣和习惯等，在消费的过程不断形成的消费信念。比如，由于年代的影响，六七十年代出生的消费者对中华牙膏的喜爱；一个偏爱干净的人对白色物品的喜欢等。

消费信念一旦形成对产品的市场推广有很大的促进或阻碍的作用，因为消费信念是消费者长期以来的消费积累和沉淀，有一种约定俗成的约束力，是消费者的一种价值的选择和行为的定势，要改变一个人的定势和习惯是需要长时间的努力才能达到的。

案例3-5　美国的小调查

美国的社会学家对南部的大学生和北部的大学生做过一次调查，调查表明消费观念对消费者选择商品有深刻的影响。调查如下表所示。

价值观不同的美国大学生对汽车的不同态度

组　别	价 值 观 念	对产品的要求	对汽车的需要	对车型的偏爱
北部大学生	愉快生活 平等 自我尊重 仁慈、智慧、逻辑	产品耐久 无污染 能促进健康 容易修理 无噪声	使用不加铅汽油 速度快 驾驶方便 质量精细 设计先进 散发污染小	小型
南部大学生	民族安乐 拯救 殷勤 社会承认	顾客对产品不满时，供货商即刻改进服务	行车平稳 高级内部装潢 显赫、大型、宽敞车体	大型

案例评析：

由于美国南北文化的差异，使消费者在对汽车这个产品的消费中，形成了不同的消费信念。在市场营销中，应特别关注这方面的差异，以开展有的放矢的营销活动。

3．消费信念的种类

消费信念是消费者对消费的根本看法。由于社会地位、生活环境与经历、文化素养、生活习惯的不同，人们对于消费有着不同的观念，但对消费群体而言，消费信念常常表现出一种趋同，显示出群体的特点，因此可以将消费信念进行分类。在研究消费者的行为过程中，比较常见的消费信念类型有：

（1）按照消费者的消费动机和目的分类。

按照消费者的消费动机和目的不同分成实用型、个性化、炫耀型、攀比四类消费信念。

实用型消费信念这一类消费者在消费商品时，最注重商品本身的实用价值。持这种消费信念的消费者在购买商品时，会把商品的实用性放在第一位来考虑，但他们并不一定是因为经济能力的限制而注重商品的实用性。

个性化消费信念这一类消费者在消费商品时，十分重视商品能否突出自己与众不同的个性特征、审美情趣和品位。特别是在购买具有外显性特征的商品时，如服饰、家庭装饰品时，这种消费信念体现得更加充分。

炫耀型消费信念这一类消费者十分注重购买商品时别人的评价，在选购商品时首先把别人的评价放在第一位。消费某种商品的时候，期望能够得到别人的赞美、激起别人的惊讶，甚至希望能够激起别人的羡慕与嫉妒。在消费者消费金银首饰、小轿车、高档家具、豪华住宅等奢侈品时，这种需要和信念更突出。炫耀消费常常以显示自身社会地位和财富作为主要内容。炫耀消费是一种表现人的社会属性的消费信念和消费行为。

攀比型消费信念这一类消费者购买商品时往往想胜过他人的攀比思想起作用而去购买商品，并不是出于对产品的需要，只是不甘落后。这种消费信念最大的特点是不从自身财力出发，盲目追求高档、名牌商品，盲目赶时髦，以显示自己不比别人差，以求得心理上的一种平衡。

（2）按照消费信念的对象分类。

按照消费信念的对象不同分成关于产品价格、功能和销售渠道的信念。

价格信念是消费者在消费过程对产品的价格判断，分成两种类型：低价信念和高价信念。低价信念的消费者，在消费中，认为价格的低廉是最重要的；另一类正好相反，认为“一分价钱一份货，便宜没好货，好货不便宜”等，这类消费者把价格看成是最重要的。

功能信念是消费者在消费过程中对产品功能的判断。比如，人们认为电热水器比起燃气热水器更安全，中药比西药更能根治疾病等，这是人们长期消费对产品的功能的评价，通常是同种产品比较的结果。

渠道信念是消费者在消费中对产品的销售地点的信念。比如，人们更相信销售地点比较高档的地方，认为高档销售地点的产品是可信赖的，而路边摊是廉价和低档产品的代名词。

消费信念还可以依照其他标准进行划分，是消费心理学需要不断完善的地方。生产者必须十分重视社会消费信念的变化及其对经营管理和经济效益的影响作用。就目前城镇消费市场而言，由于未来 10 多年内我国高收入人口所占的比重不可能太高，因此实用型消费信念仍将是主要的消费信念，价廉物美的大众化商品仍将是消费主流。但求新的消费信念、炫耀型消费信念、不切实际的攀比型消费信念在中国的消费者当中占有一定比例。

案例3-6　中日消费观念比较

下列调查表格表明了中国人目前的消费信念与日本人的消费信念的对比。

	中国（%）	日本（%）
尽量节俭	69	67
尽量买名牌	28	11
买东西时要多比较	69	64
日子紧，也要买喜欢的	45	20
想要的，借钱也要买	13	10
想有引人注意的东西	23	10
在意别人有，自己没有	22	7

从中日消费信念的对比上可以看出，名牌意识，同别人的攀比意识，以新颖独特的商品显示身份的意识等，中国人要比日本人更为强烈。这种意识同中国传统的消费信念是有

差别的。显然，它是市场经济下的产物，从积极意义上讲，对中国经济的发展有积极作用，但对传统文化、传统观念的冲击，需要给予高度重视。

实训一

任务：学习态度的形成途径对营销的影响，以及对消费者的影响的效果分析。

【实训目的】 促进学生熟悉态度的组成部分，以及主要形成途径。

【实训题目】 以小组的形式收集三种典型案例，即每一种的态度形成途径在营销中的典型案例，并结合案例分析每一种途径的根据、优势以及劣势。【实训方法】

【实训方法】

1．实训过程：

第一步：将学生分成 3 个人一组；熟悉态度形成的主要途径；每一种途径收集至少一个典型案例；在课前准备实训课上分享的材料。

第二步：每个小组选出一个成员对案例进行分享。

第三步：以小组形式进行现场的讨论，评选出本小组认为的最典型和最好的案例分析，并说明选择的理由。

第四步：由两名学生进行记录，记录各小组的评选案例；各组分享评选结果和理由。

第五步：教师点评汇总和提高。

2．时间：80 分钟左右。

3．地点：教室。

【总结】

1．从专业学习的角度分析，态度形成途径主要有三种：情感、认知、意向优先。即：认知—情感—意向或认知—意向—情感；情感—认知—意向或情感—意向—认知；意向—情感—认知或意向—认知—情感。消费者对产品形成的态度不过三种，营销过程以哪一种为主，要根据产品和企业经营状况确定，但是这三种途径为制定营销策略提供了一定的方向。

2．在分享案例以及选择的优秀案例中，并不是案例本身的特点和新颖程度等，而是和态度形成途径的契合程度，案例是否真实体现态度形成途径。

实训二

任务：熟悉消费预期以及对消费心理的影响。

【实训目的】 促使学生熟悉消费预期的基本概念和种类；使学生能够在市场营销过程中注意消费者的消费预期。

【实训题目】 以即将上市的苹果手机为例，调查消费者的预期，以及苹果手机在营销中是如何满足消费者对产品的预期的。（目前即将上市的苹果手机为五，可以以此为例进行分析。）

【实训方法】

1．实训过程：

第一步：课下完成的工作：两个人一组，调查 10 个以上的调查对象对苹果手机的预期；将这些预期进行汇总和分类；总结这些预期的内容；收集苹果手机的营销方式对这些预期的满足或者是注意。

第二步：分享每个小组的调查结论，分析这些预期的作用，启发什么。

第三步：两个学生进行本次实训的总结，并说明这些分析的意义。

第四步：实训指导教师进行分享和指导。

2．时间：30 分钟左右。

3．地点：教室。

【总结】

1．消费者对产品或劳务总是存在着很多的期待，这些多数人的共同期待就是可以总结为消费者对产品或劳务的预期，这些预期包括对产品功能、价格、渠道以及促销的预期。这些预期是客观存在的，并对营销过程一定影响作用，作为营销者应该在营销前给予一定的关注。

2．这些期待受到很多因素的影响，比如：消费者的经济和消费水平；产品本身的各种特点；宏观经济发展状况等。因此，在分析这些预期的时候，要分析和思考主要的影响因素是什么，抓住其中的重点和核心部分进行分析。

实训三

任务：熟悉消费信念以及对消费心理的影响。

【实训目的】 促使学生熟悉消费信念的基本概念和种类；使学生能够在市场营销过程中注意消费者的消费信念。

【实训题目】 以日常生活中的消费为例，寻找主要的消费信念以及这些消费信念对消费者的影响，并分析这些影响对消费者行为分析的作用和影响。

【实训方法】

1．实训过程：

第一步：每一位同学分享对自己或者自己熟悉的亲人或朋友在日常消费中一些信念，并说明这些信念对本人的影响，说明有没有群体的共性。

第二步：针对同学们的分享，将这些消费信念进行简单的归类分析。

第三步：实训指导教师进行分享和指导。

2．时间：30 分钟左右。

3．地点：教室。

【总结】

1．消费者在消费过程中，对产品或劳务总是存在着一些信念，这些信念是在多年的消费过程形成，对购买产品有很大的影响。这些信念是客观存在的，在营销过程中一定或必须注意。

2．消费者的信念来自很多方面。比如消费者的消费经验、文化和习俗因素、个人的因素以及产品自身的因素等诸多因素，其中文化因素和消费习俗的因素是非常重要的。

任务四

消费者的需要与动机

知识目标

1. 了解需要、消费需要、动机等基本概念以及相互之间的关系；掌握消费需要的特点以及在分析消费心理、进行营销中的作用；

2. 掌握消费者消费动机的种类以及每一种消费动机的内涵；

3. 掌握消费动机的诱导方式，特别是宏观诱导方式；

4. 掌握动机理论中双因素论的理论内容和理论价值。

能力目标

1. 能够运用消费需要的规律和特点进行产品的消费需要分析，为营销活动奠定基础；

2. 能够根据产品的不同消费动机，确定本产品的营销策略；

3. 能够运用熟悉宏观诱导方式进行营销策划的方法，在实践中运用微观诱导方式。

引入案例　星巴克在日本的经营之道

星巴克是家喻户晓的商业奇迹，虽然这几年的经营中出现了很多的问题，但是始终没有停止全球扩张的计划，从1996年开始，开始开拓和进驻日本市场，并获得成功，为其经营带来了新的气象。

星巴克在日本的成功原因有三个方面:

第一，星巴克推出了绿茶口味的咖啡。为了满足亚洲人对茶的喜好，推出了符合亚洲传统和特点的咖啡，成功地打入了亚洲市场，并深受日本消费者的喜欢。第二，推出了冰咖啡。亚洲的夏天气温很高，不适合喝热咖啡，星巴克就推出了冰咖啡，满足消费者在这个季节的特殊需要。第三，形成新的“星巴克一族”。星巴克在日本登陆之前，日本已经有了几家大型的连锁咖啡店，它的主要消费者是那些上了年纪的人，在下午的时候出来休闲和闲聊。这些日式咖啡店里大多光线昏暗，烟雾缭绕。星巴克曾被咨询公司告知如果坚持禁止在室内吸烟，就会失掉日本市场；同时，日本人没有在路上边吃边走的习惯，外带咖啡与日本的传统格格不入。可是，星巴克店内装饰优雅大方，不卖酒精饮料，禁止客人吞云吐雾。很多日本女性因为讨厌烟味而止步于日式咖啡店门外，却成了星巴克的忠实顾客。她们时常结伴而来，人数日益增多，渐渐发展为“星巴克一族”，形成一种新的时尚。此外，外带咖啡方便卫生，也很受欢迎。这样，日本已成为星巴克最成功的海外市场。

案例评析：

本案例成功的原因和案例提到的一样，满足消费者的需要是成功的一个前提，比如对咖啡特殊口味、特殊温度等需要；分析消费者的需要不仅看到目前的需要特点，更重要满足那些因为各种原因没有满足的需要，这些没有得到满足的需要就是产品或服务的市场。

子任务一 消费者的需要

需要是市场营销学、管理学以及行为科学等学科都要关注的问题，消费心理分析也不例外，只有找到消费者的需要才会为企业找到市场。

4.1.1 消费者的需要

1. 需要与消费需要

需要是人脑对客观事物的欲望和追求，它是个体的一种内部状态，通常以缺乏感体验着，是个体行为的动力。

消费需要是消费者对具体产品或以某种劳务形式存在的消费对象的要求和欲望。例如：一个人渴了，就会产生对饮料的需要；感觉到寒冷时，就会产生对服装的需要等。

需要与消费需要概念之间的关系是消费需要是，限定了消费者的需要的对象，同时消费者只有通过消费过程才能满足其需要。因此，从概念的广度角度上来说，需要的概念包括了消费需要，所以需要的规律就完全适合对消费需要的分析和研究。为了分析上的方便，在后面的分析中，都使用需要的概念，不再对消费需要进行特殊分析。

2. 需要种类

（1）从需要的起源不同分成自然需要和社会需要。

自然需要也叫生理需要，是个体为保护和维持自己生命及延续其后代所需条件的要求。具体地说，就是人类对衣、食、住、行以及异性、安全等的需要。这是个体生活的基本需要，是推动人们行动的强有力的动力。这些需要如果得不到满足，个体就无法生存。有资料表明，自然需要若得不到充分满足也会对个体的心理产生影响。例如，注意力不集中，最关心食物或对食物一类东西敏感等。

社会需要也叫心理需要，是指个体对文化艺术、交往、社会地位、归属等方面的要求。这是个体对维持和发展社会正常生活所必需条件的反映，是人作为社会成员在后天的社会生活中形成的，是由消费者的心理特性所决定的。

社会需要是由于外界的刺激所产生的，是个体在社会生活和交往过程中产生，体现了人的社会化特点，比如人对奢侈品的追求等。

（2）从需要的对象差异分成物质需要和精神需要。

物质需要包括自然需要和社会需要中对物质对象的需要，是人们对以物质形态存在的、具体有形的产品需要。物质的需要也包括了生理和社会的需要。

精神需要是指人们为改善和提高自身素质，对认知、审美、交往、道德、创造需要等精神层面的需要，它是人类所特有的，是个体心理正常发展的需要。

（3）从需要的形态不同分成现实的需要和潜在的需要。

现实的需要是个体已经认识和感觉到的需要，是目前个体必须满足的需要。现实的需要是目前条件下的企业市场和主要的营销对象。

潜在的需要是个体随着自身和社会经济的发展和变化将要产生的需要，是企业的未来市场，是企业发展和市场开拓的主要对象。

小孩的时候只需要吃喝就可以成长，随着人的不断成长会产生很多的包括教育、购买家用电器等的需要；随着家电产品成熟期的到来，消费者就会需要功能更齐全、性能更好的、有特色的产品；随着收入的增多，人们对奢侈品的消费也会越来越多等。这些都是企业的潜在市场，也是企业进行产品的开发和培育未来市场的依据，企业要不断研究消费者的潜在需要，为企业的发展寻找更好的机会。

现实的需要是企业目前的市场，潜在的需要是企业未来的市场，都是企业需要研究的问题，是企业抓住市场所必需的研究课题。

3. 需要的产生

个体需要的产生是因为缺乏某种刺激，因此呈现出一种不平衡状态，为了达到新平衡的体验时就表现出一种需要。

具体分析个体需要产生的原因有两个方面：个体内部的原因和外部的原因或者是外部的刺激。

内部的原因是人长期缺乏等原因而产生的对客观事物的追求，这种缺乏有两种原因：一是由于精神的渴望而产生的需要，如长期没有亲情的关怀而产生对亲情的需要等；二是由于物质的渴望而产生的需要，比如由于饥饿而产生的对食物等的需要。

外部的刺激是有外界原因的促使或压力而产生的需要。

应用举例　**外部刺激促使新需要产生**

由于周围人都有了电脑，使本来对电脑一无所知的人或者没有想到要买电脑的人也想买一台电脑；看到了关于食物的诱人广告，虽然不是饥饿的状态，也产生了购买的欲望等。

外部刺激产生需要是营销者要重视的课题，外界的原因可以促使消费者产生新的需要，给营销带来了无限的空间和市场。

4. 需要理论

需要的理论有很多，以马斯洛的需要层次论最为典型。

（1）理论的基本内容。

马斯洛是美国心理学家，他认为人类有五种基本需要：生理需要、安全需要、归属与爱的需要、尊重的需要、自我实现的需要，如图 4-1 所示。

生理需要是人们最原始、最基本的需要，如吃饭、穿衣、住宅、医疗等。它是人类为了生存而必不可少的需要，也是最强烈的不可避免的底层需要，是推动人行为的强大动力。当一个人存在多种需要时，如同时缺乏食物、安全和爱情，总是缺乏食物的饥饿需要占有最大的优势，这说明当一个人为生理需要所控制时，那么其他一切需要都被推到幕后。

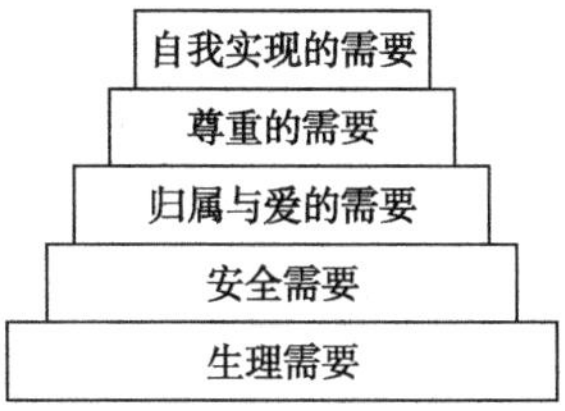

图 4-1　马斯洛的需要层次论

安全需要包括劳动安全、职业安全、生活稳定、希望未来有保障等，安全需要通常是在生理需要得到满足以后而产生的需要。

归属与爱的需要也叫社交的需要，是指个人渴望得到家庭、团体、朋友、同事的关怀、爱护、信任、温暖等需要。社交的需要比生理和安全需要更细微、更难捉摸，与个人性格、经历、生活区域等都有关系。

尊重的需要可以分为自尊、他尊和权利欲三类。尊重的需要也可以划分为：渴望实力、成就、适应性和面向世界的自信心，以及渴望独立与自由，渴望名誉与声望等。尊重的需要很少能够得到完全的满足，但基本上的满足就可产生推动动力。这种需要一旦成为推动力，就会使人具有持久的工作热情。

自我实现的需要是最高等级的需要。满足这种需要就要求完成与自己能力相符的工作，最充分地发挥自己潜在的能力，成为所期望的人物。

（2）理论分析的意义。

产品的消费对象在某个阶段总是处在需要的某个层面。虽然个体需要所处的阶段是不同的，比如由于经济条件的原因，经济条件好的人可能处于交往与爱的需要阶段，而经济条件差的人处于生理需要的阶段等，但是分析消费者的时候，通常会在目前的经济条件下，分析本产品的大多数消费者所处的阶段，分析共性的需要，来满足其需要。

处在需要的不同层面决定了消费者的消费习惯、消费心理以及消费行为，对此进行研究才可以进行有针对的营销活动。

应用举例　　人们到底在吃什么？

根据马斯洛的需要层次论，可以将人们吃什么进行如下回答：吃饱—放心吃——起吃—有尊严地吃—自由地吃等。

这种说法未必是最准确的，但是说明了一个问题，其实由于人们的需要层次差异，人们吃的东西、内容以及形式都不同。目前，对于全国公众来说，放心吃（安全需要）是现在中国人所关注的，因此决定了现在食品经营的方向。

消费者虽然要处在某阶段，但是作为需要的内容，消费者的需要是全面的，尽管处在需要初级阶段的消费者，也会有其他的各层次的需要，在分析消费者心理的时候，也应该注意这些需要在消费过程中的作用。

4.1.2 需要的内容

1．对产品基本功能的需要

消费者在消费产品或劳务的过程中，产品的基本功能是消费者购买产品的基础性原因，产品的首要功能是其使用价值。消费者对产品基本使用功能的需要也就是指消费者对核心产品的需求。

根据传统的解释，产品是用来满足人们物质需要的实物。而在现代市场营销学中，产品是指向市场提供的能满足消费者或用户某种需求的任何有形产品和无形服务，是由核心产品、形式产品和延伸产品三个层次组成的，随着市场研究的不断深入和细化，产品被分成五个甚至更多的层次组成。但无论产品分成多少个层次，其中的核心都是核心产品，是指产品的实质层，它为顾客提供最基本的效用和利益。也就是说，消费者或用户购买某种产品绝不仅是为获得构成某种产品的各种材料，而是为了满足某种特定需要的功能。

应用举例　每一种产品都应该有的基本功能

冰箱必须有制冷的功能，手机必须保证清晰的通话质量，空调必须能制冷等，如果满足不了基本的功能，不管外观多漂亮、价格多便宜，消费者都不会接受。

所以说产品良好的使用功能是产品进行市场竞争的前提和基础条件，没有良好的使用功能，产品就丧失了进入市场的条件和可能。

2．对产品审美和象征功能的需要

随着人们生活水平的提高，产品的竞争也越来越激烈，消费者在满足商品基本功能的需求后，往往对产品的工艺造型、包装、色彩、整体装饰都提出了新的要求；同时，消费者对产品的社会性和象征性的意义要求也越来越高。

应用举例　买表到底买什么？

买一款手表，在传统社会里，只要手表能准确走时，就是一款很好的手表。但随着社会和经济的发展，手表行业的成熟，手表不但走时准确，消费者也希望自己所佩戴的手表，体现个人的社会身份、个人的兴趣爱好、季节的更替、出入的交往场合等。因此，其对审美功能的需求是非常强烈的。

案例4-1　红旗车的悲剧说明什么？

从红旗牌轿车走向市场的第一天，红旗车以它典雅的造型、精心的手工工艺、宽敞的车身以及代表的社会身份，成为人人皆知的名牌，不仅中国人尊尚红旗，连外国人也仰慕红旗。

红旗车之所以受青睐就是因为它是炫耀性物品。汽车实际有两种功能：交通方便与炫耀身份。一般车的功能主要是方便交通，而特殊的名牌车（如英国的劳斯莱斯、德国的奔驰与宝马、美国的卡迪拉克等）则主要是用于炫耀身份。红旗车以前作为炫耀性商品，一是它做工精细（许多零件由高技术工人手工制作），成本高，产量少，从而价格高；二是使用它有严格限制（据说“文化大革命”前正部级以上干部才有资格坐红旗车）。这样，红旗自然身价不凡，名震中外了。

像红旗车这样的炫耀性物品只有价格高才有炫耀作用，因此对这种物品的需求与一般物品不同。价格下降，作为炫耀性物品的作用就没有了（作为一般物品的作用仍然有），作为满足炫耀性消费的需求量就减少了。这种物品的生产者必须坚持低产量、高质量、高价格才能维持物品作为炫耀性商品的地位，并从中获利。

炫耀性物品走向大众化则是它失败的开始。红旗车大批量生产，改变了原来典雅的形式，用机械生产的部件代替了手工精制的部件，降低了价格，与其他车型在作为交通工具的市场上竞争，这时它的悲剧也就开始了。作为普通汽车人人都可以用，何身份之有？但作为普通汽车，它的价格性能比又远远不如其他汽车。现在红旗车的价格几乎是捷达、富康、桑塔纳的3倍，性能比它好的本田、别克、欧宝价格都比它低。红旗车象征身份的作用没有了，作为普通车又没有优势，因此失去了它的辉煌。

红旗车在人们心目中作为身份的象征也是由汽车工人的勤劳奋斗和当时特殊的历史条件形成的。其实许多名牌产品都在某种程度上可以作为炫耀性物品，消费这些物品都包含有某种炫耀性消费的成分。高质量和高价格是名牌的生命。没有跟随时代的脚步，提高质量保持高价，名牌也就慢慢地消失了。

案例分析：

消费者在购物的时候，存在各种需要和动机，但无论是什么样的需要和动机，都以产品为基本，产品的基本功能以及与价格之间形成的性价比是非常关键，象征性的消费有很多产品条件和社会条件，红旗轿车走下“神坛”之后的没落，是不再具备产品基础竞争力，当然也不具备象征性竞争力。

3. 对产品感性的需要

对产品感性的需要主要是指消费者在消费过程中，对产品以及营销过程中的能给人温情因素的需要。

应用举例　　**产品的另外形态：温情**

随着社会经济的不断发展，社会物质条件的改善和人们生活水平的提高，人们已基本解决了温饱的问题，人们对感情的需要越来越强烈。但是，随着社会节奏的加快，交流的方式越来越间接化，人们之间进行面对面交流的时间和机会越来越少，人们的情感生活随着社会的进步反而越来越少，所以人们对情感的需要越来越强烈。因此，现在越来越多的产品用情感诉求的方式赢得公众，获得了不错的市场效果。比如，“南方黑芝麻糊”温情的画面和声声叫卖、刘翔代言可乐产品一家人的其乐融融等，都获得了很好的效果。

4. 对产品良好服务的需要

随着经济的发展，产品的质量、功能以及宣传等方面已趋于成熟，产品间在核心产品上的差异也越来越小，同时消费者的消费能力也越来越成熟，对产品的需要就越来越全面，尤其是对产品服务的要求也越来越多。产品的服务需要包含售前、售中、售后服务，同时这种服务不仅是硬件上的，还包括使消费者获得尊重、情感的交流和个人价值的肯定等诸多情感的要求，比如对消费者购买行为的赞赏往往会获得成功。

服务是产品很重要的附加产品，现代市场营销观点认为，一个消费者的后面是 250 个消费者，当消费者对产品满意时，企业就赢得了一个消费者后面的其他消费者；当消费者不满时，就会失去这些消费者，而消费者满意与否与产品的服务密不可分。

应用举例　与产品相关的服务内容

售前的服务体现在产品的设计、销售与宣传的准备上等。设计上考虑到消费者的切身需要，不但有好的、方便的功能，并从实际上感受消费者的需要，比如舒肤佳香皂的凹形设计；销售上，包括信息的发布、产品的布置、销售人员的培训（产品知识、服务态度等）等，更加方便消费者；宣传上，信息的简洁、真实、明了等，使消费者能更好地、快速地了解关于产品的信息，更方便消费者对产品的认识。

售中服务包括产品的介绍、服务人员的态度等，更加符合消费者的需要，体现对消费者的尊重和关注。这个过程是销售人员直接与消费者进行面对面交流的阶段，所以销售人员规范的行为、统一与整洁的服饰、和蔼亲切的态度、服务的流畅等，都会影响到消费者对产品和企业的第一印象，是一个需要关注的环节，也是传统社会销售注意的核心内容。

售后服务的服务内容需要不断开发和研究。售后服务的内容，除包括传统的包送、包退、及时进行安装和维修外，也包括定期的咨询、提供产品的信息以及节假日的温馨问候等。比如，现代保险产品的销售就包括在保户生日时送上祝福和小礼物等。

5. 对产品便利的需要

由于人们生活节奏的加快，对购买产品便利性的需要也越来越强烈。消费者希望能以较少的时间、在方便的地方、买到最为需要的、使用简单的产品。

应用举例　体现产品便利的内容

对产品便利的需要包括产品的使用功能、设计的外形、销售的地点等。所以现在产品的功能和外形的设计都要充分考虑到消费者的这个特点，比如多功能的摄像照相产品的合一、手写输入的手机等；也包括新产品销售的超市铺货，选择消费者最容易看到的地点、大面积布置产品，方便消费者的认识和选择等；小区都讲究设施配套，医院、银行、学校、超市、娱乐场所都一应俱全，主要为方便消费者，同时像超市旁边开设的烧烤店等，给顾客购物后的休息饮食提供方便。

随着网络的发展，网络也为消费者的便利选择提供了条件。随着生活快节奏的发展，消费者的便利需要将会不断影响企业销售方式的选择。

消费者对产品的需要是随着经济的发展，需要的侧重点在不断发展，只有研究和分析消费者需要的走向，才会更好地把握市场。

4.1.3 需要的规律

1. 消费者需要的伸缩性或弹性

消费者需要的伸缩性，又称为消费需要的弹性，是指消费者对某种商品的需求量会随着具体条件的变化而增加或者减少的现象。

消费者需要的弹性受两个方面的影响：经济环境以及产品自身的因素。

经济环境包括宏观经济以及消费者收入变化的影响，当经济处于发展时期，消费者的收入会呈现增长的趋势，所以对产品的需要就会上升；反之，就会下降。

产品自身的因素主要指价格和产品价值因素的影响。当价格上升时，消费者的需要就会下降；价格下降时，需要就会上升。比如说，对于家用电器，像电视机、冰箱等，随着价格的下调而需求量大增。

产品的价值因素即产品的价格与消费者的支付和承受情况的比较。

对于产品的价值较高、高于消费者支付能力的产品，如高档的服饰、手表、汽车、住房等，价格的需要弹性相对较大，并且消费者可能会把这种需要抑制、转化或降级，选择较便宜的服饰、手表，选择消费小型的汽车，在房子的消费上会选择租房、二手房、小户型的房子等；对于价值小的日常消费品的需要弹性就会较小，价格的变动对消费者的需要影响不大。

2. 消费者需要的周期性

消费者的需要总是呈现出周期循环的状态。产品的周期性首先是因为在社会中，各种周期现象的存在，包括消费者的生理机制、自然环境变化、产品生命等都呈现出周期性的特点，所以消费者的需要也受这些周期的影响，呈现周期的特点。

应用举例　　**消费中的周期**

由于自然界的周而复始，北方消费者对服装的需要随着自然界四季的变化，出现周期的现象；由于节日周期的影响，人们对粽子、元宵、月饼等的需要也随着节日周期循环等；人们消费的牛仔裤、唐装等，其款式也是不断重复的，但时下的唐装和牛仔裤是被加入新的概念和因素，比如面料的技术、材料的多样性、款式的翻新等，都使这些循环并不是简单地重复。

消费者对一种产品的需要是有周期的，但是这个周期的现象并不是简单地重复，而是总是有某些新元素的加入。产品在周期的运行中，不断被加入新的元素，因而呈现出在重复中上升的现象。比如，每一种产品的周期，由于产品特点和社会发展速度的影响，其周期的长短是不同，是市场学和消费心理学、经济学研究的难点和重点所在。

3. 消费者需要的多样性

多样性是消费者需要的最显著特征。由于消费者的个体特征、产品的功能和使用的范围不同等，形成多种多样的需要。

需要的多样性受到很多因素的影响，包括年龄、性别、职业、文化水平、经济条件、所处地域、民族传统等的差别，形成了多种多样的需要。比如北方人吃面、南方人喜欢吃米等。

产品特点的不同，也产生了消费者多种多样的需要。比如，同样是啤酒，有黑啤、白啤等。

消费者生活内容的多样性也决定了消费需要的多样性。随着社会的快速发展，社会提供的商品以及服务种类不断增加，消费者自身需要也随着社会发展逐步地增多，从而使消费者的生活内容日益丰富。经营者不断地去研究消费者的生活内容，去开发和满足消费者的需要，为企业的发展创造和寻找机会。

产品的多样性和消费者需要的多样性是相互影响、互相促进的。由于消费者需要的多样性，促使产品开发的多样性；产品的多样性，也促使消费者需要的不断发展，两者互相促进、互相影响。

4. 消费者需要的层次性

根据美国心理学家马斯洛提出的需要层次理论，需要从低到高分为五个层次。通常情况下，消费者是在满足低层次的需要后，才追求高层次的需要。当然，在现实生活中，这种需要的层次顺序也会改变，有的消费者在满足较高层次的需要后，回头再寻求低层次的需要。

消费者需要的层次性主要表现在需要从较低层次向较高层次推进、从物质需要向精神需要发展、从需要的数量扩展到质的不断深化。如人们对信息资讯的需要，已不仅仅满足于从传统的四大媒体中获得，互联网成为很重要的信息源，手机短信等也成为新的时尚，为人们所青睐。

消费者需要的层次性是个体发展的需要，也体现了人生存的本质。这种层次的需要是企业必须深入研究的。由于产品的发展处于不同的时期，人们对产品的需要重点是不同的。比如，汽车和电视机两种产品由于其发展阶段性的差异，消费者对其的需要重点也是不同的。

5. 消费者需要的可诱导性

消费者的需要由于受到外界刺激的影响，会发生很大的变化。有时可以通过培养和引导形成，有时也会受到削弱或变换。

应用举例 **诱导成功的海景房**

大连海景房的推广，产生了很多对海景房的需要。传统的大连人是不愿意居住在海边的，因为海边潮湿的气候，不方便生活，而且会带来很多的和潮湿、寒冷有关的疾病。但是通过市场的推广和建筑的改进，人们对海景房的需要大大增加了。

随着社会的发展、科技的进步、新产品的不断出现，消费者的需要会发生更大的变化。

小知识 **我国消费需要的发展趋势**

消费者的需要是不断发展和变化的，总是由基础的需要向更高级的需要发展，由物质需要向精神需要发展，由单一向多样化发展，体现出需要的发展性。随着经济的发展和经济发展的全球化，消费需要体现出以下的特点。

一、从消费的结构上来看

随着经济的发展，消费需要的结构发生了重要的变化，主要包括消费者的需要从基础的需要向高级的需要、从物质的需要向精神的需要、从满足温饱的需要向享受的需要发展。主要表现在以下几个方面。

1. 教育消费成为长期的消费热点

经济的发展要求人们不断提高自身的文化素质，人们除了对子女的教育消费支出不断增长以外，成人的教育与继续教育的费用也不断提高。同时，企业为了保持竞争的优势和员工的发展的需要，也将员工的教育作为一种福利和奖励的方式定期地开展，所以教育的消费不断提高。

2. 绿色消费将成为新世纪的消费主题

消费者的绿色消费意识是健康的消费的主要表现，随着社会的发展，人们越来越关注个体的健康和人与环境的和谐发展。

这种绿色消费主要体现在两个方面：一是要求产品对消费者个体的健康是有益处的，这是生活不断发展和人们生活提高的直接结果；二是产品对环境的保护作用，这是社会发展的结果，人们越来越深刻地认识到人们的生活与自然环境的协调发展的重要。所以，"绿色食品"、"绿色家电"甚至"绿色汽车"、"绿色住房"等纷纷出现并受到消费者的青睐，健康的要素是未来产品的发展的主要趋势。

3. 从日常的消费向对奢侈的消费转移

消费者的需要在基本的需要得到满足后开始向奢侈品的消费转移，有以下几个方面的消费呈现了上升的趋势：

第一，住房是消费结构升级的重点。从国际经验看，小康阶段初期，住房消费将保持较长时期的增长。我国从2000年以来，城市居民的住房消费一直出现上升的趋势，导致了城市的住房的价格处于不断增长的阶段。

第二，汽车消费增长空间较大。私人购车正日益成为轿车总需求的主要部分。我国汽车业已跨入持续高增长期，并将在未来3～4年里释放出500万辆以上的消费潜能。仅这一项因素就能使汽车消费在未来3～4年内保持20%～30%的增长率。

第三，消费品的消费越来越多，比如高级与名牌的服饰、香烟、酒、茶等与提高生活质量的产品的消费成为消费的核心和主力。

二、从消费的内容来看

从消费的内容来看，消费者的需要从传统的需要向现代的需要发展，形式越来越新颖，内容越来越丰富。主要体现在以下几个方面。

1. 信息消费成为新的消费热点

家庭信息化是信息消费的重要方面。多媒体终端结合了电话、电视、计算机和摄像机的多种功能，构成一个“家庭信息中心”。人们可以通过这个中心获得各类信息，使人的生活方式发生了重大的变化。

2. 旅游消费将成为消费的热点和主要休闲方式

2002年，我国人均GDP已经超过900美元，按照国际经验，人均国内生产总值达到800～1000美元时，表明已进入旅游发展的消费阶段。目前这种消费已开始在中国显现出来。2002年，国内旅游收入3878亿元，增长10.1%；国际旅游外汇收入204亿美元，增长14.6%。

3. 服务消费支出将有较大增长空间

随着经济的发展，社会分工越来越细，家政服务、家庭医生、家庭病房等开始走进千家万户。

4. 大量流动人口的存在扩大了租赁消费空间

大量流动人口的存在，将加速与流动性消费相适应的租赁业和二手市场的发展。廉价衣服、旧家具、旧耐用消费品等，会成为外来民工以及简单就业人员的主要消费内容。电脑、书报以及公寓租赁等会成为高知识阶层的主要消费内容。

三、从消费者的群体与个性的发展来看

随着经济的发展，消费群体的发展，消费者的需要有两个方面的特点。

1. 个性化消费趋势日益凸显

越来越多的消费者在消费过程中，能体现个性的特点，有时要求商品设计等都能根据他们的需要而定做，每项服务都要根据他们的要求而单独提供。

2. 银色消费市场广阔

目前，中国的人口结构已经进入老龄化阶段。中国现有60岁以上的人口1.3亿，占人口总数的10.45%。老年群体的生理和心理特征，决定了他们特有的消费模式，将会对整个社会的消费结构产生影响。例如，保健产品、医疗产品以及养老等的需求旺盛，关于养老的服务大有可为等。

总之，随着社会经济的发展，消费者的需要出现很多新的特点和要求，研究消费者的需要趋势，对于准确地把握市场是很关键的。

子任务二 动机

动机和需要的研究在消费心理学中同样重要，需要的研究相对宏观，动机的研究相对微观和具体，二者都是促使消费者进行消费的诱因和推动力。

4.2.1 动机的概述

1. 动机与购买动机的定义

动机的英文是 motivation，源于拉丁文 movere，即推动的意思。它是直接推动一个人进行活动、以获取满足其需要事物的内部动因或动力。

购买动机是指为了满足一定的需要而引起人们购买行为的愿望或意念，是推动购买活动的内在动力，也是消费者购买行为的直接出发点。

购买动机是动机的一种，动机的概念更大，因此动机的规律也可应用到购买动机之中，本书在后面任务中统一使用购买动机。

2. 动机产生的原因

动机产生的原因有三个方面：需要的驱使、外界刺激的强化和目标的诱导。

由于需要的产生使个体产生了不平衡的感觉，因此产生满足需要的行为动机；由于“超女”等选秀活动的刺激，个体产生了以此谋生和发展的想法和动机，并付诸行动；个体想要成功的目标过于急迫和强烈，因此产生了投机取巧的行为动机等。

动机作为一种内部活动的心理能量，其强度的大小取决于三个变量：需要的强度、刺激物的激活效能和目标诱力的大小。这三个因素相互作用，构成了动机的合力。

应用举例　什么决定了购买服装的动机？

消费者是否购买一件昂贵的外套，购买的愿望强烈与否，受到三个因素的影响：一是个体对服饰的追求、爱美的程度等；二是当消费者穿上外套时，消费结果的大小估计，即是否有助于消费者的某个具体目标的实现，比如自己所爱男孩的关注等；三是这件外套的款式等对消费者的吸引因素，这些因素决定了消费者是否去购买这件外套。

3. 动机与需要的关系

（1）需要和动机的联系。

需要产生动机。消费者在特定的外界刺激下产生需要，需要在一定的具体条件下便会成为一种行为的内在动力，即动机。比如说因为内部的缺乏水分使人产生了对水的需要，当看到一瓶自己喜欢的饮料时，产生了去购买的愿望，即产生了动机。

（2）需要和动机的区别。

需要是人们对某种客观对象的渴求或欲望，主要和人们的主观愿望和内心的渴望相联系；动机在需要的基础上产生，主要和人的行为相联系。也就是说，需要并不直接产生行动，而必须先产生动机才能引起人的行动；动机是需要与行为之间必经的一个中间环节。

动机虽然在需要的基础上产生，但并不是所有的需要都能产生动机。其中，需要必须达到一定的强度并且有相应的客观条件才能转化为动机。

应用举例　　**买房动机的产生**

一个人想买房子，有了购房的需要，但是由于没有买房子的钱，于是这种需要就会暂时搁置下来；或者没有合适的房子，也没有了买房子的愿望。在这种条件下，需要没有形成具体的动机。所以，引起消费者的动机必须有内因（需要）和外因（外部刺激）两个条件。

4.2.2　消费者购买动机的分类

消费者购买动机根据标准的不同，有很多分类方法。从动机的起源分成两大类：生理性和心理性购买动机。生理性的购买动机主要是指为了满足个体的生存需要而产生的购买动机；心理性的购买动机是指为了满足个人的社会或精神需要所产生的购买动机。在消费心理学中多是以在消费过程主要追求的或要达到的主要目标进行分类，具体地分成以下几种。

1. 求实性购买动机

求实性购买动机，是指消费者以注重商品或劳务的实际使用价值为主要目的的购买动机。具有这类购买动机的消费者在购买商品或劳务时，通常特别注重产品的质量和实用性，要求产品经久耐用、经济实惠，不会太多地在意产品的外形包装、款式色彩等，并且在购买时，表现出认真仔细地对比挑选，不太会受广告和促销人员的影响。这种购买动机跟个人的价值观念、消费态度和价格承受能力等有一定的关系，也和产品自身特点有关。

2. 求廉性购买动机

求廉性购买动机，是指消费者注重商品价格的低廉为主要特征的购买动机。这类消费者对商品的价格非常关注，希望用最小的代价获得物质上或精神上的满足。所以，这类消费者对价格的变动非常敏感，挑选商品的过程中主要以价格为主要的标准。

3．求美性购买动机

求美性购买动机，是指消费者以注重商品的美学价值和艺术欣赏价值为主要目的的购买动机。消费者在购买商品时，特别在意商品的外观造型、艺术品位，强调色彩的搭配、对环境的装饰、对个体的美化、对精神生活的陶冶等方面，而对商品本身的实用性要求不高。

在现实生活中，随着人们生活水平的提高，收入的增加，求美动机越来越占有重要的比例。

4．求名性购买动机

求名性购买动机，是指在消费活动中，以追求名牌或仰慕企业名望而产生的购买动机。因为名牌的建立往往以商品的质量、信誉为基础，同时优秀的品牌具有一定的社会象征意义。因此，消费者在购买时，对商品的商标、商店的牌号特别注意，面对众多的同类产品，成为该品牌的忠诚消费者，满足社会交往的需要。

5．好胜性购买动机

这是一种比较典型的冲动性购买动机，表现在消费者为一时争强好胜与别人攀比并希望胜过他人为目的的购买动机。一般消费者购买一些产品不是为了实用，也不合具体的实际情况，只是为了表现比别人强，满足心理上的虚荣。因此，这种动机带有一定的偶然性和浓厚的感情色彩。

6．嗜好性购买动机

嗜好性购买动机是指消费者由于个人生活习惯或业余爱好等原因而形成对某商品或某企业的偏好而产生的购买动机。如集邮者对邮票、音响发烧友对音响器材、美容师对化妆品，等等。在这种动机的驱使下，消费者在选择商品时，往往以符合自己的需要为准则，指向比较集中和稳定，并表现出经常性和持续性的购买。

7．求新、求奇性购买动机

求新、求奇性购买动机，是指消费者在购买时，追求商品的奇特、新颖、时髦等特点。在购买过程中，特别注重产品的款式、造型、包装等是不是符合时尚，有没有与众不同的地方，是不是独一无二的。因此，这类消费者对新品信息的发布非常感兴趣，对于大众还不熟悉的产品情有独钟，表现出较快的信息接受能力。当然，有时也是凭一时的兴趣而购买。比如，现在的“日流”、“韩流”、“波西米亚风”，往往都是由一些求新的消费者带动起来的。

8．求便性购买动机

求便性购买动机，是指消费者在购买过程中，讲究方便为目的购买动机或者为了减少家庭劳务，选择便利性的产品产生的购买动机。其核心是方便购物、节省时间、增加自由空间。

应用举例　　由方便购买动机“创造”的产品

在实际的购买过程中，为消费者提供方便的产品很受欢迎，如洗衣机、洗碗机、方便食品、超市净菜等，可以减轻家务负担。同时，一些提供方便的劳务也逐渐红火，如钟点工、外卖、电视购物等，也逐渐成为城市生活不可缺少的部分。

9．惠顾性购买动机

惠顾性购买动机，是指消费者以信赖某一商品或某一购物场所而产生的购买动机。这类购买动机的消费者多是因为自己的购买经验和体会非常好，而产生对产品的、某个销售地点、某个销售人员等的好感而产生的购买动机，这类购买动机带有很强的感性色彩，但拥有这种动机的消费者会对产品的宣传起到非常大的作用。

4.2.3　影响消费者购买动机类型的因素

1．产品的特点

分析消费者的购买动机类型首先要结合产品自身的特点，包括产品的价值、实用性等方面的因素。

应用举例　　产品自身因素决定着消费者购买动机

当企业产品是生产资料类的产品时，消费者在购买时，对其产品的品牌、包装等，就不会过多关注，而会侧重关注产品的使用价值，购买动机主要是求实性的购买动机；当消费者购买的产品是交往性较强的产品时，比如服饰、手机、手表等产品，消费者就容易产生求名、求胜等购买动机。所以，分析消费者的购买动机类型首先要结合企业产品的特点。

2．社会因素的影响

消费者对某一类产品表现出的主要购买动机，不是独立存在的现象，而是受到消费者所处社会环境的影响。社会环境包括经济的发展水平、社会文化的特点、产品所处的阶段等。

应用举例　　不同时代与文化原因决定购买动机差异

20 世纪的七八十年代，由于经济处于发展的初期阶段，所以消费者的购买动机主要是实用性和求廉性的购买动机，而现在多是求名和求便性的购买动机。在上一章引用的调查中，日本与我国的消费者在购买商品中，中国消费者的求名购买动机就比日本消费者要明显，这是因为社会文化的差异，同样的事情，也发生在我国南北文化的差异、东西差异等方面。

3．消费者个体的特点

分析消费者的主要购买动机要关注消费者个性的特点，主要指产品的目标群体中多数消费者共性的特点所影响的个性特点。

应用举例　老人的特点决定着脑白金的选择

脑白金或保健品，目标群体是老年人，老年人的个性是千差万别的，但在我国目前的市场条件下，多数老年人由于收入、社会环境的影响、年龄特点所拥有的共同特点是节俭、实用等，所以这类消费者的主要购买动机多是求廉、求便、求实性的购买动机，以老年群体为目标群体的产品就不能忽略消费者的这些特点。因此，脑白金为了更好地推广产品将本产品变成一种礼品进行营销，将产品的购买人群和使用人群进行了分离，使购买者变成相对有经济实力的中青年人，成为一种社会性的购买，进而购买群体得到了有效扩大，促进了产品销售。

4．购买动机的阶段性特点

在产品不同的生命周期里，消费者的购买动机也是不同的。

应用举例　液晶电视机不同时期消费者的购买动机差异

液晶电视作为一种新型的产品受到消费者的青睐，和所有其他产品一样走过不同的时期。

在产品的介入期，消费者对液晶电视的购买动机主要是对其功能上的求新、求奇等；随着产品进入成长期，更多的消费者开始消费该产品，消费者的购买动机就体现出千差万别，但更多的消费者开始求胜等；进入到成熟期，各种液晶电视机品牌的出现，消费者购买动机主要是求异等。

在分析某一产品目标群体的购买动机时，就要根据自身产品的特点、产品的周期、消费者的特点以及社会条件的影响因素，来具体分析本产品消费者的主要购买动机，在产品的推广中才能根据主要购买动机进行市场策划。

4.2.4　购买动机的可诱导性及应用

1．购买动机的可诱导性

购买动机的可诱导性是指消费者购买动机因为市场信息的有目的的引导、强化或促进而产生的心理现象，简单地说消费者的购买动机可以因为外界的引导而产生变化。

在现实生活中，任何消费活动的起因，总是受一定的购买动机所支配，但又往往不是某种单一的动机，而是受到各种动机的综合作用和影响。在这些动机中，既有主导性的购买动机。又有辅助性的购买动机；既有外显的购买动机，又有内在的购买动机；既有稳定的购买动机，又有偶然的、冲动的购买动机等。消费者的购买动机不是一成不变的，是可以通过一定营销手段的运用，使消费者购买动机得到强化，对该商品产生喜欢倾向，进而采取购买行为。

2. 宏观诱导与微观诱导

（1）宏观诱导。

宏观诱导是指针对消费者共同购买动机，使消费者产生和建立新的购买动机。进行有效的诱导要注意以下几个问题。

第一，了解和掌握消费者主流的购买动机。

消费者的主流购买动机是指多数消费者在某一时间段购买某种产品时的共同购买动机。比如，消费者在雨天买伞时，多数人购买的动机是方便，美观、结实与否并不重要。了解消费者的主流动机是什么，是成功诱导消费者的前提条件。

第二，寻找产品与主流购买动机的切入点。

寻找产品的属性与主流购买动机的相吻合点，使产品成为消费者不可替代的选择。这些产品的因素可以是产品的命名、形状、性质等。

第三，通过市场推广，使其成为一种象征性的购买。

通过广泛的市场推广，传递产品所表达的概念，促成消费者的购买，达成销售的目的，形成象征性的购买。

应用举例　　**“旺旺小食品”的推广**

依据中国文化传统，在过春节时，消费者多为了祈求未来一年的顺利、兴旺、好运等，在春节前的购物中都希望能充满喜庆和吉利。

旺旺产品的“旺旺”两个字与中国人的期望是切合的，即旺旺食品的命名与主流的购买动机有了一个切入点。找到这一点之后，旺旺产品利用广告的宣传，传递了“过年吃旺旺，来年一定旺”的概念，以及“过年送旺旺，大家一起旺”过年礼品的“大礼包”的产品概念，使旺旺不但是一种小食品的品牌，更成为过年的“象征性”的礼品，完成了产品对消费者的诱导，扩大了产品的购买对象。在2004年、2005年春节为旺旺贡献了3个亿的业绩。在价格战频繁、利润不断跳水的休闲食品行业里，旺旺走出了一条高利润的道路。

总之，人们对某一产品的需要和动机是可以诱导的，主要路径和步骤是寻找主流动机一本产品与主流动机的切合点一有目标的推广，可以实现产品的又一番天地。

（2）微观诱导。

所谓的微观诱导就是销售人员运用各种手段和方法，向消费者提供商品信息资料，使消费者购买动机得到强化，对该商品产生喜欢倾向，进而采取购买行为的一个具体诱导过程。

小知识　两个有趣的调查

消费者走进商店都是带有一定动机和欲望的，但进店的消费者并不是一定进行实际的购买。据日本三越百货商店的调查，进店的顾客只有20%发生购买行为。其原因在于，消费者的欲望有两种：一种是“意识的欲望”，即有明确购买目标的消费者；另一种是“潜在的欲望”，即虽然需要某种商品，但没有明显意识到，因而没有做购买决定的消费者。有潜在欲望的消费者，常常由于外界的刺激实现购买行为。

据美国一家百货公司调查，在顾客的购买行为中，有28%来自“意识的欲望”，72%来自“潜在的欲望”。消费者在商店里完成由潜在欲望到意识欲望的转化，是扩大销售、提高效益的关键。实现这一转化，除了店堂所有的环境因素外，很重要的是营业员的仪表、神态、语言、示范，即营业员的诱导，使消费者产生了购买的倾向。因此，零售企业要想实现更多的销售，就应该努力在诱导顾客购买动机上下工夫。

诱导的方式方法有以下几种：

第一，证明性诱导。主要包括实证诱导、证据诱导和论证诱导。

实证诱导，即当场提供实物证明的方法。这种方法已被普遍采用。

证据诱导，即向消费者提供间接消费效果的方法。用消费者所熟知的、有感召力的实际消费证据，使消费者相信所购商品靠得住。

论证诱导，即以口语化说明促进消费者的信任方法。这种方法是营业员运用科学和丰富的有关商品知识，简明地向消费者介绍商品，使消费者感觉推广人员的专业很强，促使消费者选择商品，收到诱导效果。

应用举例　诱导的使用

在商店里，放在水柱里的表，化妆品的现场使用，头饰的现场佩戴使发型发生立竿见影的变化等，都展示了产品的功能、特点等对消费者形成证明性诱导。

健身饮料，营业员就可以向顾客讲，“健力宝饮料是奥运会中国代表团指定饮料”；减肥产品使用明星的使用效果证明等。

第二，建议性诱导。指在一次诱导成功后，借机向消费者提出购买建议，达到扩大销售的目的。具体的方法有以下五种：

第一种是建议购买高档商品。营业员针对顾客的购买预算做出判断的前提下提出这类建议，以免建议不妥伤了顾客的自尊心。

第二种是建议购买替代商品。建议的条件是消费者想要购买商品，本店无货，但有在质量、性能、价格上与某商品类似的商品，否则的话会使消费者产生歧义。

第三种是建议购买互补商品。提这类建议，要注意当两种商品有主次之分时，顾客购买主项商品再建议其购买次项商品容易成功，反之则较困难。例如，向购买照相机的顾客建议购买胶卷就容易成功。反之，效果不会很好。

第四种是建议购买大包装商品。同类商品大包装比小包装在费用上较为经济。对于某些连续使用的消耗性商品，这种建议容易成功。

第五种是建议购买新产品。新产品对于消费者来讲，没有使用经验的参照，购买欲望难以形成。营业员要做好退换、保修等的宣传，建议才有可能成功。

第三，转化性诱导。当销售人员与消费者之间的交流出现了各种问题，比如消费者讲述商品毫不相关的信息时间太久等，适宜地转移话题，促使消费者关注商品，进行购买的过程。通过转化性诱导，达到缓和气氛，重新引起消费者的兴趣等。常用的转化性诱导有以下几种：

第一种是先肯定再陈述。先肯定顾客言之有理的意见，使顾客得到心理上的满足，然后再婉转陈述自己的意见。

第二种是询问法。找出顾客不同意见的原因，再以询问的方式，转化对方的意见。

第三种是转移法。把顾客不同意见的要点，直接联结到其所购商品的特点上去，使顾客心理通过思维的桥梁，集中到所购商品的特点上。

第四种是拖延法。遇到顾客所提意见难以回答时，不能急于用不充分的理由去诉说、争辩，可以先给顾客看商品说明书，使自己有短暂的时间考虑有说服力的回答。

总之，运用各种诱导方式，因时、因地、因人、因商品地使用各类诱导方法，使用这些方式的前提是诚恳地替消费者着想，唤起消费者的潜在欲望，促使其采取购买行为，促进销售。

4.2.5 动机的理论与应用

1．卫生论

（1）理论的渊源。

卫生论是管理学家赫茨伯格和他的助手 1959 年在匹茨堡心理研究中心做出的研究成果。这个理论的核心内容是影响劳动者的工作因素主要有两类：其一是公司的经营情况和政策、工作条件、工资水平、奖金等，称为影响劳动者工作的卫生因素。如果卫生因素得不到满足，劳动者就会产生不满；其二是工作成绩、承认、工作本身的乐趣、升级等自我实现的因素，称为激励因素或动机因素。如果前者得到满足；而后者得不到满足，劳动者还是得不到真正的满足。真正的满足是卫生因素和动机作用因素都得到满足，尤其是激励因素的满足，会给劳动者带来真正的成就感。

（2）消费心理学中的应用。

日本学者小岛外弘根据这个理论，在消费者心理的动机研究中提出了 MH 理论。小岛认为，H 指卫生因素，是必要条件和基础因素，M 指动机作用因素，是魅力条件。H 是指商品的质量、性能、包装、价格等因素，是满足消费者需求的必要条件；M 是指商品的情调、设计等，是满足消费者需求的魅力条件，是吸引消费者的真正因素。商品的设计因素包括产品的外形、包装等；产品的情调因素指在产品的营销推广过程中营造出的氛围因素等。

（3）理论的核心理念。

H 因素是产品的基本因素，M 因素才是有真正竞争力的因素。MH 理论认为，当商品的卫生因素不能满足时，消费者会感到不满。例如，商品的质量差、价格高，消费者就会不满。但是，仅满足必要条件还不是真正的满足，消费者对某种商品真正感到满足，是该商品的魅力条件也同时得到满足。

应用举例　“酷儿”的魅力因素

果汁饮料，产品的口感、质量、价格等是满足消费者的基础条件，但是“酷儿”有趣的形象和语调以及幽默的故事是该品牌产品的魅力因素，使消费者不但喝到了口感，也喝到了“感觉”，因此从众多的果汁型饮料中脱颖而出。

需要指出的是：卫生因素是产品进行市场竞争的基本条件因素，魅力因素才是目前市场条件下真正的竞争因素；魅力因素是产品的内涵和特性的因素，其根据时代、消费潮流以及商品生命周期的不同而有所变化。

2. 内驱力理论

（1）理论内涵。

内驱力理论主要是把消费者的动机作用看作是过去的购买行为的满意感（习惯）的函数。这一理论认为，关于现在行为的决策，大部分是根据过去行为结果或报酬考虑的。过去购买行为的结果是好的，正面的评价，人们会反复重复这种行为；如果过去的行为导致不好的结果，人们就会回避这种行为。

（2）理论的渊源。

最初提出这一理论的是桑代克，他观察人们的行为，发现了“效果律”，根据“效果律”，他认为奖赏强化刺激与反应的联结，惩罚会减弱刺激与反应的联结。然而根据他的试验表明，虽然奖赏强化刺激与反应的联结，但是惩罚不一定减弱刺激与反应的联结，这种情况为后来的研究者们所证实。

在内驱力理论方面进行综合试验研究的是赫尔，在赫尔研究的基础上，希尔加德和鲍威尔进一步提出了内驱力理论公式：

$$\mathrm{SER}=\mathrm{SHR}\times D\times V\times K$$

式中：SER——反应潜力或行为；

SHR——习惯强度；

D——内驱力；

V——刺激强度的精神动力；

K——诱因动机。

公式可做如下解释：人的行为是习惯强度、内驱力、精神动力、诱因动机累积乘数关系。其意义是：一个消费者面对某种品牌的商品，如果其习惯强度、内驱力、精神动力、诱因动机各因素越强烈，那么购买这种品牌商品的可能性就越大。当其中的某个因素为零（假设消费者没有内驱力），就不能发生购买行为。

3．认知论

（1）理论内涵。

认知论与内驱力理论正好相反，这种理论认为人行为的主要决定因素是关于信念、期望和未来变故的预测。因此，人的行为是有目的性的、有定向目标的，以有意识的意图为基础的。由此可见，这两种理论的主要区别是：内驱力理论着眼于过去事件的结果，认知论则面向未来事件的预测。

（2）理论渊源。

主张这一理论的代表人物是陶勒曼和勒温。

一般地说，认知论把动机作用视为两个主要变量，即期望和诱发力乘积的函数。期望是指特定行为导致某种结果的个人信念，诱发力是指个人给予结果以正或负的评价。用公式表示则为：

$$M=E\times V$$

式中：M——动机作用或努力；

E——期望；

V——诱发力。

这种认知论发展为现在的、有代表性的动机理论，即弗鲁姆的诱发力-期望论及波特尔和劳勒尔的期望说。

4．购买动机理论的研究目标

购买动机理论研究的中心问题是消费者行为中“为什么”的问题。例如：消费者为什么需要某种商品或劳务？为什么消费者对广告宣传会有截然不同的态度？为什么消费者经常惠顾某些零售商店？等等。回答消费者行为的“为什么”的问题，是最重要、最中心的问题，也是最难理解和调查的。这个问题弄清楚了，就找到了消费者动机的根源，对消费者行为现象的解释和说明也就有了理论基础。

实训一

任务：通过了解 10 个以上的消费者，分析他们在某一个商品上的需要内容，分析消费者所处需要层次，以及对营销者的意义。

【实训目的】 促进学生熟悉需要的相关知识以及需要的层次理论；明确需要的层次性在现实中的存在，并能够在营销中注意人的需要层次性导致的购买行为差异。

【实训题目】 以小组的形式讨论确定一个合适的产品，调查 10 位以上的消费者，对该产品消费的主要需要内容，对每一个消费者的需要进行分析，总结消费者在该产品消费上所处的需要层次，进一步分析其对营销者的作用和启发意义。

【实训方法】

1．实训过程：

第一步：将学生分成 3 个人一组；根据学习需要层次论的需要讨论选定的产品，并确定调查对象、方法、时间等；每一个人调查对象不少于 3 人。

第二步：进行现场调查，每一位同学进行汇总自己的结果，并进行小组的讨论；分析消费者所处的消费需要层次；形成总结文字；分析调查成功的原因或不太成功的地方。

第三步：进行课堂的分享；同学间相互点评：从产品的选择、结果分析两个方面进行分析。

第四步：教师点评汇总和提高。

2．时间：40 分钟左右。

3．地点：教室。

【总结】

1．消费者的需要是有层次差异的，这种层次主要有五个方面：生理、安全、交往和归属、爱以及自我实现的需要，只要有人群这种层次性的差异就存在。

2．消费者的层次性体现在不同消费者的层次差异，也包括体现在同一商品上的需要层次差异。为了满足这些差异性的需要，一方面可以为不同消费群体生产不同产品，也要注意在营销中不同群体对一个产品需要的差异性，从营销角度上，塑造产品的不同个性，满足不同消费者。

3．除了需要的层次性特点外，需要的弹性、周期性、发展性等也需要关注的，尤其是消费需要的弹性，由于需要弹性的存在，对一种商品的需要并不是始终不变，而是始终处于变化中，由于市场的各种原因都会使消费者或感兴趣或完全没有兴趣或能力购买，从而影响到产品的推广。

4．在本次小组工作时，学习消费者需要层次性，选择商品和调查对象都是非常重要的。

实训二

任务：掌握由于产品因素所导致的消费者购买动机的差异。

【实训目的】 促进学生熟悉购买动机的相关知识；熟悉由于消费者原因以及产品自身原因所导致的购买动机差异；掌握分析产品购买动机的方法，从而能够分析一个产品的消费者主要购买动机。

【实训题目】 以电子产品的手机或电脑、日常消费中的食品（比如酸奶等）以及服饰（如衣服等）为例，可以根据实际情况确定 3 种商品，实地调查不少于 5 个消费者让其说明在消费这 3 种商品时主要的购买动机，汇总不同商品的购买动机，分析其差异。

【实训方法】

1．实训过程：

第一步：确定进行比较分析的 3 种商品；将学生分成 6 人一组，一人为调查者，其余 5 人作为被调查对象。

第二步：调查者对其余同学进行调查，记录每一位同学的购买动机。

第三步：将每一种商品的购买动机进行归类，每一种商品汇总出 1～2 个主要的购买动机。

第四步：比较 3 种商品消费者购买动机的不同，分析其主要意义并进行现场的分享。

第五步：实训指导教师进行分享和总结。

2．时间：个体调研 20 分钟左右；分享时间 20 分钟左右。

3．地点：教室。

【总结】

1．消费者在购买一件商品和劳务时，其购买动机是不相同，特别是对不同的商品消费者的购买动机差异也很大。比如，购买大件商品以及一瓶牛奶等，其购买的动机是不同的，可以分成求实、求廉、求新与奇、求胜、攀比、求便、求美、嗜好等。

2．在本次活动中，同学应学会在分析消费对某种商品的主要购买动机，并在制定营销策略中进行充分注意，使策略更能符合消费者的心理。比如，对嗜好性购买动机为主的商品（如琴、棋、书、画的相关商品等），经营的地点不重要，而应该注意商品的经营特色。

实训三

任务：熟悉与掌握了解和分析消费者购买动机的方法。

【实训目的】 促进学生熟悉和掌握了解消费者购买动机的主要方法；并在实践中能够简单地运用。

【实训题目】

为以下三种情景选择合适的调查方法（主要是动机调查方法）：

1．苹果、三星等品牌手机的排名；

2．分析小米手机的消费者人群分类：不知晓、知晓、现实与未来客户的占人群的比例；

3．调查消费者吃臭豆腐等东西的主要消费动机。

【实训方法】

1．实训过程：

第一步：为每一种情景设计选择调查方法：投射法、语义差别法、推测试验法。

第二步：分析运用该种调查方法的程序以及运用该种方法比较访问调查方法的优点；同学间进行讨论和交流。

第三步：实训指导教师进行分享和总结。

2．时间：30 分钟左右。

3．地点：教室。

【总结】

1．比较问卷法、文献法以及访问法，动机调查方法包括投射法、语义差别法、推测试验法等，更容易针对动机的内隐性进行调查，更准确地分析消费者的内心。第一种情景可以运用投射法的任何一种进行调查，由于这类商品的知名度高，如果直接询问排名，就不如以投射法询问你知道的 3 种以上的同类商品，针对消费者不知觉地排名了解该知名商品在消费者心目中的真实顺序；第二种情景，可以使用语义差别法，比如更愿意与商品保持：知道、拥有、将来拥有等上面进行区别消费者类型；第三种情景可选择推测试验法进行调查，即一个人吃了臭豆腐，让被调查者推测吃了的人的年龄、性别、性格、收入等特点，了解消费者对消费臭豆腐的真实动机，尤其对敏感问题的调查更加合适。

2．在本次活动中，同学应学会分析消费者购买动机的方法，不仅仅局限于问卷调查等。

任务五

个性心理特点与消费心理

知识目标

1. 了解消费者的个性、个性心理、气质、性格、能力的基本概念以及基本组成；
2. 掌握不同气质、性格类型的主要心理与行为特征，以及在消费过程中的体现。

能力目标

在分析消费心理的过程中，能够自觉地注意气质、性格、能力的特点，在营销中进行合理的应用。

引入案例　消费者退换商品的策略

在中国“质量万里行”活动中，不少制造、销售伪劣商品的工商企业被曝光，消费者感到由衷的高兴。3 月 15 日是国际消费者权益保护日，某大型零售企业为了改善服务态度、提高服务质量，向消费者发出意见征询函，调查内容是“如果您去商店退换商品，售货员不予退换怎么办？”要求被调查者写出自己遇到这种事时会怎样做。其中有这样几种答案。

1. 耐心诉说。尽自己最大努力，苦口婆心慢慢解释退换商品的原因，直到得到解决。

2. 自认倒霉。向商店申诉也没有用，商品质量不好又不是商店生产的，自己吃点亏下回长经验。

3. 灵活变通。找好说话的其他售货员申诉，找营业组长考虑或值班经理求情，只要有一个人同意退换就可望解决。

4. 据理力争。绝不求情，脸红脖子粗地与售货员争到底，不行就往报纸投稿曝光，再不解决向工商局、消费者协会投诉。

这四种反应针对着四种不同的气质与性格特征，尤其体现了四种气质类型的主要行为特征。第一种，是黏液质气质类型的特征，非常有耐心并协调稳定；第二种，是抑郁质的主要特征，不愿意与人进行交流；第三种，是多血质的主要特征，灵活善于变通；第四种，是胆汁质的主要特征，莽撞较真固执到底。

案例评析：

1. 虽然消费者的个性千差万别，但是作为个体的人总会有某些共同点，尤其是气质、性格和能力上，总会有一定的相似和相同；

2. 在针对这些共性特征的分析基础上，为有效地进行心理分析，提供了一定的角度和方法；

3. 虽然消费者个性呈现出复杂非凡的特性，但只要能抓住主要的特点，就能在具体的营销中寻找到一定的规律，并找到有效的沟通和销售方法。

子任务一 气质与消费心理

个性，又被称作人格，这一词源自拉丁语 persona，原意是指戏剧演员在舞台上戴的假面具。最初出现这个词，是指人的表现于外部的、呈现在他人面前的外部表现的自我。个性心理是心理学研究的重要内容，主要包括对人的个性倾向性和个性心理特征两个方面的研究，如图 5-1 所示。

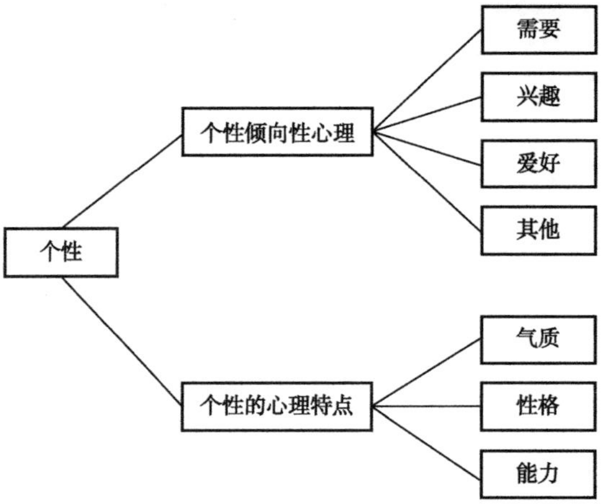

图 5-1　个性内容

由于个性的倾向特点，在基础心理部分已经作了讲述，所以本部分就个性心理的气质、性格和能力与消费者行为间的关系进行介绍。

5.1.1　气质

1. 气质

气质是指一个人在心理活动和行为方式上表现出的强度、速度、稳定性和灵活性等动态方面的心理特点。简单来说，气质是心理活动动力的全部特征。

小知识　**此气质非彼气质**

心理学中所说的气质和日常生活中人们所说的气质含义并不完全一样。日常人们所说的气质，常常指一个人的风格、风度或某种素养上所具有的特点；而心理学的气质是指个体心理活动的动力特征，比如兴奋与抑制相互转换速度的快慢及力量对比是否平衡，知觉快慢、思维是否灵活、对事物注意时间长短等，由于人们的气质不同，在上述的表现中就会有一定的差异。因此，前者侧重人的后天养成，后者侧重人的遗传因素。

2. 气质包括的内容

现代心理学认为气质是指与生俱来的、典型的、稳定的心理特征，这些动力的特点包括人的活动速度、强度、持久性、灵活性和倾向性等行为及心理活动的全部动力特征。这些动力特征基本内涵如表 5-1 所示。

表 5-1 气质内涵

气质组成	概念	例子
速度	指人的心理活动的快与慢	有东西从高处滑落，有人快速接住，有的人没能做到
强度	指人的心理活动强弱，比如人的情感有强与弱之别，意志的紧张和努力程度有区别	有人遭遇悲伤的事情号啕大哭，有的人却只流下两行眼泪，有的人可以气愤至暴跳如雷，有人却不能
持久性	指人的注意力持续长久或短暂，情绪起伏变化的程度	遇见高兴的事情，甲大笑了一天，不能停止，而乙早忘记这件事
指向性	指人的心理活动是倾向于外部事物还是内心世界、自身，有内倾型和外倾型的区别	想买一件衣服，甲不断与别人交流意见，而乙却一个人思量，并愿意自己一个人做主
灵活性	指人的言语、动作、思维敏捷的程度有所不同，应变能力有强有弱等	面对一个大型的考试，甲在那里吃睡不误，而乙却寝食难安
平衡性	指人自我调控的能力差异	甲很快从悲伤和快乐中回到现实，而乙却沉浸于此，不能忘怀

人的气质是与生俱来的，受遗传因素的影响大，并且气质是各种动力特征的组合，它使人的全部活动染上了独特的色彩，在从事内容相同的活动时，气质不同的人也会显示出不同的特征。

3. 气质的特点

由于个体遗传和后天的经历不同，个体活动的动力特征有不同的表现，每一种气质类型的活动特征如表 5-2 所示。

表 5-2 气质与动力特征的对应

气质类型	气质特点						动力特征
	速度	强度	平衡性	灵活性	持久性	指向性	
胆汁质	快	强	不平衡	较灵活	不持久	外	情绪活跃、迅速坚决、富于表情、果断、自制力强、平衡性差、持久性差
多血质	快	强	平衡	灵活	较持久	外	活泼好动、反应迅速、敏捷、喜交往、兴趣广泛、稳定性差、缺乏耐心

续表

气质类型	气质特点						动力特征
	速度	强度	平衡性	灵活性	持久性	指向性	
黏液质	慢	弱	平衡	不灵活	持久	不确定	性情沉静、持久力强、善于忍耐、态度持重、动作缓慢、不够灵活
抑郁质	慢	弱	不平衡	不灵活	不确定	内	体验深刻、考虑周详、情感丰富、敏感、性情脆弱、不善交际、优柔寡断

小知识 气质的渊源

古希腊时期，一个叫作希波克拉底的医生，借助解剖学、医学等理论，把气质分为四种类型，至今在心理学上仍有很大的影响。这种分类方法认为：人身体内部有四种器官，不断分泌出四种体液，由于这四种体液在个体的身体内部存在的比例不同，其中何种体液占优，即为某种气质类型。为此他把人的气质分为胆汁质、多血质、黏液质、抑郁质四种类型，并认为四种气质类型的动力特征各有长短。

后来，苏联的心理学家巴甫洛夫根据人神经系统的特点，以人的高级神经系统活动的强与弱、平衡性和灵活性作为区分的依据，将人的气质分为四种类型：冲动型（兴奋型）、活泼型、安静型、抑郁型。

巴甫洛夫的分类与体液的分类有很多的相似性，而且体液的分类方法更形象，容易记忆，所以后来的心理学家在对个体的气质进行分类时，沿用了古希腊的传统分类方法，现代气质与传统的气质分类法的对应关系如下：粘液质——安静型、多血质——活泼型、胆汁质——冲动型（兴奋型）、抑郁质——抑郁型。

在心理学的分析中，并没有一种最好的或者最坏的气质类型，因为任何一种气质当它具备了一种优点，就一定有相对应的缺点。比如：多血质的个体通常是活泼的、善于交往的，但是却给人的印象不够稳重；抑郁质的个体通常是抑郁、不善于交往的，但是正是这个缺点，让其具备了一个体验深刻、善于思考的特点。所以，个体只要发挥气质的优势，尽量避免其弱点，就是最好的方法。

5.1.2 不同气质类型人的消费行为特点分析

消费者是具有不同气质类型的，个体在购买活动中也会表现出各具特色、形式多样的特点。在营销中要得当地运用有关的策略，以达到“投其所好”的目的。

1. 胆汁质类型消费者的消费行为特点分析

这一类消费者情绪变化强烈，表情丰富，好奇心强，兴趣广泛，反应敏捷，但缺乏耐心，考虑问题不够周详，因此冲动购买行为较多，同时容易受到现场气氛的影响以及销售人员的影响，但胆汁质类型的消费者情绪变化是非常迅速的。

根据上述心理活动特征，销售者应以新颖奇特、标新立异的商品和营销策略，增强感情色彩，运用现场的气氛以及热情的态度，调动他们的情绪，同时要眼明手快，及时应对，促使消费者能“速决速买”。

应用举例 这样更有效

对胆汁质的消费者一些科学的“激将”方法也会产生不错的效果。向消费者直接说“你说买不起吧”的话，既不符合推销人员的销售行为要求，也伤害了消费者的心理，会产生很坏的效果，如果非常体贴地说“我们还是换一个吧，这个太贵了”，这种刺激方式对胆汁质的人是非常可行的。

2．多血质类型消费者的消费行为特点分析

这种类型的消费者，对外界刺激反应灵敏，接受外界信息迅速，情绪易受感染，善于交际，表达能力强，观点转变迅捷，但考虑问题不够细致，有时会有粗心的表现，情绪起伏性大。

对此类消费者，应结合他们的兴趣爱好，多给这类消费者发表个人意见的机会，也可广泛地提供信息，主动与他们攀谈，诱导其购买动机，并尽快转化为购买行为。

3．黏液质类型消费者的消费行为特点分析

这类消费者，情绪较稳定，调控情绪的能力较强，性情沉静，善于对商品做出观察和比较，对商品评估全面，不喜与人攀谈，喜欢通过比较分析自主地做出决策，他们会是某类商品的忠实顾客，趋向于理性的消费行为。

对这种类型的消费者，营销者应以适当的语言和情绪，与其做温和的、有节度的交流，不要过分热情，随意流露情绪和情感，尊重他们的选择，介绍商品要做到精湛，态度稳重，取得他们的信任。特别要注意的是：不宜急于表达引导其购买的语言，给他们充分的时间和机会自己做出应该做的决定。

4．抑郁质类型消费者的消费行为特点分析

这类消费者对商品的观察认真仔细，体验深刻，情绪变化缓慢，行为拘谨，与人交往谨慎，不善言谈，喜欢独立自主地做出购买决策。他们能仔细听取关于商品的介绍，决策过程缓慢。

对这类消费者，营销人员应有耐心，出言谨慎，恰到好处，尽量营造一种宽松和谐的氛围，稳重地与他们交往，消除他们的戒心，促成购买决策。在与这类消费者相处时，最大的问题是应注意其情绪的反应，不宜说出伤害感情的话。

案例5-1 看电影迟到的人

苏联的心理学家以一个人去电影院看电影迟到为例，对人的几种典型的气质作了说明。假如电影已经放映了，门卫又不让迟到的人过去，不同气质类型的人会有不同的表现：

1. 第一种人匆匆赶来之后，对门卫十分热情，又是问好又是感谢，急中生智会想出许多令人同情的理由，如果门卫坚持不让他进门，他也会笑哈哈地离开。

2. 第二种人赶来之后，对于自己的迟到带着怒气，想要进去看电影的心情十分迫切，向门卫解释迟到的原因时，让人感到有些生硬，如果门卫坚持不让他进门，也会带着怒气离去。

3. 第三种人来了之后，犹犹豫豫地想进去又怕门卫不让，微笑而又努力地向门卫解释迟到的原因，好像不在乎这电影早看一会儿或迟看一会儿，门卫一定不让他进去的话，也很平静地走开。

4. 第四种人来到的时候，首先可能看一看迟到的人能不能进去，如果看到别人能够进去，也跟进去，如果门卫不让他进，也不愿意解释迟到的原因，默默地走开，最多只是责怪自己为什么不早一点来。

案例评析：

1. 和引入案例相似，四种典型行为的表现代表了四种不同的气质类型；

2. 在购物行为过程中，人的行为也是千差万别的，但可以通过典型行为观察，细致地为其提供有针对性服务，更容易达成销售目标；

3. 气质的表现也是复杂多变的，需要有耐心地不断熟悉其典型特征，逐步掌握气质分析的准确性。

小知识　　**气质的测试**

在心理学的研究中，对于气质的研究已经很成熟，对气质的测试也有固定的方式方法。

1. 测试说明

在回答下面问题时，你认为很符合自己情况的，记 2 分；比较符合的，记 1 分；介于符合与不符合之间的，记 0 分；比较不符合的，记负 1（-1）分；完全不符合的，记负 2（-2）分。

2. 测试题目

1）做事力求稳妥，不做无把握的事。

2）遇到可气的事就怒不可遏，想把心里话全说出来才痛快。

3）宁可一人干事，不愿很多人在一起。

4）到一个新环境很快就能适应。

5）厌恶那些强烈的刺激，如尖叫、噪声、危险镜头等。

6）和人争吵时，总是先发制人，喜欢挑衅。

7）喜欢安静的环境。

8）善于和人交往。

9）羡慕那种善于克制自己感情的人。

10）生活有规律，很少违反作息制度。

11）在多数情况下情绪是乐观的。

12）碰到陌生人觉得很拘谨。

13）遇到令人气愤的事，能很好地自我克制。
14）做事总是有旺盛的精力。
15）遇到问题常常举棋不定，优柔寡断。
16）在人群中从不觉得过分拘束。
17）情绪高昂时，觉得干什么都有趣；情绪低落时，又觉得什么都没有意思。
18）当注意力集中于某一事物时，别的事物很难使我分心。
19）理解问题总比别人快。
20）碰到危险情境，常有一种极度恐怖感。
21）对学习、工作、事业抱有很高热情。
22）能够长时间做枯燥、单调的工作。
23）符合兴趣的事情，干起来劲头十足，否则就不想干。
24）一点小事能引起情绪波动。
25）讨厌做那种需要耐心、细致的工作。
26）与人交往不卑不亢。
27）喜欢参加热烈的活动。
28）爱看感情细腻、描写人物内心活动的文学作品。
29）工作学习时同长，常感到厌倦。
30）不喜欢长时间谈论一个问题，愿意实际动手干。
31）宁愿侃侃而谈，不愿窃窃私语。
32）别人说我总是闷闷不乐。
33）理解问题常比别人慢些。
34）疲倦时只要短暂的休息就能精神抖擞，重新投入工作。
35）心里有话，宁愿自己想，不愿说出来。
36）认准一个目标就希望尽快实现，不达目的，誓不罢休。
37）同样和别人学习、工作一段时间后，常比别人更疲倦。
38）做事有些莽撞，常常不考虑后果。
39）老师和师傅讲授新知识、新技术时总希望他讲慢些，多重复几遍。
40）能够很快忘记那些不愉快的事情。
41）做作业或完成一件工作总比别人花的时间多。
42）喜欢运动量大的剧烈体育活动，或参加各种文艺活动。
43）不能很快地把注意力从一件事转移到另一件事上去。
44）接受一个任务后，就希望迅速完成。
45）认为墨守成规比冒风险强些。
46）能够同时注意几件事。
47）当我烦闷的时候，别人很难使我高兴。
48）爱看情节跌宕起伏激动人心的小说。
49）对工作认真严谨，具有始终一贯的态度。
50）和周围人们的关系总是相处得不好。

51）喜欢复习学过的知识，重复做已经掌握的工作。
52）希望做变化大、花样多的工作。
53）小时候会背 20 首诗歌，我似乎比别人记得清楚。
54）别人说我“出口伤人”，可我并不觉得这样。
55）在体育活动中，常因反应慢而落后。
56）反应敏捷，头脑机智灵活。
57）喜欢有条理而不麻烦的工作。
58）兴奋的事常常使我失眠。
59）老师讲新的概念，常常听不懂，但是弄懂以后就很难忘记。
60）假如工作枯燥无味，马上情绪低落。

3. 气质测试结果分析

首先将分数分类，并汇总各类得分如表 5-3 所示。

表 5-3　气质测试对应题解

<table>
<tr><th>气质类型</th><th>题　号</th><th>分数解释</th></tr>
<tr><td>胆汁质</td><td>2、6、9、14、17、21、27、31、36、38、42、48、50、54、58</td><td rowspan="4">其中一种气质得分均高出其他 3 种 4 分以上，可定为该类气质型。该类气质得分超过 20 分，为典型；得分在 10～20 分，则为一般型。
两种气质类型得分差异低于 3 分，又明显高于其他两种 4 分以上，则可定为这两种气质的混合型。
3 种气质得分均高于第四种，而且接近，则为 3 种气质的混合型，如多血—胆汁—黏液混合型或黏液—多血—抑郁质混合型</td></tr>
<tr><td>多血质</td><td>4、8、11、16、19、23、25、29、34、40、44、46、52、56、60</td></tr>
<tr><td>黏液质</td><td>1、7、10、13、18、22、26、30、33、39、43、45、49、55、57</td></tr>
<tr><td>抑郁质</td><td>3、5、12、15、20、24、28、32、35、37、41、47、51、53、59</td></tr>
</table>

子任务二 性格与消费心理

与气质相比，性格的分类相对更加复杂。同时，性格多指是由后天的各种因素促使而成，虽然和气质一样，也有遗传因素的影响，但更多的还是强调其后天养成性。

5.2.1 性格与性格特征

1. 性格的定义

性格是指人对客观事物的态度以及与之相适应的惯性行为方式中表现出的稳定心理特征的总和。具体解释是指人长期一贯地对现实的态度及行为方式。它是相对稳定的个人行为方式，是一个人心理活动、心理面貌本质属性的结合，是人个性心理的最生动表现。

2. 性格的内涵

根据性格的定义，可以从三个层面来理解性格：

第一，性格是人对客观事物的态度。人在长期的生活环境影响下和一定的遗传因素作用下，对客观事物会形成一定的态度特点。比如，对挫折的态度、对人的交往、对客观存在的事物的看法等。

第二，性格是一贯的行为方式。人在一定的世界观或者一定的态度支配下，会采取一定的行为方法来对待客观事物。但是，偶尔出现的行为并不是性格的组成部分。

应用举例　哪一部分是性格

一个人对客观世界是乐观的，当他面临一定的困难时，一次偶尔的哭泣，并不是性格，而是在多次的情况下，选择的乐观方式，才是性格的核心内涵。

第三，性格是心理特征的总和。性格的特点有许多，性格是各种特点的组合，但是这种组合是“1+1>2”的特点。

人对客观事物的态度不同，必然导致其行为有异，因此形成了千差万别的性格。人的性格形成，不是一朝一夕的，而是在长期的主、客观因素的作用下，通过后天的实践而产生的。在性格形成的影响因素中，先天的因素起非决定的作用，后天的社会实践条件起决定作用。

3．性格的构成因素

（1）态度特征：是指人对待社会、事情等方面的事物的态度，主要是：
第一，对社会、他人：热情、冷淡、同情、虚伪、冷酷无情。
第二，对事业、工作：耐心、粗心；勇于创新、墨守成规。
第三，对自己：谦虚自制、骄傲任性、自信或者自卑、严于律己还是放任自己等。
（2）意志特征：是指对人对事的是否坚持等，主要是：
第一，行为目标的明确程度：做事情有计划或者没计划。
第二，自觉控制水平的特征：主动控制、自制力强或者是一时冲动。
第三，紧急或困难状态下的意志特征：沉着、冷静、果敢或者是惊慌失措等。
第四，长期对待工作的意志：恒心、毅力或者是马虎等。
（3）情绪特征：是指人们在社会交往过程中表现的情绪倾向及特点，主要是：
第一，程度上：同一件事情，人的反应强烈程度；
第二，稳定性：善于控制自己的情感或者是冲动等；
第三，持久性：情绪维持的时间长短特征，或者情绪转移的特点等。
（4）理智特征：是指人对事物、人等的认知上的能力，主要是：
第一，感知方面，主动观察还是被动观察；
第二，记忆方面，主动记忆还是被动记忆；
第三，思维方面，善于提问并解决问题，还是总是回避问题；
第四，想象方面，是愿意或善于幻想还是现实理智等。

4，性格与气质

性格与气质的联系，主要有以下三个方面：

第一，气质可以影响性格的表现形式。比如在对人的态度上，气质可以影响到性格的表现，如多血质的人通常给人的感觉是亲切关怀，而胆汁质是热情豪爽，黏液质是待人诚恳，抑郁质是温柔腼腆等。

第二，气质能够影响一个人性格的发展速度。比如，胆汁质的人往往很难控制住自己的情绪，表现为冲动的性格，相对而言抑郁质的人想控制就比较容易。

第三，性格可以制约气质的表现。比如，虽然是胆汁质但是面对学生的时候性格告诉自己要有耐心，要悉心指导等。

小知识　　影响性格形成的因素

1．遗传因素的影响

遗传因素是性格形成的前提和条件。神经、内分泌系统的结构和功能的不同，总会影响到一个人的性格。生理心理学的研究表明：甲状腺功能低下的人，活动迟缓，而且不能持久；植物神经系统中的交感神经系统相对占优势的人，就会兴奋、活动过多，对儿童来讲更容易形成多动的性格。

2. 家庭环境的影响

这是最早向儿童传播心理理论的场所，父母对子女的教育，所起的示范作用，对子女性格的形成有重大影响。根据现代心理学的研究，家长的教育方式会在一定的程度上决定孩子的性格形成。比如：如果父母的教育方式是比较专制和严厉的，孩子则容易形成跟随、不自主、依赖等性格特点；父母比较溺爱的话，那么儿童则容易形成自私、无礼、任性、缺乏独立性等性格特征。

3. 学校教育的影响

学校教育、教师对学生的态度，也影响着学生性格的形成。言传身教，使学生得到相关的教育理念。

4. 社会文化、风俗习惯的影响

人们生活在一定的社会氛围中，一定的社会风貌、文化观念、风俗习惯，会对人的性格形成产生一定的影响。比如，东方人的性格比西方人更加内敛、含蓄等，这从一定意义上讲，和一个人所处的社会环境和文化的传统有一定关系。

5.2.2 性格的分类

由于分类的标准不同，性格分成不同的类型，现代心理学从多个角度进行了性格的分类，包括：

1. 根据性格的指向性特点分类

根据人行为的主要指向性不同，将人的性格分成内倾和外倾性格两种，即通常所说的外向和内向性的性格。外向型性格的人通常是活跃的、善于和人交往并愿意与人进行交流；而内向型性格的人正好相反，他通常是安静的、不与人进行交流并注重内心的感受。

2. 根据决定人的优势行为特点分类

根据人在活动中注重的因素不同，将人的性格分成情绪型、理智型和意志型三种性格类型。

情绪型，又称为情感型，这种性格的人在处理事务的过程中，通常以感情的因素出发，注重考虑个人和他人的感觉，通常情况下，以个体的情绪体验作为判断或是做事的依据，就是平时所说的“不管怎样，我就是喜欢这样做……”。

理智型性格的人善于分析事物的利弊，并能好的理性来判断和决定自己的行为，注重的是做事情的利益得失。

意志型性格的人，在处理事务的过程中更看重的是做事的目的，不在乎过程是什么，看重的是自己行为的目的，只要能达成自己的目的，可以忽略感情甚至是理性的标准，完全以能不能达到自己的行为目标为出发点，并不在乎达到目标的手段或者本人或其他人的感觉。

3．根据人文化生活的形式特点分类

可以把性格划分为理论型、经济型、审美型、社会型、权力型和宗教型。

这一分类方法是由德国心理学家斯普兰格（E. Spranger）提出来的，他认为人类的文化生活形式主要有理论的、经济的、审美的、社会的、权力的和宗教的六种形式，人类在从文化的学习中认同了文化，形成了与文化特征一致的性格，从而区分出相应的六种性格类型。

理论型性格特征的人多表现为冷静、客观地观察事物，能够根据自己的知识体系来判断事物的价值，但遇到实际问题时，常无法处理，他们以追求真理为生活目的。

经济型的人以经济的观点看待一切事物，从实际效果来判断事物的价值，以获得财富、追求利润为生活目的，在他们的世界里“一切不能超越经济的原因”。

审美型的人多表现为不太关心实际生活，想象力丰富，易冲动，常常从审美的角度来判断事物的价值。

权力型的人则重视权力，并在实际生活中表现为努力追求以获得权力，喜欢指挥和控制他人。

社会型的人重视爱，以爱他人为其最高价值，表现为极力营造和维持良好的社会关系，对慈善和福利感兴趣。

宗教型的人多是信仰某一教派的人，他们相信宗教，对人性和生命抱有美好的看法，易与人相处，性格温和。

小知识　　患病与性格

由于不同性格特点的人常常在很多的时候会影响到人们患心理疾病的特点和可能性，所以研究心理疾病的心理学家根据这个特点的典型性特征进行了分类。性格类型一般有五种：

A 型行为类型或称 A 型性格，在行为上表现出情绪不稳定，反应快速，社会适应性差，急躁等特点。

B 型行为类型或称 B 型性格，在行为上主要表现出情绪和社会适应性较均衡，主观能动性稍差，交际能力弱等特点。

C 型行为类型或称 C 型性格，在行为上表现出情绪稳定，社会适应性强，常处于被动状态等特点。

D 型行为类型或称 D 型性格，在行为上表现出情绪稳定，社会适应性一般，和周围人关系好，有组织领导能力，积极主动等特点。

E 型行为类型或称 E 型性格，在行为上表现出有独立爱好兴趣，情绪不稳定，社会适应性差或一般，善于独立思考、钻研，不善交际等。

在这五种行为类型中，A 型行为类型更容易患冠心病等。

性格类型直接影响个体的行为表现，使他们在态度和行为方式上表现出不同的倾向性。随着心理学研究的深入，会有更实用的性格的分类方法，并为消费心理学分析个体的特点增加新的角度和方法。

4．性格与消费者的购买行为特点分析

性格的分类使消费心理在分析消费者行为的时候，有了一个角度，性格是后天形成的，是千差万别的，分析起来比气质的分析不确定的因素更多。

（1）不同指向性特点性格的消费行为特点和对策。

性格内倾的人较多关心自我，很少注意外在的事物，其心理活动总是指向自身，多表现出沉静、含蓄、封闭、害羞等性格特点。

内倾型的顾客一般不愿和销售人员交谈，其中又包含两种情况：一种是自己不爱说话，但喜欢听别人讲，在别人的问话和鼓励下，有时也会滔滔不绝地讲自己的感受和需要；另一种是自己不爱讲话，也不喜欢别人话多，更讨厌别人的问询。对前一种顾客，销售人员应当态度热情，主动对商品进行介绍，之后谨慎地询问顾客的意见。对后一种顾客，销售人员可采用"关注，但是你不问，我也不理你的态度"。这并不会给对方不热情的感觉，反而能让其在轻松的心情中选购商品。

性格外倾的人其心理活动多指向外部世界，喜欢参与社会活动，表现出活泼、好动、好表现、好言辞等性格特点。

通常情况下对于外倾型的顾客，由于他们一般会主动交谈并询问，销售人员比较容易把握其态度，这类顾客也比较容易接待。

（2）不同优势行为性格的消费行为特点和对策

情绪型的顾客在选购商品时，主要凭自我感觉和想象，非常情绪化。他们在购物过程中，对目标不执着，不善于思考和推理，往往会在广告宣传的作用下，一时高兴而产生购买行为；或因为心情不好而突然中断购买。对这类顾客，销售人员要具有一定的情绪观察力和情绪感染力，把握顾客的情绪，适时推荐商品。

理智型的顾客会在购物之前主动了解商品的有关信息，运用自己的思维分析能力做好购买计划。在购买过程中，不容易受他人干扰，目标不易改变。这类顾客，临时的推荐和广告对其影响甚微。

意志型的顾客在购买的过程中，看重的是个人的购买目标，多数是购买目的性较强，对符合自己需要的产品会快速决定购买，不轻易地修改个人的购买目标。对这类消费者太多的介绍和热情的意义并不很大，而是要快速了解消费者的购买目标和需要，提供能满足消费者需要的产品，就能促使消费者的购买。

（3）不同文化生活形式性格的消费行为特点和对策

理论型性格的人在购物时多是善于理性分析得失，并自觉地做出自己的选择，一般情况下，不受广告和销售人员的影响，所以应理性地与消费者交流，提供更多使用的信息吸引消费者。

经济型的人在购物时，比较重视商品的价格，对价格变化非常敏感，常以价格的是否满意来决定购买行为。

审美型的人则对商品的外观、包装、构型、色彩等比较重视，易受情绪的影响，不太注重商品的实用性，冲动购物行为较多。

社会型的人在购物时喜欢与销售人员交谈，并倾向于接受他人的意见和建议，在乎商

品的社会性以及商品的象征意义。

权力型的人则常常听不进他人的意见，不喜欢销售人员的介绍，如果销售人员过于热情地推销某一商品，反而使他们产生抵触心理。

宗教型的人则表现出对某些商品的独特喜好和对另外一些商品的拒绝，如信仰伊斯兰教的人绝对不会去消费与猪有关的商品等。

性格的分类还有很多种，由于人的性格是千差万别的，个性在行为过程的反映与行为类型是不同的，所以在消费中的反映也是不同的。

以上多种类型的消费者购买行为的分析，应基于消费者的不同性格的作用。人们的性格多种多样，从而在购买行为上就体现出不同的性格特征。营销者必须对消费者的性格作深入的剖析，方能抓住种种多变的现象背后的根源性问题，进而采取适销对路的途径，实现销售的目标。

案例5-2 “鸡尾酒”与性格

鸡尾酒在大多数人的心里是神秘的，原因种种，除了酒里藏着的各种神秘、久远的故事外，更是关于鸡尾酒的酒语种。或许每个人在喝鸡尾酒的时候感触不同、心态不同，但是在大多数人的心中，鸡尾酒除了调制过程的奇奇怪怪、传说的林林种种、酒吧环境的光怪陆离外，酒语中蕴含对喝酒人的人格猜测更加具有情趣。

下面就是几种鸡尾酒的酒语。

酒的名称：血腥玛丽（Bloody Mary）

调制的方法：由伏特加、番茄汁、辣酱油、精盐、黑胡椒混合而成。液体为鲜红色，看起来很像鲜血，却是十分营养的酒种。

喝酒人的个性：像鸡尾酒本身的颜色一样，脾气火暴，乍看起来让人不敢靠近。但其实私底下他们是颇具爱心、正义感十足的人，习惯把人生哲理挂在嘴边安慰朋友。

酒的名称：青草蜢（Grasshopper Cocktail）

调制的方法：由白可可甜酒、绿薄荷甜酒、鲜奶油混合而成，香氛浓郁，通体呈现透明的淡绿色。

喝酒人的个性：清纯可人，具备邻家男孩女孩的亲切、熟悉和温暖的特点，具备淡泊、超然的气质，但是又充满了随心随性的性格，舒服是第一重要的生活原则。

酒的名称：红粉佳人（Pink Lady）

调制的方法：这款鸡尾酒由金酒、柠檬汁、石榴糖浆和蛋白混合而成。酒色鲜红美艳、酒味芳香。

喝酒人的个性：和红粉佳人一样，喝酒的人有着温文尔雅的书卷气，举手投足间都让人想到优雅和高贵这两个词，小资调调十足，心胸宽广，亲切随和，颇具古典美。在个人生活中，这类人总是游离于理智与情感之间，划分不清二者的界限。

案例评析：

虽然鸡尾酒与人的性格之间的关联度充满了玄学的意味，但是不同的人喝不同的鸡尾酒倒是很多有些“小资情怀”的人追求，也给鸡尾酒的营销创造了一定的话题，从而也给鸡尾酒的不同定位找到了一个好的理念和途径。

子任务三 能力与消费心理

能力是个性心理特点的一种重要因素，它决定着个体完成某种事情的效率、速度和程度等，在营销中要关注目标群体该特征和差异，让其能更方便地认识和了解本企业的方法和服务，真正实现以顾客为中心的营销理念。

5.3.1 能力与能力营销因素

1. 能力

能力是指人们顺利地完成某种活动所必须具备的、直接影响活动效率的个性心理特征。

完成生活中的任何一个具体的活动都需要一个具备相应的能力，包括认识能力、动作的协调能力、交往的能力等，人在完成活动的时候，不但需要某一能力，而且在很多时候，需要各种能力的综合才能完成具体的活动。所以，在心理学中，有人把能力解释为人无论从事何种活动，都要具有一定的能力组合。

2. 决定能力差异的因素分析

个体能力的差异与各种各样的因素相关，其中主要包括以下几个方面：

第一，遗传因素。父母把自己的性状结构和机能遗传给子女的现象，是能力发展的自然前提和基本生理条件，即为遗传。遗传因素是个体能力形成的基础，人的很多方面都与人的先天因素密不可分。

第二，环境因素。能力的形成和发展，要受到环境的影响，环境包括自然环境和社会环境。遗传只是为人们能力的发展提供了可能性的因素，环境因素将这种可能性变为现实。其中，环境因素最主要的是家庭环境，家庭环境对能力的形成和发展起重要的作用，尤其在人的早期能力形成和发展中更重要。比如：父母是从事戏曲工作的，孩子更容易形成和培养音乐的能力和才华；同样，父母是钢琴教师，孩子更容易学习和接受钢琴等。

第三，社会实践因素。能力的产生和培养与实践活动相关。通过实践并予以总结，逐渐形成了认识世界和改造世界的能力。实践活动不但增强了人完成某一活动的具体能力，也强化了人的其他能力。

应用举例　　**人的“能力”提高**

人不断地进行练习打字，很快地提高了打字的速度，同时通过打字训练也提高了人们的动作协调能力以及注意力等。社会实践活动的参与是人能力提高的源泉和动力；这些实践活动都在不断地提高人的各种能力。

在消费心理的分析中，由于人的实践水平限制，个体对产品的认识不一定是有差异的，特别是在科技含量高或者新产品的推广中，特别要注意消费者的能力特点。

第四，心理因素。人能力的发展，与人的主观能动性也有密切的联系。人的心理活动过程包括认识、情感、意向，个性特点中的气质、性格等，个性倾向性中的需要、兴趣等，都对能力有重要的影响，尤其是人的需要、兴趣和意志等对人的能力有重要作用。

意志决定了人对事情的坚持性，而坚忍不拔对个体能力培养的重要性是有目共睹的，兴趣和爱好等决定了人的能力形成的方向和在过程中是否能坚持到底。比如，有出国需要的人对英语的学习速度比没有需要的人要快得多。

5.3.2 能力的分类

1. 按照完成活动的类型分类

按照完成活动类型将能力分成一般能力和特殊能力。

一般能力，是指人们从事各种活动所必须具备的、共同的、基本的能力，包括注意力、观察力、记忆力、理解力、想象力、创造力、思维力等形式。

特殊能力，是指完成某种专门的活动所需要具备的能力，又称专门能力。如运动能力、绘画能力、歌唱能力、运算能力、鉴赏能力等。特殊能力适宜于在特殊领域中发生作用。

一般能力是个体参与社会生活的前提条件，是人必须具备的基础能力。同时，任何人都必须同时具备一般能力和特殊能力，才能够进行具体的活动。在进行活动的过程中，一般能力和特殊能力又相辅相成、相互促进、共同发展。

人的一般能力的差异表现是不突出的，但人的特殊能力表现是有明显差异的。在分析消费行为时，要根据本身产品对一般和特殊能力的要求程度来分析产品的消费对象，并有针对性地开展活动。

2. 按照完成的具体活动内容所需要的能力分类

按照完成的具体活动的内容所需要的具体能力，能力又分成认知能力、动作能力和活动能力。

认知能力，是指人们通过学习、理解、观察、分析和概括的能力，使人们可以透过现象认识客观事物的发展及其规律，包括感性认知和理性认知的形式，这是人们正常进行各项活动的前提和基础。

动作能力，是指人们通过学习和接受教育所具备的操作、制作的能力，如劳动技能、职业技能等，还包括人们在运动中掌握的运动能力。

活动能力，是指人们在工作中、生活中和社会交往中所表现出来的能力，如适应能力、语言能力、表达能力、组织管理能力和协调能力等。

人的上述能力是受到个体的年龄以及参与的社会活动类型等客观因素影响的。

3. 按照能力的存在状态

根据能力的存在状态将能力分成潜在和现实的能力。

潜在的能力，是指尚未转化为现实的能力，又称潜能。现实的能力，只能从潜能转化而来。每个人的身上都有潜能，有待去发现和运用。

现实的能力，是指已经开发和利用的能力，它是人的能力体系中的一部分，对于人们认识和改造客观世界起重要的作用。

消费心理学要关注的是消费对象的现实能力，包括认知观察和比较分辨的能力，这样才会制定出有利于消费者了解和认识产品的宣传方式。

应用举例　“电脑”与“酱油”的推广

电脑作为一产品，其技术含量相对较高，由于多数消费者对产品的性能不够了解，所以在销售中多是专业性的销售人员指导，以帮助消费者的挑选；消费者对油、盐、酱、醋等生活用品的了解程度较高，因此，营销者只要进行商品的合理排放就能达到销售结果。

5.3.3　在消费中应注意的能力差异

能力的差异是客观存在的，主要包括质的差异和量的差异两个方面。质的差异主要是指类型的差异，量的差异主要表现为能力发展水平和能力表现早晚的差异。

1. 由于年龄等自然因素导致的能力差异

（1）注意力。注意力是指消费者对所要购买商品的观察注意能力。注意力有年龄、个性和经验上的差异。正如每个人都知道的，儿童的注意力与成年人的相比，时间和关注的范围上都是不同的。

对待不同年龄的消费者应有不同的策略和方法，对待儿童和少年的消费者，增加产品外观上的吸引性是很重要的；对待注意力强的消费者，由于其消费经验是很丰富的，应与其更多地交流关于产品的特点，对待注意力差的消费者，应设法引起其对产品的注意，比如，对放在促销车的产品，注意力强的人是容易挑选的，而注意力稍差的人，相对较难，因此会更多关注摆放有特点的橱窗和柜台。

（2）决策能力。购买决策能力是消费者购买行为中最主要的能力，它直接决定消费者的购买行为能否最后实现。消费者在经过对商品的注意、识别、挑选、鉴赏后，就会在买还是不买、什么时候买（现在、以后）等方面做出决断。

其决策能力受其自信心、抱负水平等因素的影响，差异性是很大的，要非常明确地分析起来是很难的，但是由于年龄导致的差异是非常明显的，年龄越小的消费者其决策能力会差，并受到家长的制约，所以在针对儿童等目标群体的产品中，就要循循善诱并注意成年人的意见。特别是对一些儿童类型的产品，尤其要注意成年人的特点，从而促使消费者的购买。

（3）识别力。识别力是消费者对某一类商品的识别、辨认的能力。这也与年龄、个人经验密切相关，如果消费者的年龄很小，对商品的识别力就会稍差，如果消费者的商品知识渊博，购买经验丰富，其识别力就较强。特别是对于购买一些特殊用途的商品。

应用举例　“专业”与“普通”的客户

购买电脑时，有一定专业技术知识的顾客与普通顾客的识别能力大有区别。前者不仅能从商品的外观造型、生产厂家、规模型号上识别商品，更主要的是能根据专业知识识别商品的内在质量，如功能是否合理、性能的好坏等特点；后者只能从外表上了解个大概。前者就是相对专业的客户，后者就是普通客户，不同客户的识别力差异大，应采用的营销方式也不同。

（4）评价力。评价力是指消费者根据一定的标准分析判断商品的性能、质量，从而确定商品价值大小的能力与购买利弊的能力。评价能力的高低和年龄、消费经验以及知识的丰富程度相关。评价能力高，则一般能清楚商品的优缺点、利弊关系，能做出正确购买决定，这在新产品的购买中更为明显；而评价力低的顾客，往往等大多数人都使用了，他才购买。

2．由于产品因素要求的特殊能力差异

（1）鉴赏力。主要指消费者的艺术欣赏能力。大部分商品兼有使用价值和欣赏价值两方面。根据产品在这个方面的差异，可以把产品分成两类：一是对鉴赏力要求高的产品，比如艺术类的产品，包括装饰品、艺术品等；二是爱好类的产品，比如钓鱼竿、养鱼养花等产品等。

对销售前一类的产品，其产品的消费者差异是很大的，有经验的消费者的挑剔性和品牌的忠诚度都是很高的。比如，钓鱼爱好者买渔竿，销售过程中销售人员的评价就应十分谨慎，因为这类消费者的消费是非常主动的、有经验的。无经验的消费者和第一次购买的消费者的选择力和评价能力就很低，所以首先要尊重这类消费者，并能根据产品进行有针对性的销售，因为这类消费者一旦购买某类产品，则容易形成连续的购买并在以后形成惠顾性的购买，对产品经营者而言更容易培养新的产品忠诚消费者。

（2）其他特殊能力的要求。在关于能力的论述中，已经讨论过特殊能力，即人们解决特殊问题的能力。人与人之间具有不同优势的能力。有的人擅长形象思维，有的人擅长抽象思维，有的人擅长演说，有的人擅长歌舞，有的人擅长社交，有的人擅长运动，从而在活动中各有特点、各展所长。在购买活动中，消费者的能力起着重要的影响作用。消费者的特殊能力，对购买行为的影响也是十分重要的，根据不同能力类型的消费者，施以不同的营销策略，才能有的放矢，收效显著。比如，乐器、酒、茶等产品的销售，由于其对特殊能力的要求是不同的，所以销售过程中注意的问题也不同。

（3）能力程度的差异性要求。由于产品的技术含量以及人们的密切程度的不同，人们对产品的认识能力是不同的。技术含量高的产品以及与人们的生活不够密切的产品人们的认识水平以及要求的能力是存在显著的差距。对要求消费者能力高的产品，在推广中，必

须要加以认真而科学的引导，同时必须关注消费者的消费定势影响。

（4）操作或使用能力的要求。这种能力，是指消费者能正确地操作和使用商品，排除使用商品中小故障的能力。缺乏这种能力，消费者就难以真正地享受商品所能提供的种种服务和便利，也就难以建立对该商品的信赖和感情。如果具备了这种能力，他们就会选择和决策，购买这种商品、使用这种商品、钟爱这种商品，当他们把这些经验诉诸他人的时候，也就等于做了成功的广告。因此，营销者必须根据商品的质量、功能、性能、优点、使用方法等开展培训和咨询，还要建立完善的服务和维修体系，这些都有利于培育和扩大市场。

应用举例　“方便被使用”

有一个设计微型计算机软件的厂家，推出了一种在功能、效用上比较先进的地理信息系统软件（我们称之为A），发现不好卖；与此同时，另一家的同类产品（我们称之为B），并没有什么先进性，却相当赚钱。究其原因，A产品的界面文字（画面文字）是英文，而使用该软件的用户绝大部分不懂英文；B产品虽然落后一些，但是界面全是中文。在这里，专业的、专家的评价与用户的评价不一致，根本原因在于：一个产品要用户接受，不但要有先进的功能（效用），更重要的是必须使先进的功能在顾客手中实际发挥出来，而要使其功能充分发挥，其设计必须考虑目标顾客的知识能力、操作能力，“方便被使用”是产品优劣的关键因素。

所以，认真分析消费者的能力差异，在设计和销售中才会根据消费者的能力特点进行设计和销售。

案例5-3　高科技产品的“会议营销”的启示

会议营销在高科技营销和产业营销等领域有着举足轻重的地位，企业通过会议营销，可以集中接触潜在客户、宣传和展示企业形象、教育和讲解企业理念、深入介绍和演示企业产品。

北京BDL信息技术有限公司（简称BDL公司）是一家领先的采购信息化软件供应商。采购信息化是一个新兴的软件应用领域，采购信息化理念也尚未被业界广泛接受和认可。因此，BDL公司的市场推广活动，面临着教育客户和市场拓展的双重压力。

在鼎智咨询顾问的建议下，BDL 企业的市场营销，应该由原先的大众营销模式，逐步转向细分营销、定向营销和直接营销模式。BDL 公司通过对目标细分市场的合理选择和适当专注，并借助数据库营销、电话营销、会议营销等直接营销手段，提升市场与销售活动的绩效，提高市场营销支出的投入产出比。

对于企业信息化软件产品，产品最重要的销售卖点是软件所凝聚的管理理念。咨询顾问建议BDL公司采取会议营销的方式，以挖掘潜在客户和项目机会，改善传统营销方案的不足。

但是，由于直接营销手段和力量的不足。许多企业在举办会议营销时，主要的参会对象是企业的老客户、合作伙伴或是一些非目标客户，从而造成了“会议现场很热闹，销售工作无实效”的怪现象。因此，一个设计不佳、执行不力的会议营销，是难以达到挖掘到潜在客户或项目机会的目的的。

针对 BDL 的会议营销方案，咨询公司和 BDL 公司共同设计了一个“全面削减采购成本和采购信息化”的专业培训课程，通过培训内容的合理设计，使得培训课程既能潜移默化地介绍 BDL 公司软件的采购管理理念，同时又能展示 BDL 采购解决方案的应用案例。此外，咨询公司和 BDL 公司还在培训的整体氛围上达成了一致。双方一致同意，培训和讲授内容应该显得比较中立和公允，广告和营销色彩不宜过浓，否则对于那些初次见面的企业用户就显得过于唐突了。

在良好的策划和建议下，BDL 公司成功地邀请到北京地区的 40 余家大中型生产制造型企业参会。客户所在企业的年度采购规模在 1000 万元以上，年度销售规模在 5000 万元以上，并且 70%的参会人员都是采购、供应、物资等领域部门经理级以上的关键决策人，这也正是 BDL 公司销售代表最希望见到和结识的人员。

通过会议之后，人们更高地认识了产品的理念以及如何进行产品的操作和服务。

案例评析：

1. 由于产品的属性差异，在进行营销时应关注目标消费者的特点；

2. 由于信息产品是一个相对专业的产品，消费者对产品的了解需要一个过程，因此应给予消费者一个学习的机会；

3. 本次营销中，寻找了有效的客户，通过会议进行营销，使消费者更好地了解了产品，消费者建立了对产品的信赖，因此达到了营销的目的。

实训一

任务：掌握气质的分类以及主要的特征，初步熟悉不同气质类型的行为特点以及应对方法。

【实训目的】促进学生熟悉气质的相关知识；能够准确地分析气质的基本和核心特征；确定每一种气质类型的主要行为特点；根据行为特点分析主要的交流方式和方法；初步熟悉不同气质类型的主要行为特点以及主要的应对方法。

【实训题目】 将教材中气质测试的 60 道题目根据自己对气质的理解进行归类，然后和准确的答案进行对比分析，分析归类错误的原因；根据每个气质类型的 15 个主要行为指标分析不同气质类型的行为主要特点以及交流方法。

【实训方法】

1．实训过程：

第一步：每一位同学根据气质的分类以及各种气质类型的特点，将 60 道测试题目进行快速归类。

第二步：每两位同学结成小组，对照气质测试的答案进行相互评阅；根据评阅对归类错误的题目进行分析，找出原因；两个人讨论和总结不同气质类型的行为主要特点以及主要的区分方法，根据生活的体会和专业的学习分析主要应对的方法；形成简单的总结文字，准备交流。

第三步：找到 3～5 组的同学进行学习分享和交流；形成对气质以及不同气质的行为特征以及简单的区分方法，以及主要的应对策略。

第四步：教师对气质类型、特点、主要区分方法以及主要应对策略进行分析和点评。

2．时间：60 分钟左右。

3．地点：教室。

【总结】

1．气质分成多血质（活泼型）、黏液质（安静型）、抑郁质（抑郁型）与胆汁质（兴奋型）；气质分类的主要依据是个体的神经活动类型。

2．气质测试的 60 道题目是根据人的行为活动特征进行分析的，因此是个体行为典型的行为特点，比如：多血质开朗、热情、平衡等；胆汁质鲁莽、冲动、有胆识等；黏液质平静、行为缓慢、平衡等；抑郁质内向、表情冷漠等。

3．对于每一种对应气质类型的消费者主要应对策略：让多血质的消费者有机会表现自己；给黏液质消费者时间，让其慢慢决策；给抑郁质的消费者更多的关心；可以用激发胆汁质方法等更加适合不同气质类型的消费者。

4．准确地区分消费者气质类型需要一定的时间，需要在日常生活中经常地关注并进行分析运用，比如分析自己同学的气质类型等。

实训二

任务：掌握不同产品对消费者能力需要的差异，在推广中注重分析由于对个体能力要求的不同，采取不同营销策略。

【实训目的】促进学生熟悉能力的相关知识；在产品推广中注意由于产品的不同对个体能力需求差异，采用不同的营销策略。

【实训题目】以电子产品的手机与电脑、日常消费中的食品（比如牛奶、牙膏等）、乐器（比如钢琴等）、建筑使用材料（比如钢筋、水泥等）等四类的商品，分析对个体能力需要的差异；收集这几种产品在目前营销中的主要方法，以及其中体现对能力需要差异的关注；分析不同产品对能力需要的差异，以及主要对策。

【实训方法】

1．实训过程：

第一步：3 个人成立一个工作小组；课下完成三个任务：第一，分析四类商品对消费者能力需要的差异；第二，收集四类商品在推广商品中针对能力需要不同的主要营销方法；第三，进行汇总总结。

第二步：课堂分享。每一个小组派一个代表进行分享，比较每一个小组的工作成果。

第三步：现场选择 3～5 名学生，针对上述实训中的问题进行总结，得出结论。

第四步：教师进行点评和总结。

2．时间：课下+课上 40 分钟左右。

3．地点：校外+教室。

【总结】

1．能力是个体顺利完成某一任务的条件和心理特征，能力有很多种分类方法，这其中主要有一般能力和特殊能力，主要依据是完成的任务差异。

2．在上述的四类商品中，食品类商品的消费主要需要的能力类型为一般能力，电子产品、建筑材料以及乐器等产品对消费者的特殊能力要求高。因此，在产品推广中针对能力要求的不同，营销方法也不同。需要一般能力的商品推销时，不关注产品知识的介绍，更关注价格等方面的内容，需要特殊能力的商品在市场推广中，更加关注产品知识的介绍等、专家推广等，比如推销钢筋等产品就需要业务员对产品的制作过程、产品工艺以及产品区别方法等更加清晰，方便推销商品。

3．本实训也可以扩充。比如儿童以及成年人的能力不同，以及针对其产品以及在产品推广中的主要不同。

任务六

社会群体的消费心理

知识目标

1．了解社会群体的概念、分类标准以及种类；掌握几种重要的群体以及其消费心理的特征；

2．掌握社会影响方式中的从众、暗示和感染的概念、影响因素以及应用。

能力目标

1．能够在分析消费者心理的时候，考虑并运用群体的概念和理论，注意群体因素对消费者心理的影响；

2．能够运用社会影响的方式，对消费者的心理进行影响，并能够进行简单的相关活动策划。

引入案例　“相亲节目”红火的原因分析

时下相亲节目火遍大江南北，《非常勿扰》、《爱情连连看》、《百里挑一》等，也是很多人茶余饭后的谈资，一件事情能够如此巨大的影响力，有很多的原因。

首先，相亲节目迎合了市场的需要，也是相亲节目红火的关键原因。

婚姻、恋爱是青年人关注和关心的话题，社会剩男剩女的增多，更加催生了市场，扩大了受众群体。据有关调查表明，每 24 个中国人中就有一个是单身。这个庞大的社会特定群体，催生了“钱景”美好的新兴市场。

在经济快速发展、人的思想不断更新的时代，爱情观、婚姻观也受到了巨大的挑战，在挑战中，人们对爱情、婚姻等，都产生疑问和探究，年轻人想知道同辈人是如何思考的、如何选择的；长辈的人更想知道他们的下一代正在面临什么，想什么。

其次，满足了各种群体心理上的需要。

由中国医师协会等 40 余家机构发布的《中国城市“剩男剩女”健康状况调查报告》显示，“剩男剩女”目前的心理状态中，快乐情绪仅占 25%，“孤独寂寞、疲倦、焦虑”

等负面情绪占75%。（其中：“孤独寂寞”居首，占22.2%，焦虑、疲倦感、压抑感、挫折感等负面情绪占30%；对周围事物缺乏兴趣则占13.9%；其他占8.9%）。

上述针对城市“剩男剩女”的调查，同样也适合现在快乐越来越少、焦虑各种疲倦越来越多的都市白领，他们在这里找到了一个宣泄的平台，看看别人参与或自己参与都是一种放松。

现在80后、90后都很崇尚个性，敢于表达、时刻想“秀”成为他们的一种标志，觉得只有张扬了才会被看好或赢得尊重。事实上，很多人即便是内向的，内心也偶尔会有想要放肆一下的想法，而这些节目则把这一点点心理放大。

这种宣泄、表现等，都使这些节目越来越偏离初衷，但是确实越来越走向大众的心灵。

最后，“噱头”、“娱乐”都是其引起公众关注的核心。

年轻人期待受到关注、想一夜成名等，在这种心理的促使，都使一些节目的参与者不断地制造出很多的“娱乐”和“噱头”，而这些“娱乐”和“噱头”满足了公众的娱乐心理并成为大众的茶余饭后的“谈资”。

比如，马诺等少数嘉宾的极端言论能被不断放大并最终成为相亲节目的标签，而这些标签又刺激了更多嘉宾“语不惊人死不休”。虽然马诺的“宁可坐在宝马里哭，也不坐在自行车上笑”听起来够“拜金”，但是“拜金”之后，就一举成名，还被其他电视台、演艺机构请去做节目、签约包装，这就更符合了娱乐文化的要求。

案例评析：

1. 目标群体的需要和心理上的满足是产品畅销的原因；
2. 年轻人对新生事物感兴趣，尤其是对爱情婚姻等更加关注；
3. 节目中的各种特立独行的语言和行为都成为符合娱乐文化的需要，总之，相亲这个被赋予了很多概念的东西，迎合了现代年轻人的需要，符合大众的心理，因此而成功。

子任务一 社会群体与社会影响方式

人是一个群体的动物，既是群体的一部分，也会受到群体的影响，在群体的影响下，个体心理与消费行为会产生一定的变化；同时，作为一个群体，因为一些共性的原因，也会有一些相似的消费心理和行为。

6.1.1 社会群体与群体作用

1. 社会群体

社会群体泛指通过一定的社会关系结合起来进行共同活动的集体。例如：以血缘关系结合起来的集体是氏族、家庭一类群体；以地缘关系结合起来的集体是邻里一类群体；以业缘关系结合起来的则是各种职业群体。

虽然社会群体的概念有很多种，但是作为一种社会群体总是具备以下四个特征：

第一，经常性的社会互动。社会群体是以一定的社会关系为纽带的人集合体。群体成员间保持着经常性的互动关系。社会群体中的人际关系以彼此了解为纽带，并以一定的利益和感情关系为基础，转瞬即逝的互动不能形成社会群体，群体互动关系的形成与发展需要一定时间的交往。

第二，相对稳定的成员关系。群体一旦形成，便有着相应的成员身份，这些身份便结成特定的社会关系。

第三，具有明确的行为规范。在群体最初形成的时候，可能只有简单的互相认同关系。随着群体的发展，往往会在内部形成稳定的交往方式，进而形成一定公认的规范，用来协调成员的行为，以保证群体的功能得以实现。

第四，具有共同一致的群体意识。群体要求成员在群体活动中保持一致并以此与群体以外成员区分开来，这种独特的群体活动特征使成员能够明确区分群体内成员和群体外成员，并把本群体视为一个整体，形成一致的群体意识。

2. 社会群体对消费者心理的影响

（1）社会群体的压力和信任使消费者产生服从心理。

任何社会群体都会对群体的成员产生一定的心理影响。这种影响包括行为方式、价值观念等方面。通常把这种压力称为群体压力。

消费心理学的研究表明，信念和价值观念对消费者个体形成的压力不带有强制性，而群体规范对消费者个体形成的压力有趋于强制的倾向。如果群体的成员不遵守群体的行为标准，就可能受到群体的指责、讽刺以及排斥，从而遭到一定的心理压力或处罚。在消费中表现为一个群体的消费价值观和消费习惯基本一致。

由于对群体的信任感，使消费者产生服从心理。同时，个体成员对群体信任感也会产生顺从行为，从某种意义来讲，群体给个体判断问题提供了简洁的方法，当同在一个单位的其他人都去购买某一品牌的食品，个体往往会因为相信大家的判断力，从而去购买。

（2）社会群体的一致性会影响消费者的判断能力。

社会群体一致性的特点，会使消费者在消费中的判断或多或少地受到群体的影响。

由于工作的要求，教师在服饰色彩上会表现得非常相近，比如黑色或灰色等。当一名教师在购买衣服的时候，对颜色就会自觉不自觉地认为上述的颜色更加符合职业的要求。

小知识　群体对个体判断力影响

有这样一个关于群体对个体判断力产生影响的实验：有3套漂亮雅致的服装，编为甲、乙、丙3个号码，同时找来5位评判者，评选哪一套服装最好。其中前4人是事先被告知统一讲乙服装最好，而只有第5人是真正被测试的对象。当5人同时对3套服装查看后，依次公开说出哪一套服装最好，前4人都指出乙号服装最好，当第5人回答时，他会不假思索地说出乙号最好。同样再找来5人，条件与前相同，只是采用独立填表的形式。当主持人宣布结果时，前4人都评乙号服装最好，而第5位真正被测试者认为丙号服装最好。这时，第5人马上申明刚才填写时没有认真思考，他同意前4人的意见，应该是乙号服装最好。这一组对比实验反映出群体多数采取同一标准时，某一个体的判断力将受到影响。这种群体一致性的影响在市场营销过程中有重要作用。这也是在市场上常见的各种各样的“托”现象总是屡屡奏效的主要原因。

6.1.2　社会群体的分类

1．按照成员间的亲密程度分为初级群体和次级群体

初级群体．又称首届群体或基本群体，是指由面对面互动所形成的、具有亲密的人际关系和浓厚感情色彩的社会群体。典型的初级群体有家庭、邻里、朋友和亲属等。初级群体反映着人们简单、初步的社会关系，即初级社会关系。

次级群体，又叫次属群体或间接群体，它是其成员为了某种特定的目标集合在一起，通过明确的规章制度结成正规关系的社会群体。群体成员间的感情联系相对不如初级群体，面对面的互动有限。典型的次级群体是各类社会组织，如公司、政府机构、学校等。

2．按照群体是否有组织分成正式群体和非正式群体

正式群体诸如现代社会的社会组织等，其成员的地位、角色和规范，都有明确的规定，如学校、企业等。

非正式群体，主要是指社会组织内部的成员在日常互动中自发形成的人际关系系统。

比如同辈群体等。

3. 按照个体与群体的关系分成所属群体与参照群体

所属群体是指一个人实际归属和参加的群体。家庭是最基本的所属群体。

参照群体是指人在做出购买决策时的比较群体，通常情况下，参照群体是个体喜欢的群体或者是有某些相似的群体。

4. 按照群体的结成原因分成业缘群体、血缘群体 、地缘群体、趣缘群体

业缘群体是由于职业关系结成的群体，比如同事；

血缘群体是由于血缘关系结成的群体，比如家庭；

地缘群体是由于居住地的接近而结成的群体，比如社区；

趣缘群体是由于爱好情趣相同而结成的群体，比如读书会等。

6.1.3 社会影响方式

消费者生活在群体中，总是要受到群体的影响，社会群体中，人与人之间的影响方式主要有以下三种：从众、暗示与感染。

1. 从众与从众的影响

（1）定义。

从众（conformity）指个人的观念与行为由于群体的引导或压力，而向与多数人相一致的方向变化的现象。简单地说，是日常生活中的“随大溜”现象。别人排队，自己就站在后面，大家都买红色的衣服，自己也买一件等，都是从众现象的具体体现。

（2）从众的原因分析。

第一，行为参照。在很多情境中，人们由于缺乏进行适当行为的知识，必须从其他途径来获得行为引导，在情境不确定的时候，其他人的行为是最具有参照价值的。为了简化人的认知过程，个体会采取一定的从众行为。

第二，偏离恐惧。“木秀于林，风必摧之”，这说明当一个人与群体不同时，所承受的压力会更大。人们对于群体偏离，会面临群体的强大压力乃至严厉制裁。为了不受到群体的排斥甚至是更大的处罚，个体通过从众来降低内心的恐惧。

（3）影响从众的因素。

影响从众的因素有许多，包括个体自身和外部的因素。由于个体的差异很大，讨论从众影响因素多从外部的原因进行讨论。

第一，规模的因素。在一般的情况下，从众会受到人群规模的影响。当制造从众的人群规模达到 4 人以上时，从众的比例会很快达到 90%以上，如人们常见的有几个人排队，排队的人会不断增多。

第二，情景的因素。通常情况下，当情景不是很明确或者是模糊的情况下，从众的概率高，反之则会较低。比如当人们不知道某新开饭店菜品的口味时，会因为门口停的车辆等原因，就会跟随大家去消费，反之，不会如此。

2. 暗示

（1）暗示的定义。

所谓暗示，就是用间接的手段和方法，在个体无对抗的情况下，对个体或群体的心理和行为产生影响，从而使被暗示的对象产生与暗示者心理愿望相符的行为过程。

（2）暗示的分类。

通常情况下，按照暗示时使用的手段不同，将暗示分成语言暗示、行为和环境的暗示。

第一，语言的暗示。语言暗示是运用语言的方法、利用人们使用经验判断事情的习惯以及不愿意拒绝的心理规律，使个体在不自觉的情况下接受期待者的暗示。

第二，行为的暗示。行为的暗示就是利用人的从众和模仿心理，在行为上做出榜样，使其他人产生与暗示者相符的行为。

第三，环境的暗示。环境的暗示是将期待的行为方式置于环境中，使大家按照期待的行为去做事。

应用举例　“无处不在”的暗示

曾有一个故事：一个司机在没有星星、月亮、路灯、没有开车灯的情况下，将车停在路上，并将路上黑色的包裹捡起来，为什么？通常人会百思不得其解，其实是因为这是个白天，只因为在前面的暗示中提到的信息都是和黑夜有关，个体接受了暗示就按照是“白天”的思路进行分析的。推销中也会使用这样的语言：“你吃一个鸡蛋还是两个鸡蛋？是吃煎鸡蛋还是煮鸡蛋，而不是说你吃不吃鸡蛋”；或者是“你喜欢粉色还是绿色的外套？而不是问你买外套吗？”在这两种情形下，前者暗示出的信息是“要消费了”，前者的成功率高；利用人的习惯以及不愿意拒绝的心理，使消费者接受暗示的结果；反复地看一个地方，其他人就会不自觉地随着暗示者的眼光去看；期待每个人能穿着正装，就可以事先请几个人，衣冠楚楚，让被期待者处于这样的环境就会使被暗示对象按此方式行事等。

（3）影响暗示形成的因素。

个体的经验是否与暗示的结果偶合是很重要的因素。在前面说到的事情就是因为多数人有同样的经验，星星、月亮、路灯等都是和夜晚紧密相关的，当一提到上述的词汇，和人们的经验产生了偶合，人们就会自然地把上述的情景放在夜晚进行考虑，于是就进入暗示的情景中去，暗示就发挥了它的作用。

3. 感染

（1）感染的定义。

感染是指一个人在他人的影响下，产生了与他人相同或相似的情绪或情感体验的现象。比如，人处于沸腾欢呼的足球场而出现的大众狂呼不止的现象，就是受到了现场的影响而出现的情绪状态。

（2）感染的成因分析。

“循环反应”是感染的最重要机制之一。在感染的过程中，别人的情绪会在个人的身上引起同样的情绪，反过来，这种情绪又会去加强对方的情绪，如此互相刺激，强化着彼此的反应。比如，在观看足球比赛过程中，有人狂呼不止时，邻座的足球迷也可能受其感染，效而行之。

（3）影响感染的因素。

人是一个社会性动物，当人的情绪和周围的环境相一致时，人会受到周围人的接受，反之，则会受到群体的排斥。影响个体是否受到感染的原因有很多，其中个体的心境和环境的影响是关键因素。

个体的心境与周围的情绪和情感一致时，受到感染的概率要高。比如，一个喜欢音乐的人，更容易受到音乐情绪的影响或喜或悲。环境的因素是指周围情绪的制造，比如在球场上安排好拉拉队，只要拉拉队欢呼就会使球迷产生更高涨的情绪反应。

社会影响的方式有很多，从众是对人行为上的影响；暗示是更倾向于信息上的影响；感染是从情绪和情感上对人产生影响，利用这些心理学的规律，更容易对个体施加影响。

应用举例　**酒店办停车场的优势和劣势**

现下很多酒店在酒店的周围有停车场，除了方便消费者进行停车外，从心理学的角度也是有很大的益处，就像很多有经验的经营者在酒店初开张的时期，即使没有客人也灯火通明一样。

从心理学的角度看停车场与灯火通明一样对消费者的心理会产生积极影响。停车越多，消费者就会觉得酒店的生意红火，即给消费者暗示信息是酒店经营得好，同时消费者的从众、受感染心理都会产生作用，使消费者愿意进酒店消费。

但是，也会有不好的影响，消费者会对酒店的期待提高，对酒店的要求也高；同时一些普通消费者也会因为觉得“门槛高”自动选择不去消费。

子任务二 与消费者密切相关的社会群体

群体的种类很多，由于分类标准的千差万别，为了更全面、深入地理解具体的社会群体对消费者产生的影响，选择与消费者密切相关的社会群体进行分析。

6.2.1 与消费者密切相关的社会群体

1．家庭

人的一生大部分时间是在家庭里度过。家庭成员之间的频繁互动使其对一个人的行为影响广泛而深远。个体的价值观念、态度和言谈举止无不打上家庭影响的烙印。不仅如此，家庭还是一个购买决策单位，家庭购买决策既制约和影响家庭成员的购买行为，反过来家庭成员又对家庭购买决策施加影响。

2．朋友（同辈群体）

朋友构成的群体是一种非正式群体，它对消费者的影响仅次于家庭。追求和维持与朋友的友谊，对大多数人来说是非常重要的。个体可以从朋友那里获得友谊、安全，还可以与朋友互诉衷肠，与朋友讨论那些不愿和家人倾诉的问题，总之它可以满足人的很多需要。因此，朋友群体的消费行为有一定的相似性。

3．正式社会群体

协会等组织均属于正式的社会群体。人们加入这类群体，基于各种各样的目的，有的是为了见识新的朋友、新的重要人物，有的是为了获取知识、开拓视野，还有的是为了追求个人的兴趣与爱好。虽然正式群体内各成员不像家庭成员和朋友那么亲密，但彼此之间也有讨论和交流的机会。群体内那些受尊敬和仰慕成员的消费行为，可能会被其他成员谈论或模仿。正式群体的成员还会消费一些共同的产品。比如，滑雪俱乐部的成员要购买滑雪服、滑雪鞋和很多其他滑雪用品。

4．购物群体

为了消磨时间或为了购买某一具体的产品而一起上街的几位消费者，就构成了一个购物群体。购物群体内的成员，通常是有空余时间的家庭成员或朋友。人们一般喜欢邀请乐于参谋且对特定购买问题有知识和经验的人一起上街购物。与他人一起采购，不仅会降低购买决策的风险感，而且会增加购物过程的乐趣。在大家对所购产品均不熟悉的情况下，购物群体很容易形成，因为此时消费者可以依赖群体智慧，从而对购买决策更具信心。

5．消费者行动群体

在西方消费者保护运动中，涌现出一个特别的社会群体，即消费者行动群体（Consumer-Action Groups）。它可大致分为两种类型：一种是为纠正某个具体的有损消费者利益的行为或事件而成立的临时性团体；另一种是针对某些广泛的消费者问题而成立的相对持久的消费者组织。如学生家长临时组织起来，对学校的办学方针和政策提出质询，要求学校领导纠正某些损害学生利益的做法，就属于前一种类型的消费者行动群体。消费者协会等属于后者。

6．工作群体

工作群体也可以分为两种类型：一种是正式的工作群体，即由一个工作小组里的成员组成的群体，如同一个办公室里的同事，同一条生产线上的装配工人等。另一种是非正式工作群体，即由在同一个单位但不一定在同一个工作小组里工作，且形成了较密切关系的一些朋友组成。由于在休息时间或下班时间，成员之间有较多的接触，所以非正式工作群体如同正式工作群体，会对所属成员的消费行为产生重要影响。

6.2.2　家庭与消费心理

1．家庭消费的基本特征

（1）家庭消费的阶段性特征。

家庭作为社会生活的细胞也有其自身发生、发展、成长、消亡的过程。这个过程被称为家庭寿命周期。消费者处在不同的家庭周期中，购买心理与购买行为有明显的差异。这种由家庭周期所引起的家庭消费以时间为序的有规律变化称为家庭消费的阶段性变化。

（2）家庭消费的相对稳定性特征。

这是指我国大多数居民家庭的收入在某一时段内是相对固定的，而用于日常消费支出及其他各项支出间的比例也是相对稳定的。同时，我国传统道德观念使大多数家庭能够维系一种紧密、融洽、安定的家庭关系，也促使家庭消费相对稳定。

（3）家庭消费的遗传性特征。

这是指由于每一个家庭都属于某一社会阶层、文化群体，并受一定的经济条件、职业性质及教育程度的影响，以及受家庭成员的个性心理特征制约，由此形成了不同的家庭消费习惯、消费观念等。这些具有家庭特色的消费习惯及观念，会在日常生活中由父母潜移默化地传给后代子女。当年青一代脱离原有家庭组成自己的家庭时，必然带有原有家庭消费特征的烙印。

2．不同周期家庭的消费者心理特点

家庭周期一般可以分为青年单身时期、已婚无子女时期、中青年夫妻且子女较小时期、子女长大但尚未独立时期、老年夫妻而子女独立时期和家庭逐步解体时期。家庭周期的不同阶段对消费者心理与行为的影响是不同的。

（1）青年单身时期。

主要是指已经成年但尚未结婚者所处的时期。在国外处于这一时期者多称为单身家庭。在我国处于这一时期者多不构成家庭，一般与父母共同生活，即使有独立收入，多数也不脱离原有家庭。在这一时期，单身消费者的消费心理多为以自我为中心，通过物质与精神消费来达到表现自我的目的。他们很舍得花钱满足自己的爱好。由于处在这一时期的消费者多没有经济负担，又有较多可自由支配的货币，所以他们的消费需求弹性最大，相反稳定性也就最差。这部分消费者是生产者和经营者最好的争取对象。

（2）已婚无子女时期。

主要是指已婚但尚未养育子女的青年夫妻家庭所处的时期。这一时期基本属于生活独立、经济独立时期，一般无过重负担，如父母尚在工作，不需子女赡养且可帮助子女。因此，这一时期多属经济状况较富裕时期，青年夫妻的消费心理是以小家庭、以夫妻为中心，即以规划和发展自己小家庭为目的。这时的消费仍较多地带有浪漫色彩，穿的支出相对较高，如追求服饰的时尚性、新奇性、美感等。特别是精神消费构成这一时期的主流，如外出旅游、文化体育方面的消费等。在许多发达国家和我国一些大中城市青年夫妻中，特别是在文化层次较高或较为开放地区的青年夫妻中，这一时期呈明显的延长趋势，即婚后较长时间不希望生养子女。

（3）中青年夫妻且子女较小时期。

主要是指自子女出生至中学阶段的较长时期。这一时期的家庭比较前一时期有明显的变化，家庭的经济负担逐渐加重，尤其以工资为主要收入的家庭为甚。独生子女及育儿观念的转变，使子女的生活支出在家庭总支出中的比例日趋加大。家庭消费多是以子女为中心，即以子女的生活费用、教育费用、保健费用为主。夫妻原有消费退居第二位，并对自身的消费表现出求实的消费心理，浪漫色彩的消费已大大减弱。这时，培养子女、望子成龙的强烈愿望，使孩子们能得到超标、超高的消费，而家长的消费水平则由于经济原因已很难再提高，甚至是下降的。

（4）子女长大但尚未独立时期。

这是指子女继续在高等院校读书或子女较早参加工作的家庭所处的时期。这一时期的家庭基本消费状况如上一时期，但以子女为中心的观念稍有变化。这时，父母会对子女的日常花费进行限制，以期望培养孩子未来独立生活的能力。这一时期也是我国中年人最艰难的时期，其日常消费最突出求实心理，甚至是求廉心理，而储蓄意识增强则是这一时期的另一特点。

（5）老年夫妻而子女独立时期。

这是指子女均已建立自己的小家庭且独立生活，而夫妻俩已近老年的时期。这时的家庭在经济上又出现较好的趋势，其消费观念表现为两种不同类型：继续以子女甚至是以下一代子女为消费的着眼点，但实际支出比例已大为下降；基本上与子女无过多的经济往来，较为重视自身的存在价值，消费也趋向以营养、保健和舒适为标准，更多地体现老年人的消费情趣。

（6）家庭逐步解体时期。

自然法则决定着家庭的最终走向。这一时期多是指夫妻双方一方去世或生活能力极大下降进而转向依靠子女的时期。由于老人的自身活动能力减弱，消费行为也随之减弱。这时的消费基本上以吃和保健为主，穿、用方面的消费则是很低的。有些自己有较多退休金的老人，则这时的嗜好心理趋于增强，舍得花钱满足自身的嗜好。如养植花木、养宠物等。

总之，在分析产品的消费对象的消费心理特征时，能够考虑到消费者所处的家庭周期的特点和属性。

子任务三 阶层与消费心理

阶层是指某一社会中根据社会经济地位或受尊重程度的不同而划分的社会等级。在不同的社会形态里，社会阶层的界限和等级是不同的。

6.3.1 阶层与阶层标准

由于阶层是按照某一具体的标准而确定的，一个阶层的人因为具备一些共同的特点而归属于某一阶层，所以一个阶层的人在消费心理上有很多共同的特征。

1. 职业标准

职业是社会阶层划分中普遍使用的一个主要变量，也是影响阶层特点的主要因素。由于职业在一定程度上反映出一个人的知识层次、专业特长、收入水平，因此可根据所从事职业大体确定人们的生活方式和消费倾向。许多国家都有职业排行榜的资料，列明了对不同职业的评分。一般来说，在职业排行榜上位置越高，社会地位越高，收入也越多，但也有例外，在我国同一职业圈内，收入差距有时也很大。

职业是阶层分类中，最直接、最简单、最直观的标准，也是影响我国阶层分类中的主要标准。

不同职业的社会地位高低决定了职业声望的高低，由此使顾客形成了不同的消费模式和特点。职业声望是人们对职业地位的主观评价。每个国家的职业声望都存在高低之分。

应用举例 “阶层间差异”

不同职业的人，其生活方式、工作生活需要不同，对产品和服务的需要也不同。农民将大部分收入用于建房；教师在购买书籍、报纸杂志等文化用品方面花费较多；演员对服装、美容化妆品方面有较高的要求等。

2. 收入标准

个人或家庭的收入，一般可以用月平均收入或年收入来说明一个阶层的状况，是划分社会阶层和地位最常用的指标。这是由于收入是维持一定生活方式的必要前提。收入的高低直接影响人们的消费态度、消费能力和消费水平。而且，有关收入的数据容易获得，评价方法也相对比较简便。

3．教育标准

随着社会经济的发展，经济的规范程度就会越来越高，职业类型和收入高低与所受教育程度的相关程度就会更加密切。教育水平对人们在社会中的经济地位以及生活方式等的影响是比较深刻的，表现为受教育程度不同的消费者会有不同的价值观念、审美标准、欣赏水平、兴趣爱好等，从而在消费活动中表现出不同的品位和特点。

4．财产标准

包括不动产（如房屋等）和一些具有地位象征的物品（如汽车等）。一些物品由于其价值的高昂或者其在社会中的缺乏性，大多数的消费者是不能够消费的，因此这类物品在很大程度上代表或象征着拥有者的社会地位，同时在某种程度上表明了社会地位的优越，因而也是阶层的一个主要指标。

6.3.2 美国社会阶层的分类与消费心理分析

美国学者以财富拥有状况、社会声望等标准，将美国社会阶层分为 7 个层次，并认为各层次成员的消费具有相应特点，对分析我国的阶层与消费心理特点，有一定的借鉴意义。

1．上上层

这一社会阶层的成员有声誉显赫的家族背景，他们继承大笔财富，同时拥有了大量的财富和优越的社会地位和声望，能够把子女送到最好的学校就读，且乐于赞助慈善事业。

上上层的消费心理是成熟的、引导社会消费的，他们是珠宝、古董、豪华住宅的固定消费群体，也是时尚产品的热衷者。比如，度假、旅游等流行产品等。尽管这一阶层的人数不多，却拥有了社会的大量财富，常常成为其他社会阶层的参照群体。他们的购买行为和购买决策，往往为其他阶层所仿效。

2．上下层

这一社会阶层的人，在短时间里，拥有了巨大的社会财富。比如巨商、大金融家、高级专业人员等，他们在职业或事业中赚取了巨额财富，但是没有显赫的家族背景，活跃于社交活动和公众事务之中。

这个阶层的消费特点是炫耀性的消费相对比较高。为了显示其社会财富，他们喜欢为自己和家人购买象征其地位的昂贵住宅、游艇、游泳池和轿车等奢侈品，他们的炫耀消费比上上层更加明显。这一社会阶层中还包括一些经济上的“暴发户”，他们的消费态度是喜欢向比他低的阶层人炫耀、攀附和结交社会中的高阶层。

3．中上层

这一社会阶层的人一般是公司经理、高级职员或专业技术人员，有较高的文化素养和专业知识，在事业上获得成功，是高级服装、家具和家用电器的主要购买者。这个阶层是高档耐用品的主要消费者。他们重视教育，希望子女能有专业方面的技能，为以后的成功奠定基础。

4. 中位层

这一部分人是具有平均薪金的“白领”阶层，他们从事合乎自己身份的“体面”的工作，拥有超过社会平均收入的财富。他们关心社会的流行趋势，经常购买时髦的产品，努力寻求最好的品牌，并希望子女能接受大学教育。他们是一般中档商品和少数高档商品的购买者，是我们通常所认为的“小资”的代表，寻求和刻意表现生活的品位。

5. 中下层

这一社会阶层的人主要是有一定技术的“蓝领”工人，他们不仅可以饱腹，也可以有些节余，进行一些简单的奢侈品消费。他们的假期通常在城里度过，喜欢标准或较大型的汽车，是中低档商品的主要购买者。

6. 下上层

这一社会阶层的人是较贫困的“蓝领”工人，一般受教育比较少，从事非技术性的工作，薪水很低，工作不太稳定并且很少有晋升机会，但不靠社会救济为生。他们在消费中，对价格非常的敏感，求廉消费是这个阶层的消费特点，他们是低档商品的主要购买者。

7. 下下层

这一社会阶层的人通常是失业者或从事非熟练性工作的工人，受教育水平低，失业率高，生活贫困。他们长期依赖社会救济或福利金为生，购买力很低，是廉价商品和旧货市场的光顾者。

通过这种分析和研究，当产品一旦确定，就可以非常方便地找到其消费群体。比如，一款新的珠宝要寻找消费者，由于上上层的消费比较成熟，而上下层的奢侈品消费的心理更加突出，所以寻找上下层进行推广更有意义，更能满足其炫耀消费的心理。

6.3.3 阶层的消费心理分析

1. 同阶层的消费心理

共同处于一个阶层的消费者，由于职业等因素的相同，其经济条件、社会交往的方式、生活的方式等都会存在一定的相似，所以消费心理会有一些相同的地方，表现为：

（1）希望被同一阶层成员接受的认同心理。

人们常会遵循所在阶层的消费行为模式行事。自认为是“上等阶层”的人，不管是否真心喜欢，都倾向以打高尔夫球、钓鱼、打桥牌等为主要的休闲活动，以符合其上层身份。如果其行为方式等和本阶层的人不相同，就会遭到本阶层人的排斥，所以通常的情况下，个体会保持与本阶层相同的行为方式，以获得阶层的认同。

（2）基于避免向下降的“自保心理”。

大多数人在多数的情况下，会抗拒较低阶层的消费模式。例如，一位自认为是比较富有阶层的人，会认为在普通的地摊或者是市场上购买商品是一件有失身份的事情，所以不会选择这些地方进行消费。

（3）基于向上攀升的“高攀心理”。

人们往往喜欢采取一些超越层级的消费行为，以满足其虚荣心。例如，许多人将拥有私家车作为身份和地位的象征，因此低收入者宁可省吃俭用来购买汽车，以此获得“我是有钱人”的暂时满足感等。

2. 不同阶层的消费心理差异

（1）不同阶层的消费者对信息的利用和依赖程度存在差异。

一般来说，高阶层的消费者更善于比低阶层消费者利用多种渠道来获取商品信息。高阶层的消费者大都受过良好教育，他们读书、看报、翻阅杂志、上网的时间和机会较多，因而可以充分利用不同媒体获取有价值的商品信息。而低阶层的消费者受教育较少，平时较少读书看报，却比较喜欢看电视，因而电视广告往往成为他们获取信息的主要来源。

（2）不同阶层的消费者对购物场所的选择上存在差异。

不同阶层的消费者喜欢的商店类型明显不同。高阶层的消费者乐于到高档、豪华的商店去购物，因为在这种环境里购物会使他们产生优越感和自信，得到一种心理上的满足。而低阶层的消费者在高档购物场所则容易产生自卑、不自信和不自在的感觉，因而他们通常选择去大众化、廉价商店购物。

（3）不同社会阶层的消费者在购买指向上存在差异。

由于处于不同阶层的消费者经济能力不同，所以在消费中的倾向是不同的。

应用举例　　**不同阶层的消费指向差异**

一个工薪阶层的人在消费中更追求商品的实用性，而一个处于高阶层的消费者更寻求商品的社会价值；男性消费者更趋向购买的便利，女性消费群体更趋向于美观、实用等。所以，不同阶层的消费者在生活方式、欣赏品位、购买行为等方面存在着较大差异。

（4）不同阶层的消费者对消费创新的态度存在差异。

不同社会阶层的消费者之间的差别还表现在对消费创新的态度上。

小知识　　**格雷汉姆的调查**

美国学者格雷汉姆做了一次家庭调查，测试不同阶层的家庭对消费创新的态度，结果发现在接受新鲜事物上，不同阶层的人有很大不同。受教育的程度越高越容易接受新产品，新建立的年轻家庭的创新消费比处于空巢期的家庭更高等。

总之，处于不同阶层的消费者是有很大的差异的，把握这些差异，有助于企业根据不同阶层消费者的需求偏好进行市场细分，以便更好地满足目标市场消费群体的需求。

3. 同一社会阶层消费行为的差异

同属一个社会阶层的消费者，在价值观念、生活方式及消费习惯等方面，都表现出基本的相似性。但由于人们在经济收入、兴趣偏好和文化水准上存在着具体差别，消费者的个性也对消费行为的形成有一定的意义，因此在消费活动中也表现出不同程度的差异。

小知识　　考尔曼的关于同阶层的研究

美国学者考尔曼通过对汽车与彩色电视机市场的分析发现，同一阶层的顾客由于经济收入水平不同而在消费方面存在一些差异。他认为，在同一阶层中，人们的收入水平有三种情况：一种是“特权过剩”类，即他们的收入在满足本阶层特有的居住、食品、家具、服装等方面的消费需要之后，还有很多过剩部分；一种是“特权过少”类，即他们的收入很难维持本阶层在住房、食品、家具、服装等方面的消费需要，几乎没有剩余部分；还有一类，他们的收入仅能够达到本阶层平均消费水平。考尔曼用“特权过剩”与“特权过少”的概念来解释某些消费现象。例如，在美国曾有一段时期，各阶层顾客都等量购买彩色电视机。从表面看对彩电的购买与社会阶层无关，但经认真分析后发现，购买彩电的顾客大都是各阶层的“特权过剩”家庭。同样，购买小型汽车的人大都是各阶层的贫困族。由此可以看出，即使在同一阶层内，人们的消费行为也存在一定差异。

子任务四 不同年龄群体的消费心理

年龄和性别是两个常用的划分顾客群的标准。不同年龄、性别的顾客群体，由于各自的社会阅历和心理成熟程度的差别，形成了各具特色的消费心理及购买行为。

6.4.1 儿童消费心理与对策

少年儿童是指16岁以下的未成年人。这部分顾客在人口总数中占有较大比例，构成了一支庞大的消费队伍，形成了具有特定心理与行为的消费群体。将儿童群体分成三部分：6岁以下的学前儿童、6～11岁的发育期儿童和12～16岁的少年。

1．学前儿童的消费心理特点

（1）容易受到环境等诱导，模仿行为多。

这一时期的孩子，由于发育还不够成熟，在活动中的主要行为是通过模仿而学习到的。由于孩子所处的特殊阶段，决定了这个阶段的孩子容易受到各种原因的诱导，产生各种各样的模仿行为。从父亲的走路姿势到动画片里的小主人公的行为等都是孩子模仿的对象。对别的孩子所有的玩具等，都会因为羡慕而渴望得到。

（2）情绪不稳定。

这一时期的孩子由于发育的特点决定了其心理的不成熟，在心理上的坚持性也不够好。这一时期的孩子情绪不稳定，刚买到的东西，一会儿就会丢弃，对一件东西的注意时间是很短的，变化也是很快的。

（3）依赖性强。

由于学前的儿童是不成熟的，所以其消费行为和消费心理受到父母的影响大，甚至完全由父母的决定，自己的购买行为比较少，即便是有一定独立的行为也是在父母或成年人的监督下进行。

2．发育期儿童的消费心理

这一阶段的儿童迅速成长，开始进入学校，逐渐有了自己的认识能力和兴趣、爱好等，学会了思考。他们在消费心理上主要有以下几个方面的特点：

（1）消费需要从单纯的生理需要转向有社会内容的消费需要。

这个阶段的儿童，虽然仍以生理需要为主，但社会性的需要越来越影响到他们的消费。主要表现为由于这个阶段的儿童已经开始了正式的学生生活，并有一定的社会交往，开始学会用一些用品来显示自己的优越感。比如在文具等用品上，开始注意产品的附加功能，希望比其他的小朋友好，以满足自己优越感的需要等。

（2）模仿需要仍然是消费过程的主要心理特点，但开始寻求消费的个性化。

这个时期的儿童，虽然开始注意自己使用的产品与他人的区别，但是在消费中仍然有大量的模仿行为。比如，同学中学习比较优秀者、青春偶像的演员和歌手等都是他们模仿的对象。

（3）消费情绪开始稳定。

这一阶段的儿童开始学会控制自己的情绪和需要，其冲动的购买开始减少，但其购买心理仍然是不成熟的，容易受到环境的影响。此时他们已经有一些独立购买的行为，比如小食品、一般的文具用品等。

3. 少年期儿童的消费心理

少年期是人的又一个重要的时期，其身体快速发育，心理上也经历人生的重要阶段，心理学上把这一阶段称为人生的第二次断乳，成长和幼稚互相交织在一起，消费心理的特点有以下几个方面：

（1）消费心理从单纯受到父母的影响逐渐过渡到以外界的影响为主。

儿童期的消费者，是受到父母的制约和影响的，但随着其社会活动的不断增加，有了一定的独立性。交往的群体包括同学、朋友、老师等，接触的信息包括课堂的知识，也有各种各样的媒介的影响，对传媒中的体育明星、影视明星以及歌星等都有了一定程度的关注。

（2）独立的消费意识逐渐形成。

少年时期由于对社会环境的认识不断加深，知识不断丰富，兴趣趋向稳定，鉴别能力也有所提高，使他们能够自觉选择商品，独立分析鉴别，并逐步形成购买习惯。

（3）商品购买具有依赖性，但开始有一定的成年意识。

由于少年儿童没有独立的经济能力和购买能力，商品购买几乎由父母包办，所以在购买商品时具有很强的依赖性。但是这个时期的少年开始学会处理自己的生活，不希望家长过多地干涉，反映在消费品的选择上存在着同成年人比拟的心理，希望按照自己的个性和爱好来购买商品，有一定的成人意识。

4. 针对儿童消费心理的主要营销对策

（1）注重家长的特点和对孩子成长需要的关注。

在这个时期的儿童消费群体由于受到年龄的影响，多数情况下购买者是父母，而真正的消费者是儿童本身，所以要区别不同时期的儿童对父母依赖程度的差别，既要考虑到父母的特点以及父母对孩子的期待，也要考虑儿童自身的因素。

（2）改善产品的形象设计。

无论哪个时期的儿童都有一个共同的心理；就是孩子的好奇心，所以产品的形象设计要符合和满足孩子的好奇心。

应用举例 “好奇心”的差异

6岁以下的学前儿童对外界事物的注意主要是形象识别，对卡通人物等关注充分表现了孩子的这个特点；6～11岁的发育期儿童和12～16岁的少年儿童虽然有了一定的理性认识，但是在关注外界事物时，仍以外形和色彩为主。所以，产品形象的新鲜和生动更容易引起儿童的注意。

（3）建立商品的品牌形象识别。

建立商品的品牌形象识别，是为了使儿童更好地识记产品形象，从而成为忠诚的消费者。

应用举例 “麦当劳”与“海尔”的形象营销

麦当劳餐厅的M标识以及促销活动，比如定期的与麦当劳叔叔的见面活动、为少年儿童准备的生日蛋糕和庆祝活动，这些都深受孩子的喜欢，树立了良好的品牌形象，培养了很多的忠诚消费者。有些人长大成人，也会习惯地走进麦当劳餐厅。海尔兄弟的动画片，使孩子在记住了聪明可爱的海尔兄弟后，更记住了海尔的产品，对培养孩子长大后对海尔产品的熟悉以及购买有非常重要的意义。

6.4.2 青年消费心理与对策

青年一般是指18～45岁之间的人。其主要特点是人数众多，具有较强的独立性和较大的购买潜力。青年消费群体中还有一个特殊的消费群体，即新婚群体。

1. 青年消费心理特点

（1）追求时尚。

青年人思维敏捷，思想活跃，勇于创新，渴求新知，追求新潮，积极向上。这些心理特征反映在对商品的需求上就是追求新颖与时尚，总是希望站在时代前列，领导消费潮流。所以，青年尤其是处于青年阶段前期的顾客往往是新商品、新的消费方式的追求者、尝试者和推广者。

（2）追求个性。

处于青年时期的顾客自我意识增强。他们追求个性独立，希望确立自我价值。反映在消费心理上就是消费倾向从不成熟向成熟过渡，对能表现自己个性的商品更感兴趣，有时还往往把所购买的商品同自己的理想、职业、业余爱好、时代追求、性格特征，甚至自己所崇拜的明星、名人等联系在一起，力求在消费活动中充分展示自我。

（3）情绪不稳定，冲动购买多。

与中老年人比，青年人尤其是20岁左右的青年，生活经验还不丰富，时事物的分析和判断能力还没有达到成熟阶段，他们的思想感情、兴趣爱好、性格特征还不完全稳定，因而往往容易感情用事，爱冲动。在购买商品的过程中，特别看重商品的外观、款式、品牌、颜色等，而对于内在质量、价格等考虑得较少。

（4）决策迅速，变化性强。

由于青年顾客注重情感，易于冲动，所以在购买商品时反应灵敏，注意力往往集中在自己特别感兴趣的某个方面，而忽略其他方面，酝酿时间短暂，决策迅速。另外，青年顾客在购买商品时需求对象和需求程度不固定，购买目标变化可能性大，只要认为商品合意，即使预先没有购买计划或是暂时没有购买力，也可能会想方设法，迅速做出购买决策。

2. 新婚青年的消费心理特征

（1）消费需求的多样性。

新婚青年在建立家庭的时候，从居室装饰到家具购置，从锅、碗、瓢、盆到穿、铺、垫、盖……他们的需要是多方面的，几乎包括家庭生活所需要的全部用品，所购商品不仅数量多，讲究新颖、配套齐全，而且追求整体和谐，所以配套一致的新颖产品是这个群体的关注点。

（2）购买时间相对集中。

新婚青年家庭用品，包括高档耐用消费品，大多在婚礼之前，在节假日，集中突击购买完毕。由于传统风俗习惯的影响，许多青年婚礼时间的选择又相对集中，如春节、国庆节、元旦等节日，无形中又导致了结婚用品的销售高峰的形成。所以在传统的节假日前，进行新婚产品的整体推广是很好的时机。

（3）追求新、美，富有情感色彩。

结婚是人生的重大转折，使青年人对生活充满希望，对未来有美好的憧憬。因此，在购买中对商品的物质属性和精神属性都有较高的追求。在这种心理支配下，求新求美、注重档次、讲究品位、追求情趣成为新婚家庭商品选购的主要特点。如何赋予新婚商品的象征意义是营销的一个技巧。

3. 针对青年消费心理的主要营销对策

（1）开发时尚产品，引导消费潮流。

企业在产品的开发、设计中，要注重开发时尚产品，以推动消费潮流。时尚是不断变化的，企业要研究预测国际国内消费的变化趋势，适应青年消费者的心理，开发各类时尚产品，引导青年人消费。不断追求变化就是青年群体的主要特点，任何一种墨守成规的做法，都是为青年群体所摒弃的。

（2）注重个性化产品的生产和营销。

与众不同的另类商品被青年人称为“酷”而大受欢迎。企业在产品设计、生产中，要改变传统思维方式，要面向青年人开发个性产品。尤其是服装、装饰品、皮包、手袋、手机等外显商品的设计生产要改变千篇一律的大众化设计，寻求特性，以树立消费者的个性形象。

比如，现在的内衣外穿、衣服的反穿、奶瓶状喝水瓶的流行等，都是满足青年人追求个性化的心理。

（3）做好售后工作，使青年消费者成为推动市场开拓的力量。

青年人在购买商品后，往往会通过使用和其他人的评价，对购买行为进行评判；把购买预期与产品的实际功能进行比较。若发现性能与预期相符，就会基本满意，进而向他人推介此产品；如果发现产品性能超过预期，就会非常满意，因而大力向他人展示、炫耀，以显示自己的鉴别能力。相反，若发现产品达不到期望，感到失望和不满，就会散布对此商品的否定评价，进而影响这种商品的市场销路。

企业在售出商品后，要收集相应信息，及时处理好顾客投诉，以积极的态度解决产品存在的问题，使青年消费者感到满意，进而称赞产品和企业的服务。这种效应甚至比广告宣传更有效果，更能推动市场营销，并为企业培养忠诚的顾客。

6.4.3 中年消费心理与对策

中年顾客消费者一般是指45～60岁年龄阶段的人。在我国中年消费者具有人数多、负推重、大多处于购买商品决策者位置的特点。

1．中年消费心理特征

（1）理智性强，冲动性小。

中年消费者阅历广，生活经验丰富，情绪反应一般比较平稳，多以理智支配自己的行动，感情用事的情况不多见。注重商品的实际效用、价格和外观的统一，从购买欲望形成到实施购买往往是经过多次分析、比较后才做出判断，随意性较小。

（2）计划性强，盲目性小。

中年消费者处于青年向老年的过渡阶段，大都是家庭经济的主要承担者。尽管他们的收入不低，但肩负着赡老育幼的重任，因此生活中经济负担重，经济条件的限制使他们养成了勤俭持家、精打细算的消费习惯，消费支出计划性强，很少计划外开支和即兴购买。

（3）选购商品实用化。

在经济条件有限的情况下，中年消费者的节俭心理较强，求实心理较重，在购买过程中，往往格外关注商品的价格及实用性，甚至对与商品价格和实用性有关的因素，如商品的品种、数量、质量、用途、品牌、购买时间、场所等都进行全面衡量后再做选择。一般来讲，物美价廉的商品往往能激发中年消费者的购买欲望。

2．针对中年消费心理的主要营销对策

（1）在产品的设计、推广中要注重产品的实用性和便利性。

中年消费者消费心理稳定，理智多于冲动的购买，追求商品的实用性、便利性，华而不实的包装，刺激的造型，在销售时的造势、夸张，过分热情的推销，都是中年人不喜欢的。应根据中年人的消费习惯，提供各种富有人情味的服务，如提供饮水、休息、物品的代替保管、代为照看小孩等。

（2）认真面对和解决购物后发生的商品退换、服务等方面的问题。

中年消费群体是有丰富经验的消费者，容易在消费中发现问题，销售者应切实给他们

解决问题，冷静面对，切忌对他们提出的问题推诿、扯皮、不负责任，因而失去忠诚顾客。

（3）注重中年消费者的消费习惯

中年消费者在购买家庭日常生活用品时，往往是习惯性购买，习惯去固定的场所，购买经常使用的品牌等。

生产者、经营者要满足中年消费者的这种心理需要，使其消费习惯形成并保持下来。不要轻易改变本企业长期形成历史悠久的商品品牌包装、价格以及销售地点，以免失去顾客。商品的质量标准和性能价格比，照顾到中年消费者的购买习惯，也不要轻易变动。

6.4.4 老年消费心理与对策

老年顾客一般是指 60 岁以上的人。老年人是一个特殊的消费群体，老年顾客在生理上和心理上同青年顾客、中年顾客相比发生了明显的变化。

1. 老年消费心理特征

（1）心理惯性强，表现为怀旧心理强烈、品牌忠诚度高。

老年消费者在几十年的消费实践中，形成了比较稳定的态度倾向和习惯化的行为方式，且不易改变，对商标品牌的偏好一旦形成就很难轻易改变。另外，老年顾客总是留恋过去的生活方式，情感很难转移，外界刺激很难改变过去的生活方式和消费习惯，对产品有一定的怀旧心理。他们相信传统商品，在购买商品时总是不假思索地按习惯行事，很难被营销人员所诱导。

（2）注重实际，特别需要良好的服务。

老年顾客心理稳定程度高，注重实际，较少幻想，重视情感，购买动机形成与否常取决于这些商品给他们带来的方便与舒适程度。他们特别关心商品的质量、使用性能以及携带是否方便等。另外，老年顾客的生理机能有所下降，他们总希望购买场所交通便捷，商品标价和商品说明清晰明了，商品陈列位置和高度适当，便于挑选，购买手续简便，服务热情、耐心、周到等。

（3）需求结构发生变化。

随着生理机能的衰退，老年顾客的需求结构发生变化，用于食品和医疗保健用品的支出增加。只要某种食品、医疗保健用品对健康有利，价格一般不会成为老年顾客的购买障碍。而用于穿着方面的支出相对减少，对满足其个人兴趣爱好的商品支出明显增加。

（4）较强的补偿性消费心理。

在子女成人独立、经济负担减轻之后，部分老年顾客产生了较强的补偿性消费心理，在美容美发、衣着打扮、营养食品、健身娱乐、特殊嗜好、旅游观光等商品与服务的消费方面，有着与青年顾客类似的强烈消费兴趣，同时乐于进行大宗支出，以弥补那些过去未能实现的消费带来的遗憾。

2. 主要营销对策

（1）产品的开发和营销要深入调查了解老年人的消费特点。

随着我国老龄化社会的到来，老年人在人群中的比例越来越大，老年人的需要是一个广阔的市场。要开发、生产适合老年人需要的各类商品，就要依赖充分的市场调查。

小知识　　老年人市场与“朝阳产业”

有人把老年人的产业称为“朝阳产业”，因为全球已进入老龄化的社会，老年消费市场广阔，消费潜力大，目前我国市场上真正适合老年人的商品品种仍显单调，大有潜力可挖。如可专为老年人生产各种食品、保健品，并直接面向老年人销售，挖掘传统产品并赋予时代特色，则更能适合老年人消费心理。

（2）注重产品推广过程中的服务。

在销售老年人用品时，应提供良好的专门服务场所以及良好的售后服务，以满足老年人特殊的生理和心理的需要，方便、舒适的购物环境，亲切、体贴的服务，周到方便的购物方式和场所等，对老年人都是必要的。营业员也要满足老年人自尊的心理要求，耐心、热情地服务，并允许他们无条件退换，开展上门送货、安装、调试等。现在有的电脑公司已经推出面向老年人的电脑，很受市场欢迎，填补了市场空白。

（3）有效扩展购买的群体。

广告促销活动不但针对老年人，还可以针对老年人的子女晚辈开展，这样可以有效地扩大购买群体，以弥补目前经济条件下的老年人消费能力不足的现象。有些商品，像老年人健身用品、营养品等，不但可以面向老年人设计广告，还可以面向青年人，提倡尊老敬老的社会风尚，激发青年人孝敬老人的心理，从而产生购买行为。如专门服务于老年人的旅游团，很多情况下是子女晚辈为父母付款，有些营养保健品，比如脑白金，也是子女购买送去孝敬老人。因此，老年人用品的广告面向青年人，也常能取得较好的销售效果。

子任务五 女性群体的消费心理

女性消费群体是市场上人数众多的群体，他们是多数产品的直接购买者和决策者，同时女性用品也是一个巨大的市场。有人认为，如果没有女性产品的市场，将会失掉目前消费市场中 70%的市场。

6.5.1 女性消费者主要心理特征

1. 爱美心理

爱美是女性顾客普遍存在的一种心理状态。正如大家知道的一样，爱美是女人的天性。这种心理反映在消费活动中，无论是青年女性还是中年妇女，都希望通过消费活动既能保持自己的青春美，又能增加修饰美。因此，她们在挑选商品时，格外重视商品的外观、形象，并往往以此作为是否购买的依据。

2. 情感性心理

女性顾客在个性心理的表现上具有较强的情感特征，即感情丰富、细腻，心境变化剧烈，富于幻想、联想。这种特征反映在消费活动中，就是容易在情感的支配和作用下临时产生购买欲望或形成对某种商品的偏爱，尤其在为父母、丈夫、子女等亲人购买商品时这种心理特征更为突出。

3. 实惠心理

女性顾客在家庭中大都要掌管家庭收入，负责安排全家衣食住行等开销。由于我国多数家庭的收入水平还不高，女性顾客普遍形成了精打细算、勤俭持家的美德。这种美德反映在消费活动中，就是希望所购物品既能最大限度地满足自己的某种需求，又具有物美价廉、经久耐用等特点。

小知识 关于女性消费者的调查

中国人民大学舆论研究所参与完成的调查统计显示各类人群及各年龄都有各自的心理特点，女性的主要特点是花钱爱算计：女性中花钱特别仔细的占 12.4%，比较仔细的占 49.8%，花钱不太仔细的占 20.7%，花钱很不仔细的占 2.9%，不一定的占 14.2%。

4．炫耀心理

一些女性顾客希望自己比别人富有或有地位，因此除了为满足自己的基本生活消费需求或使自己更美、更时髦之外，还可能通过追求高档次、高质量、高价格的名牌商品或在外观上具有奇异、超俗、典雅、洒脱等与众不同特点的商品，来显示自己的优越地位和某种超人之处。

6.5.2　女性消费群体的消费心理特点

1．注重商品的外表和情感因素

男性消费者在购物时注意商品的基本功能，女性消费者则有很大不同，尤其在购买穿着类商品，包括服装、服饰、鞋帽、围巾等，对商品外观、形状，往往在情感因素作用下，产生购买动机，如商品品牌的寓意、款式色彩产生的联想、商品形状带来的美感、环境气氛形成的温馨感觉等。

2．注重商品的实用性和细节设计

由于女性消费者在家庭中的地位及从事家务劳动的经验体会，使她们对商品的关注角度与男性有所不同。她们在购买生活日常用品时，更关注商品的实际效用，关心商品带来的具体利益。商品在细节之处的设计优势，往往更能博得女性消费者的欢心。如家庭洗涤剂精巧的喷头设计、家用微波炉使用的专用器皿，多用途的家庭刀具等。如果一个产品的细节不能满足消费者的需要的话，就会使女性消费者的购买终止，并会影响到女性消费者对整个产品的态度和看法。

3．注重商品的便利性和生活的创造性

我国中青年女性就业率比较高，城镇又高于农村。她们既要工作，又要做家务劳动，所以迫切希望减轻家务劳动量，缩减家务时间，能更好地娱乐和休息。为此，她们对日常消费品和主副食品的方便性，有更强烈的要求。每一种新的、能减轻其家务劳动的方便消费品，她们都乐意接受，并愿意首先尝试。同时，女性消费者对生活中新的、富于创造性的事物，也都充满热情，如一件新装饰品、新房间的布置，做一道从未做过的菜等，以显示其创造性。

4．有较强的自我意识和自尊

女性消费者通常是有较强的自我愚识和自尊心，对外界事物反应敏感。她们往往以选择眼光、购买内容及购买标准来评价自己、评价别人。希望自己的购买最有价值、最明智，对别人的否定见解很不

以为然。即使作为旁观者，也愿意发表意见，希望自己的意见被采纳。在购买活动中，营业员的表情、语言、广告宣传及评论，都会影响女性消费者的自尊心，进而影响消费行为的实现。

5. 购买商品挑剔、选择性强

由于女性消费品品种繁多，弹性较大，加之女性特有的细腻、认真，因而她们对商品的选择挑剔程度较之男性更高。另外，女性通常具有较强的表达能力、感染能力和传播能力，善于通过说服、劝告、传话等方式对周围其他顾客产生影响。这种挑剔性体现在很多的方面，包括对产品的功能以及细节、销售的地点以及销售人员的服务等。

6.5.3 针对女性消费者的心理策略

1. 销售环境的布置

在销售的环境的布置上要典雅温馨、热烈明快、具有个性特色并能体现女性的温柔浪漫的特点。女性消费者在购买家庭装饰品、穿着类商品、首饰、化妆品时，追求浪漫的心理感觉，因此销售这类商品的环境布置要符合女性消费者心理，要创造条件，创造一个相对安静、舒适的场所，使女性消费者能悠闲地观赏商品，使环境能给她们带来感情联想，从而产生购买动机。

2. 商品的设计和推广要注重细节

商品的设计和推广要注重细节，商品的设计注重细节主要是指在对女性消费品的设计中，从包装、命名、款式、形状等都需要加以注意，一旦有一个方面的不足就会影响到消费者的购买。推广中的细节包括环境的布置和选择，产品与环境的协调、服务人员的选择、服务方面的细节、现场的气氛以及小的、有特色的赠品和纪念品等的选择，都要体现营销者的用心和细致。

3. 对女性消费者的宣传

产品的销售者针对消费者要经常购买的商品要进行广告宣传，并且要针对女性心理特点，要做到几个方面的问题：其一是注重传递商品的实用性、具体利益等信息，迎合女性消费者追求实惠的特点，比如价格上的优惠等；其二是传递有关商品的质量、档次、时尚的信息，传递商品的品牌、性能、价格等方面的信息，使购买具有一定的社会和象征意义，以满足消费者在购买商品时炫耀的心理和社会交往的心理；其三是注意人际传播方式的运用，使消费者在购买时感受到被关怀和受到的关注，同时通过人际传播获得更多的消费者，比如现在的很多的品牌商品在销售时，会建立会员制，让消费者感到一定的归属感，还通过电话等方式加大品牌与消费者的联系。

4. 现场的促销推广

女性消费者的情绪变化是非常快的，并且受到环境的影响，要注重现场的推广技巧运用。包括以下几个方面：其一是营业员用语要规范，有礼貌，讲究语言表达的艺术性，尊重女性消费者的自尊心，注重赞美女性消费语言的选择，以博得消费者的心理满足感；其二是切忌对女性消费者的打扮、着装以及已购买的商品进行评价，不能用生硬的断语，更不能抢白、顶撞等；其三是现场促销活动，面对女性消费者对折扣商品的询问，要注意说明理由，允许消费者自由的挑选；其四是注意现场环境的舒适，实践表明，喧闹的促销现场有时反而会使女性消费者“敬而远之”，收不到预期效果。

总之，女性消费群体是市场上人数众多、消费范围广泛、有着巨大市场潜力的群体，要加强对女性消费群体进行细致的研究，不断地获得和扩大女性消费市场。

实训一

任务：掌握社会影响的主要方式以及在实际营销中的运用。

【实训目的】 促进学生熟悉社会影响的主要方式：从众、感染和暗示等相关知识；学会在实践中运用这三种方式对消费者形成有效的影响；锻炼学生自主学习以及搜集资料的能力。

【实训题目】 收集在营销实践中，运用社会影响方式成功影响消费者、进行营销推广的案例，每一种社会影响方式的案例一个以上；以小组的形式，为某一种产品以社会影响的三个方式制定有效影响消费者的营销小策略和方案，比较三种影响方式哪一种更适合该产品的营销。

【实训方法】

1．实训过程：

第一步：将学生分成 3 个人一组；以小组的形式收集案例，分别是运用从众、暗示和感染进行营销的成功案例；选择一个大家熟悉的商品，以三种社会影响方式进行策划小策略和方案；分析这三种小策略最终选出一个最合适的策略。

第二步：课堂上进行分享，记录出全体同学中的产品以及策略的小策略。

第三步：全体同学从同学们策划的小案例中，选出 1～3 个最让大家感兴趣的，同学分析这些受欢迎的理由。

第四步：教师点评、汇总和提高。

2．时间：40 分钟左右。

3．地点：课下+教室。

【总结】

1．社会影响的方式有很多，这里主要介绍了三种：从众——主要以集体行为对个体行为进行的影响；感染——主要是情绪上的影响；暗示——主要是以信息传递对个体产生影响。从众的方式常常被利用，就像实践中运用的“托”一样，简单易行。

2．利用从众方式对消费者进行影响，主要注意规模的因素；感染主要注意气氛以及环境的营造；暗示主要是注意信息传递方式的策划，是直接或间接，大到整个营销的策划，小到营销者的一句话都是在运用的范畴之内。

3．强调从案例的积累和分享，运用已经学过的知识等。

实训二

任务：通过收集个体所属群体的数量以及其特征、对自己心理影响，熟悉并能够群体以及相关内容，分析消费者的心理能够考虑到消费者所属群体的总体特征以及对消费者心理的影响。

【实训目的】促进学生熟悉群体以及群体的相关知识；促使学生在分析消费者心理时，注意群体的特点以及对个体心理的影响；学生能进行自我分析。

【实训题目】 每个学生分析、收集自己在不同时期属于的团体；尽量多地收集这些群体；并将这些群体进行归类；分析个体在这些群体中的心理差异；总结这些分析的意义。

【实训方法】

1．实训过程：

第一步：每个学生快速地收集个体所属的群体；选出两个群体，选择标准是在两个群体中，自己的差异最大；分析差异产生的原因：举出一两个案例说明自己所属的群体对自己消费心理的影响以及影响的方式。（形成文字，可以作为课堂作业以及分享的依据。）

第二步：选出收集群体最多的两个人，分享这些群体的名字；一名学生将这些群体的名字记录在黑板上；其他学生可以进行补充和修改；完整地将每个所属群体记录下来。

第三步：选择 3～5 名学生分享上述问题对自己的分析；同时将黑板上大家所属的群体进行简单的分类分析。

第四步：选择 3～5 名学生说说在这些分析中，对自己学习的启发。

第五步：实训指导教师进行分享和指导。

2．时间：40 分钟左右。

3．地点：教室。

【总结】

1．作为消费者的个体人，都是社会群体中的成员之一，会受到各种群体的影响，这使消费者的个体行为在很多时候体现出群体的共性，这是分析消费者心理时注意消费者所属群体的原因之一。

2．消费者受到群体影响分成两成不同的形态：自觉的和不自觉的，就是前者是消费者能够明显感觉到，或者是消费者不是明显地认识到，因此群体对消费心理的影响，有些明显，有些是不明显却是很深刻的。

3．消费者所属的群体类型有很多，随着社会、经济以及文化的发展和变化，一些群体的影响在消逝，一些则在逐渐形成和强大。比如，网络中的各种群体。

4．影响消费者的群体主要包括初级群体、参照群体等。

任务七

经济、文化因素与消费心理

知识目标

1. 了解经济、文化的内涵以及对个体消费心理的影响；
2. 掌握网络发展、文化中的习俗、消费流行的概念、规律以及对消费心理的影响；

能力目标

1. 能够根据经济文化对消费心理的影响规律进行市场分析，并为营销活动奠定基础；
2. 能够根据消费流行的规律有效地扩大营销产品的市场周期，为产品创造出更多的营销空间。

引入案例　美国的化妆品和日本的空调器

在美国化妆品生产行业有一句名言：日本的化妆品市场是美国商人难以攀登的富士山！原来美国化妆品进入日本市场的时候，也对日本人进行了大规模的广告宣传和其他形式的促销活动，但是日本人对此就是无动于衷，化妆品的销售量很少。美国的商人通过大量的调查研究发现，原来是美国人生产的化妆品色彩不适合于日本人购买化妆品的心理。

在美国，人们对于皮肤的色彩有一种十分普遍的观念，即认为皮肤略为深色或稍黑一些是富裕阶层的象征，因为只有生活富裕的人们才有足够的时间和金钱去进行各种休闲活动，生活越富裕，去海滩晒太阳的机会越多，皮肤也就越黑，所以皮肤晒得越黑的人，说明其社会地位和生活的富裕程度越高。在化妆的时候，人们习惯于使用深色的化妆品，把自己的皮肤化妆成略为深色，以显示自己的地位。化妆品的厂家在生产化妆品的时候，也就以色彩略为深一些的化妆品为主大量生产。而日本人的皮肤属于东方人的皮肤类型崇尚白色，化妆时不喜欢使用深色的化妆品，所以日本人对于美国人的那种略为深色的化妆品需求量是很少的。

日本的空调器开拓中东地区市场却和美国的化妆品相反。中东地区的国家一般比较富裕，重视改善居室的舒适性，所以消费家用空调的人比例较高。最先进入中东地区销售空调电器的厂商来自美国和英国等一些国家，这些国家的产品质量一般还不错，所以前期的销售效果也很好，但销过一段时间之后，发现中东地区的消费者对于这些国家的空调电器并没有太多的兴趣，空调器总是出问题，出现停转的现象。日本厂家在仔细研究了这些情况之后，得出一个结论：他们认为美国和英国一些国家的空调在中东地区总是出现停转问题的原因在于，中东地区多沙、空调的防沙能力很差，而美国和英国空调的生产者没有设计防沙功能，不了解当地消费者习惯于各种物品的防沙功能，所以生产的商品不适应于这一地区的消费要求。日本厂商立即着手改进空调器的防沙能力，对空调器的进出口进行了防沙性能的处理，并且在广告中大力宣传日本空调在中东地区的适应性。结果，日本的空调一下子把美国和英国等国家的空调挤出了中东地区的市场，并成为中东地区最畅销的产品。

案例分析：

1. 经济文化等因素对消费者的心理有一定程度的影响；

2. 文化环境尤其是文化中消费习俗对消费心理的影响是非常深刻的，进行产品的营销时，要注意本地的习俗文化对消费心理的影响。

子任务一 经济因素对消费心理的影响

社会经济环境是指由于社会生产力发展水平所决定的社会经济发展及与生产力发展水平相适应的社会生产关系。社会经济发展水平对消费者心理活动影响是所有影响因素中最重要的因素，也是决定人的消费心理的最基本因素，它从总体上制约着消费者心理活动的具体范围。

7.1.1 社会经济发展水平对消费心理的影响

由于社会经济发展水平的不同，消费品供应数量和供应质量就不同，在此基础上形成的消费心理也就不同，这种不同主要表现在以下方面。

1. 消费者心理欲望强弱的不同

在经济发展水平较低、消费品更新换代的周期比较长、市场生命周期相对较长时，消费者的消费欲望以及对消费品的求新、求奇心理就会由于缺乏物质基础而被压抑，消费心理欲望就会逐渐弱化。

应用举例 "新旧"消费观点对比

过去流行的"新三年旧三年，缝缝补补又三年"的观念，虽然具有朴素的成分，但更反映被弱化的消费欲望。随着改革开放的深化，生产力水平得到提高，各种消费品的花色品种层出不穷，被激发的消费活力促进了人们对新、奇、美的追求。市场上"一日一个新款式，一季一种新产品"，使得消费者的需求欲望极大增强，同时也使许多商品的市场周期大大地缩短。消费者心理欲望的这种强弱变化，归根到底，取决于社会经济发展的总体水平。

2. 消费者心理欲望扩张速度不同

由于社会经济发展水平从总体上决定着消费者心理的变化强度，消费心理的扩张速度也是不同的。主要体现在新产品的推广速度上。

应用举例 新产品接受速度的变化

在传统社会中，一个新的产品从进入市场到成为消费者喜欢的产品要经历一个很长的时间，但随着经济的发展，一个新的产品从进入市场到成为热销的产品经历的时间很短，甚至有些产品在一上市就成为消费者追求的对象。在20世纪末，美国生产出第一台录像机，从市场介入一直到成为一个成熟产品被大家接受，经历了近三年的时间；目前市场上从MP3进入到市场始，几代产品的更新换代，所需的时间也没有三年时间。

3．消费者的消费方式不同

由于社会经济发展水平不同，会形成不同的社会生活环境，形成不同的生活方式，包括人的休闲、业余时间的安排以及生活的各个方面，从而形成不同的消费心理。

应用举例 消费方式城市农村各不同

在许多西方发达国家中经济发展导致明显的城市化趋向，在我国许多较为发达的地区也已十分明显。在城市中，人口的集中程度较高，生活空间小，生活节奏快，在这种状态下生活的城市消费者，通常是不能利用闲暇时间认真调节生活节奏，往往会形成所谓的“城市病”，使许多人常常出现烦躁不安、精神厌倦等不良情绪。因此，大多数消费者为适应这种现代生活环境而兴起的重归自然的野外郊游热已成为一种消费趋势。同时，由于西方国家的快节奏生活方式使消费者的购买方式是集中购买；而中国人由于经济发展水平的不均衡，多种消费形式并存，如对“赶集”、“早市”和“夜市”等情有独钟。这些差异的形成是和经济的发展水平密不可分的。全球经济发展后，人们对居住的郊区化和对田园的强烈追求的心理也是经济发展的直接结果。

7.1.2 微观经济——个体的收入与消费心理

个体收入水平的高低和变化会使消费者形成不同的消费习惯和消费心理。

1．现期收入和预期收入对消费心理的影响

（1）现期收入决定了总的消费能力。

消费者的现期收入是指在目前的经济条件下消费者的实际收入水平。它不反映社会其他因素对消费者收入的影响，而只反映当时消费者的收入总量。这个收入的总量决定了消费者的消费能力和基本的水平。

（2）预期收入决定了消费者的消费信心和消费方向。

消费者的预期收入是指消费者以现期收入为基础，以当时的社会环境为条件，对今后收入的一种预计和估算。这种预计和估算取决于消费者对个人能力的信心和对社会发展前景的信心。

在一般情况下，当消费者的预期收入相对地高于现期收入时，他可能增加现期的消费支出，甚至敢于进行借贷消费，以提高现期的消费水平。反之，当消费者的预期收入绝对或相对地低于现期收入时，消费者会降低现期的消费水平，减少日常支出而较多地用于储蓄或投资，以期获取未来收益，使未来消费水平不致下降或可以提供基本生活保证。

从总体上来看，当消费者的总体收入预期是积极的时候，对产品的推广是有利的，反之是不利的。因此，在推广产品时，应研究与关注消费者的心理预期。

2. 绝对收入和相对收入变化对消费心理的影响

（1）绝对收入与相对收入。

消费者的绝对收入是指消费者获得的货币收入及其他的物质形式收入的总和。

消费者的相对收入是指消费者的绝对收入相对于实际购买的水平实际状况。消费者通过三个方面获得个体的相对收入：第一是相对于自己以往的收入水平；第二是相对于其他人的收入水平；第三是相对于物价的水平。其中，第三因素是主要的。

（2）消费者绝对收入和相对收入的变化对其消费心理的影响。

绝对收入和相对收入的变化对消费心理的影响表现在以下几个方面。

第一，消费者本人的绝对收入没有发生变化，而其他消费者的绝对收入发生变化，或者消费者本人绝对收入的变动幅度大于或小于其他消费者绝对收入的变动幅度。消费者在短期内一般不易察觉这种变动，对消费者的短期消费心理和行为也不构成影响。只有经过一段时间的对比后才会构成对消费者心理的影响。

应用举例　　**收入降低的“时差”**

当某消费者或消费者群体的收入相对于其他消费者或消费者群体的收入下降时，最初并未察觉，由于以往的习惯和模仿心理的作用，继续与其他相对收入已提高的消费者或消费者群体保持同样的消费方式，经过一段时间以后，便会感到由于消费支出能力的下降，已不能与那些相对收入已提高的消费者或消费者群体保持同样的消费方式，而必须逐步降至与自身收入水平相称的消费方式上来。

第二，消费者的绝对收入没有发生变化，而市场商品价格发生了变化使原有收入可购买的商品量发生了增减的变化，或者是消费者绝对收入的变动幅度大于或小于商品价格的变动幅度。这种变动会对消费者的心理需求欲望产生直接影响，从而对消费者的货币投向、消费结构及消费数量产生明显影响。

（3）消费者绝对收入和相对收入之间变动关系决定了消费心理的形成。

消费者绝对收入和相对收入之间存在着两种变动关系，并对消费者心理产生不同影响。

第一，当消费者的绝对收入和相对收入呈同向变动即同升或同降时，对消费者心理一般不会产生过大影响。比如，消费者的月收入增加了 1000 元，价格也上升，从实际上来看，消费者的收入是没有太大的变化，消费者的购买也不受他的收入增加影响。

第二，当消费者的绝对收入与相对收入呈反向变动即一升一降时，对消费者心理的影响是较大的。

它一般表现为绝对收入的上升，相对收入的下降。当消费者的绝对收入增加以后，需求和购买的欲望会随之增强。但当消费者进入市场后发现物价上涨的幅度大于本人收入上升的幅度或他人收入上升的幅度大于本人收入上升的幅度时，就会使原已膨胀的消费欲望受到打击，转而出现不稳定或失望的心理感觉；当绝对收入降低，相对收入增加，即经济处于价格的下降比收入的下降要更快，所以消费者的购买会因为习惯的影响而在短时间内下降，当消费者适应了绝对收入的下降就会增加消费。

子任务二 网络发展对消费心理的影响

知识经济时代的重要特征之一就是网络化。网络的发展使市场主体的商品生产者和经营者可以通过网络中发布商品信息、商品广告。消费者则在网络中有选择地收看广告、了解商品市场和商品信息。所有的商品生产者和经营者、消费者都可以在网络市场中销售和选购，有形的商品市场为无形的网络市场所代替。网络是一种新的、具有巨大潜力的商业载体，它能够在地区和全球实现资源和信息的共享，为商业广告、市场营销、商品及服务的直接分销提供有效的和方便快捷的销售渠道，逐渐改变了传统的销售思想和销售方式。

7.2.1 网络时代的市场特点

1. 市场更广泛

信息的全球化使企业面对一个更广泛、更具选择性的潜在市场。在传统经济条件下，传播的方式相对网络时代的传播相对缓慢，电视、广播、报纸等一般的传媒，都具有一定的地域性和传播范围的限制，而网络打破了地域的限制，使企业面临着更广泛、更具选择性的潜在市场。

2. 市场调查更方便

网络的互动功能为企业提供了一个高效率、低成本的市场调研环境，为企业跟踪消费倾向提供了便利。传统的媒介是单向的传播过程，而网络的最大特征就是使及时的现场互动成为可能，同时网络是一个更加节省的媒介，降低了营销的成本。

3. 营销方法更直接

网络使企业的产品创新更有效率，企业将更多的兴趣转向直销产品。在传统的社会中，企业直接面对的是中间商，与用户之间的直接互动相对困难，网络拉近了企业与用户的关系，企业可以直接了解用户的想法和需要，使企业更容易根据消费者的需要设计和创新产品。

4. 价格竞争更激烈

价格竞争将更加激烈，企业要采用更加富有弹性、多样化的、组合的价格策略。由于销售成本的降低，同时由于网络使消费者更快地了解同类产品的价格情况，更容易进行价格的比较，价格的竞争将更加激烈。

7.2.2 网络时代的营销特点

随着现代计算机信息网络的发展，市场营销环境发生了变化。生产者对市场的反应更加敏捷，生产者与消费者直接交易的可能性增加，中间商的作用逐渐削弱。同时，消费者在交易中的主导权将更加突出，而生产者的市场营销战略则强调如何更方便及时地满足消费者的特定购买欲望。由于互联网具有开放性和公众参与性以及丰富多彩的内容，吸引着越来越多的网络用户，从而导致大批公司竞相在互联网上进行营销活动。网络营销促进市场营销发生了根本的变革。

1. 产品

在网络上进行市场营销的产品可以是任何产品或任何服务项目，产品的概念更广泛。

2. 价格

在网络上营销的价格，与传统市场营销要涉及相同的因素，但实际运行证明，通过网络进行运行时，可以把价格调整到更有竞争力的位置上。

3. 销售

网上销售改变了传统的迂回模式，采用直接模式，实现零库存、无分销商的高效运作；网络营销将营销活动倾向于买方市场，众多客户通过网络来寻找、提出自己的购买需求。

4. 促销

网络对促销而言就像交通工具一样，各种广告、公关都可以在网络上实现，而且具有更丰富的内涵（如动态广告、虚拟现实等）。

5. 营销环境

网络将营销导向信息经济的环境，网络上的电子空间距离，各方相隔的“时差”（时间距离）几乎不复存在。网络的开放性和公众参与性，吸引了越来越多的网络用户，上网人数与网络营销的营销额同步激增。

6. 营销界面

企业可以利用网络制作介绍自身形象的主页、发布多媒体的虚拟产品清单、电子订单多在线客户支持系统，使网络成为市场营销的新途径。

7.2.3 网络经济下的消费心理特点

1. 个性化的要求越来越高

网络营销是一种“一对一”营销。网络互动的特征使消费者更多地参与到整个营销过程中来，而且消费者的主动选择性也得到加强，因为网络使消费者更方便地寻找关于产品的信息和发展的趋势。生产者在市场的条件下开始关注消费者个性化的要求，企业必须逐渐地严格地执行以消费者需求为出发点，并以满足消费者需求为归宿点的现代市场营销思想，否则顾客就会选择其他企业的产品。这样，网络营销首先要求把顾客整合到整个营销过程。生产者将更快地从规模化的生产向满足消费者个性化的需要发展。

2. 消费者对服务的要求越来越高

网络营销是一种软营销，与软营销相对的是工业化大规模生产时代的“强势营销”。传统广告和人员推销是传统营销中最能体现强势营销特征的两种手段。传统广告企图以一种信息灌输的方式在消费者心中留下深刻印象，它根本就不考虑你需要不需要这类信息；人员推销也是一样。软营销和强势营销的一个根本区别就在于：软营销的主动方是消费者，而强势营销的主动方是企业。个性化消费需求的回归也使消费者在心理上要求自己成为主动方，而网络的互动性又使他有可能成为主动方。所以消费者的主动地位使消费者更加要求企业的服务优质化和符合消费者的需要，否则，消费者就可有选择地拒绝产品与产品信息。

3. 消费者对与生产者交流的要求越来越高

网络营销区别于传统营销的最显著特点是网络的互动性。卖方可以随时随地与买方互动式地进行交易，而买方也可以以一种新的方式与卖方互动交流。这种交流是双向的，而非单向的。企业可以在环球网的热门站点，设置邮票般大小的广告按钮。一旦浏览者点击广告按钮，环球网的超级链接系统就会引导他移向产品所属公司的主页，浏览更具体、更直观的产品介绍。网络广告可以根据更细微的个人差别将顾客进行分类 ，传送定制的广告。潜在的消费者还可以借助网络的帮助与销售商、技术人员进行对话，了解自己感兴趣的产品和服务，并提出问题。销售商根据顾客的信息对产品进行改进，或推出新产品。这种互动的营销手段更加以消费者为中心，甚至使消费者积极参与到生产的全过程。消费者越来越注重与企业的交流，提出自己个性化的要求。

总之，消费者的主体化、个性化与互动的要求越来越高，并且网络营销越来越成为一种能为大众所接受的销售渠道和方法。应针对这些变化，分析消费心理的变化和消费心理的新现象，及时调整市场的策略，从而更快地赢得网络消费者。

子任务三 文化因素与消费心理

每个消费者都生活在特殊的文化环境中，并受到文化的影响和制约，在消费的内容和行为上，表现出一定的文化特色和习俗等特点。

7.3.1 文化与消费心理

1. 文化与亚文化的含义

（1）文化的概念。

文化的概念有广义与狭义之分。广义的文化是人类在社会历史发展过程中所创造的物质和精神财富的总和。它分为物质文化与精神文化。物质文化是指人类实际征服自然界的物质生产能力；精神文化是指人们的知识水平、风俗习惯、地区风俗、行为规范、宗教信仰、价值观念、家庭关系等意识范畴的内容。狭义的文化是精神文化以及与之相适应的上层建筑。在这里采用的是广义文化对消费心理及消费行为的影响。

（2）亚文化。

亚文化又称为副文化，是指不占主流的或某一局部的文化现象。一种亚文化可以代表一种生活方式，它不仅包括与主体文化共通的价值观念，还包括自己独特的价值观念。每个亚文化群体都有自身的某些生活行为方式，成员往往与其发生认同。一般认为，亚文化对其成员的影响比主流文化还要强，它赋予个人一种可以辨别出来的身份。因此，在对文化与消费心理的研究中，主要是研究亚文化对消费者心理及行为的影响。比如，东北人的豪爽、上海人的细腻等，都是亚文化现象所导致的人的差异。

亚文化的分类一般有很多，同属一种文化的人们又可以根据不同的民族、籍贯、地区、宗教、年龄、性别、职业和社会阶层等不同标准划分为若干不同的亚文化群体。较为典型的亚文化群体包括以下几类。

第一，民族亚文化。它是以历史渊源为基础的具有基本文化总体特征，又有其自身的较稳定的以观念、信仰、语言文字、生活方式等形式表现出来的人群共同体。

应用举例　**《大长今》中的朝鲜族文化**

每一个民族都具有自己的民族亚文化特征，有着不同的生活方式、价值观念、消费习俗，《大长今》中，透出传统的服饰文化以及养生中的饮食文化等，都与我国的传统文化不同。

第二，地理亚文化。它是人们由于受所处自然地理条件的影响而形成与气候条件、地理条件有关的生活方式和消费习俗的亚文化群体。

应用举例 地理环节决定人的差异

从饮食上看，我国历来就有南甜、北咸、东辣、西酸的饮食调味习惯；从服饰上看，北方人多爱深色，而南方人多好浅色；北方人多豪放，而南方人多细腻等。这些和地理环境有一定关系。

第三，区域亚文化。它是以人口的行政区域分布为特色的亚文化群体。

应用举例 城乡差异

大都市的消费观念同普通城镇与乡村的消费者相比，在生活方式与消费习惯上有着较大的差异。同样一个城市的文化区和商业区也存在着一定的差别。通常讲的“都市文化”、“乡村文化”等正是反映了这种差异。当然，这种差异与生产力发展水平有关。在发达国家中，这种差异要大大小于发展中国家，但差异是不会消失的。即使在“都市化”的乡村里，这种差异也十分明显，乡村消费者的消费宽度要大大窄于都市消费者。

第四，职业亚文化群体。它是以人们的社会职业为特点的亚文化群体。

应用举例 职业文化影响

由于消费者的社会职业不同，经济收入随之不同，由此所形成的消费心理与行为就不尽相同。教师群体通常在衣着上多注重大方庄重、舒适方便，而文艺界人士则更注重款式、趋时性和社会感染力。

7.3.2 文化与亚文化对消费者心理的影响

文化与亚文化带给人们的影响与烙印往往是很难改变的，有时甚至是终身的。处于不同社会文化与亚文化背景下的消费者，其生活方式、兴趣爱好、行为方式、道德规范等都有很大的差异。一般有如下表现。

1. 不同文化与亚文化下的消费者消费价值观不同

由于人们生活在不同的文化与亚文化环境下，因此消费者在储蓄、消费等价值观上表现出差异。

应用举例 中国老太与美国老太

有一个大家都很熟悉的伤感笑话。一个中国老太和一个美国老太都要见上帝了，中国老太幸福地说：终于攒够了钱，有了自己的房子。美国老太则幸福地说：到今天，我终于还清了房子的贷款，房子终于属于我了。这个笑话中老太太的差异导致了她们的生活：一个一辈子没有房子住，一个住了一辈子不是自己的房子。

这就是两种文化的差异。在生活中，中国人的传统习惯多属节俭型，日常开支计划性较强。在可能的条件下，人们总是希望多点积蓄，以备将来为子女以及个人的养老之用，表现出较强的储蓄心理；而西方人特别是美国人则喜欢挣了钱就消费，甚至要举债消费，表现出较强的即时消费心理。在购买行为中，中国人习惯于用自己的钱购买。需要购买大件或贵重商品及不动产的，经过一段时间的储蓄之后再购买，而不习惯于借钱购买。在中国人看来借钱花是不会过日子的表现，而在西方许多发达国家中却很盛行超收入支出的习惯。

2. 不同文化与亚文化下生活方式不同

由于人们生活在不同的文化与亚文化环境下，因此决定了消费者的生活方式不同，表现在消费、休闲等方面。

应用举例　　两种地方主妇生活方式的差异

在消费品的购买方式上，我国消费者特别是家庭主妇多习惯于每天早晨上市采购。即使是在今天冰箱、冰柜十分普及的情况下，多数人仍然乐于每日上街。因此，遍及全国大中城市的早市、夜市、超市正是我国城市居民购物方式的产物。相比之下，欧美的家庭主妇大多每周只采购一两次。她们认为，每日上街购物（主要是食品）是很不合算的，是一种浪费。而对大多数中国人来说，逛商场、赶集等是一件趣事。

3. 不同文化与亚文化下审美观念的不同

人们对美的追求具有普遍性，但在不同社会文化与亚文化背景下，美的内涵却有着自身的特定指向性，存在着本质的差异。

应用举例　　不同文化下的“审美”

对于色彩，欧美一些国家的人以白色象征纯洁，故此女性结婚时多喜欢穿白色的礼服，以此表示纯洁美丽。而中国人则以红色象征吉祥，故此女性结婚时多喜欢用红色服饰，以此表示吉祥如意、幸福美满，即使今天穿上了白婚纱，也会配一双极不相称的红鞋、包等来点缀喜庆。

对于胖瘦，在一些非洲国家等，以丰满唯美，而在时下的中国，则以骨感和瘦唯美，等等。

7.3.3　消费习俗与消费心理

1. 消费习俗与其特点

消费习俗是指一个地区或民族约定俗成的消费习惯，主要包括人们对信仰、节日、婚丧、饮食、服饰等物质与精神产品的消费习惯。

（1）独特性。消费习俗是在一定自然和社会环境下形成和发展起来的，是一个地区或民族区别于其他地方的特殊意识和行为，所以消费习俗具有一定的独特性。比如中国的端午节吃粽子，而其他的民族和地方就没有这个习俗。

（2）长期性。消费习俗是人们在长期的生活实践中逐渐形成和发展起来的。一种习俗的产生和形成，需经过若干年乃至更长时间，而形成了的消费习俗又将在长时期内对人们的消费行为发生影响。比如中国人春节吃饺子、正月十五吃元宵等，有几百年的传承，并影响了现代人的生活。

（3）社会性。习俗的产生沿袭离不开社会环境，是在一个地区和民族中形成的，并影响着该群体人的生活，具有广泛的社会基础。

（4）地域性。消费习俗是特定地域范围内的产物，通常带有强烈的地域色彩。随着经济的不断发展，信息沟通的手段、范围、速度和内容的变化，使人们的社会交往范围不断扩大、频率不断增加，因此消费习俗的地域性有逐渐淡化的趋势，但是仍然有一定的地域特点。比如，我国江南茶乡的饮茶习俗、北方的喝酒风俗等都是具有地域特点的风俗。

（5）非强制性。消费习俗的形成和发展不是强制发生的，而是通过无形的社会约束力发生作用。约定俗成的消费习俗以潜移默化的方式发生影响，使生活在其中的消费者自觉或不自觉地遵守这些习俗，并以此规范自己的消费行为。

2. 消费习俗对消费心理的影响

（1）消费习俗使消费者形成习惯性的购买行为。

消费习俗促成了顾客购买心理的稳定性和购买行为的习惯性。受消费习俗的长期影响，顾客在购买商品时，往往容易产生习惯性购买心理，在固定的时间购买固定类型的商品，从而使习俗产品出现固定的销售周期。

应用举例　　**月饼与元宵的销售周期**

由于中国人的传统习俗，人们总是在八月十五的前期购买月饼、正月十五时购买元宵等，使月饼和元宵的生产和销售出现固定的周期。即在八月十五、正月十五前期进入到销售的旺期，节日后进入到销售的淡季。

（2）消费习俗强化了消费者的偏好与从众心理。

消费习俗的非强制性和长期性使顾客自觉或不自觉地固定、重复购买符合某种消费习俗的商品，久而久之，顾客对该商品产生了信任感，形成偏好，并不断得以强化。同时，消费习俗促成消费行为的无条件性，从而强化了顾客的从众心理。

（3）消费习俗影响了消费者心理的变化速度。

消费习俗对消费者心理的变化既可以起阻碍作用，也可以起促进作用。一般来讲，当新商品或新的消费方式与消费习俗发生冲突时，由于消费心理受消费习俗的制约，产品的销售相对困难；与消费习俗具有共同点、相融性时，产品被接受起来更容易。

应用举例　　习俗对销售的“阻挠”与“促进”

在以穆斯林为主的地区，推广猪肉类产品，其难度是可想而知的；“旺旺”品牌的名字与寓意贴合了中国人在春节期间希望得到个好彩头的愿望与消费习俗，因此推广起来就容易火暴。这两者的不同命运就来自于不同习俗的“阻挠”与“促进”。

消费习俗是影响人消费的重要方面，在进行产品的销售时尤其要研究推广地区的习俗，从而使推广活动更加符合当地习俗，从而使推广活动更加成功。

子任务四 消费流行与消费心理

消费流行既是一种消费行为的结果，又是影响消费行为的原因，具有两重性，它对消费者行为的影响相对比较深刻。

7.4.1 消费流行

消费流行是指某一类的商品或商品的某一个特性深受消费者的欢迎，因而出现消费者在一定时间和范围内广泛而狂热地追求的现象，就把这种现象称为消费流行，把这种商品称为流行商品。在生活领域中有很多的消费流行，可以从不同角度进行研究。

1. 按消费流行的内容分类

根据消费流行的内容可以分为食品消费流行、服饰品消费流行和日用品的消费流行。在目前的市场条件下，素食是很流行的，这是根据现代的研究，人们认为素食更加有利于人的身体健康所引起的；在服饰中，人们更喜欢休闲类的服装，是人们追求健康的生活方式所导致的。

2. 按消费流行的速度分类

根据消费流行的速度可以分为迅速消费流行、缓慢消费流行和一般消费流行。消费流行速度主要与商品价格有关，顾客购买贵重商品时，往往要经过充分比较和慎重选择，因此消费流行的速度就慢；当顾客购买价格低、使用频率高的商品时，决策快、购买迅速，因此消费流行的速度就快。

3. 按消费流行的地域分类

按消费流行的地域可分为世界性消费流行、全国性消费流行和地区性消费流行。

由于世界经济的一体化的发展和信息传递方式的改变，加快了信息的流传的速度和广度，使世界性消费流行更容易形成，并影响到人们的消费观念。比如，全球性对绿色食品、休闲和旅游的追逐，成为全球消费者共同关注的主题，并影响了人们的生活方式。

4. 按消费流行的方式分类

（1）由上而下的流行。

这是指由居于社会高阶层所引导的流行，通常是由上至下形成和发展起来的。它通常以权威人物、名人明星的消费行为为先导，由上至下在社会上流行开来，其特点是流行的速度快、来势迅猛、传播面广，这通常是因为名人和上层的知名度高有关，因而影响力是非常广泛的。

应用举例　**名人带来的流行**

世界球星贝克汉姆在世界杯比赛中的莫希干头、罗纳尔多的光头等在世界范围内的广泛流行等，是由于名人带动的自上而下的流行。

（2）平行阶层间的流行。

这种流行是指社会各阶层之间相互诱发横向流行的方式。具体表现为，某种商品或消费时尚由社会的某一阶层的某些人率先使用，然后在同阶层间流行，而后向其他阶层蔓延、渗透，进而流行起来。如近年来，外资企业中白领阶层的消费行为经常向其他社会阶层扩散，从而引发流行。

（3）由下而上的流行。

这种流行是指由下至上形成和发展的消费流行。具体表现为从社会下层的消费行为开始，逐渐向社会上层推广，从而形成消费流行，该种消费流行方式的主要特点是流行速度缓慢，这是由于阶层的影响力所决定的。但这种流行的持续时间较长并成为人们生活的一部分。

应用举例　**贫民也能带动流行**

牛仔服是美国西部牧牛人的工装，现在已成为下至平民百姓、上至美国总统都喜爱的风行服装；领带源于北欧渔民系在脖子上的防寒布巾，现在则成为与西装配套的高雅服饰；“农家饭”与“农家环境”是乡村的一种生活方式，现在也成为城市追求的一种旅游之一。

在消费流行中最容易出现的，也是出现最多的是由上而下的流行，这是因为流行通常对社会具有引导性的行为，引导者处于社会的高阶层，示范效应更大，影响力强。

7.4.2　消费流行的周期

消费流行通常呈周期性发展，反映了消费流行的运行规律。具体分为介绍期、成长期、普及期和衰退期。

1. 消费流行的介绍期

流行商品由于其特色和优越的性能，开始引起有名望、有社会地位及具有创新意识顾客的注意，进而演变为某种由心理因素导致的兴趣，直至采取购买行为，并对社会产生示范作用，这就是消费流行的介绍期。介绍期的时间一般较长。企业可通过预测消费者需求，积极地进行广告的宣传，做好促销工作，以树立商品的形象，并要介绍商品的个性和特色，更好地引起顾客的兴趣。

2. 消费流行的成长期

新商品由于早期迅速被采用，加之企业的促销努力，引起大众的注意和兴趣，为一些消费者所认同，许多热衷时尚的消费者竞相仿效，迅速掀起一种消费流行浪潮，对市场形成巨大的冲击，这即为消费流行的成长期。在消费流行成长期，消费者因为纷纷地仿效而形成了大量的购买，所以企业应迅速扩大生产能力，尽快占领市场，争取更大的市场占有率。同时，应增加销售网点，为顾客大量购买提供便利的条件。

3. 消费流行的普及期

当消费流行在一定的时空范围内成为社会成员的共同行为和最普遍的社会消费行为时，消费流行则进入了普及期。由于流行已蔓延到群体的大多数人中，所以产品的特色已不明显，消费者个性的特点也随着消费者的增多而消失。所以，消费者要开始转移注意力，寻找更新奇的产品，企业应迅速停止扩大生产，并开始向新的流行商品转移。

4. 消费流行的衰退期

当某一流行商品在市场上大量普及时，由于缺乏新奇感，会使顾客的消费兴趣发生转移，使流行商品在一定时空范围内较快地消失，即进入到消费流行的衰退期。在消费流行的衰退期，消费者追求多是消费能力较低的群体，所以关注的是产品价格，企业应迅速转移生产能力，抛售库存。

总之，消费流行的发展阶段主要取决于顾客心理变化过程。企业应加强市场调查和预测工作，把握顾客心理发展趋向，按照消费流行运动的规律，制定切实可行的经营策略。

7.4.3 消费流行的规律

1. 消费流行的地域差

（1）定义。

一般而言，消费流行总是从经济发达的地区或国家向经济较落后的地方发展。这种地域差表现为波浪式的运动，当发达国家或地区处于消费流行的第一阶段，其他发展中的国家或地区还没有形成流行的趋势；当发达国家或地区处于消费流行的第二阶段，其他发展中的国家或地区则进入消费流行的第一阶段，其他落后的国家或地区还没有形成流行的趋势；当发达国家或地区处于消费流行的第三阶段，其他发展中的国家或地区相应地进入第二阶段和第一阶段。

我国消费流行的地域差主要表现为消费流行总是从上海、深圳、广州等沿海城市向西北等内陆城市发展，从城市向广大的农村发展。

（2）研究消费流行地域差的意义。

第一是可以按照消费流行地域差的规律，引导消费流行。比如，我国的内陆城市就可以研究上海等地流行服饰，并引进上海的“流行”，引导本地的流行。

第二是有计划地向其他地区推广产品，扩大产品的生命周期。比如，流行产品在城市进入到成长和衰退期时，就可以有计划地向小的城市或农村推广，扩大产品在市场的停留时间。

第三是与经济发达地区的企业进行合作，开发适合本地区的流行商品。

2．消费流行的品种差

（1）定义。

消费流行的品种差是指同样的商品在不同的地区流行由于环境和文化的选择，出现了对产品的不同要求。

应用举例　南北方的差异

同样一款服装在南方流行时是真丝面料，而在北方流行时，由于气候的差异，因而是厚一点的棉布面料。同样是“加多宝”品牌的饮料，在南方流行时是因为解暑的功能，因此多在夏天饮用；北方人喝的原因是因为品牌的力量，或者吃火锅等特殊的场合，一种饮料由于地域的原因也表现出差异。

（2）研究消费流行品种差的意义。

研究商品流行地域差的意义是根据本地的文化和自然的环境特点，开发出符合本地特点的流行，对生产者而言就是要研究特殊地区的文化和自然等因素的影响，有选择地介绍产品的特点，宣传符合地域特点的产品独特性，更容易形成消费流行。

3．消费流行的周期性

（1）定义。

消费流行的周期性规律是指同一种商品在不同的时期，由于各种原因出现的周期反复的现象和规律。

应用举例　头发颜色的变迁

对于传统的中国人，相对比较喜欢黑色的头发，2000 年前后的时候，由于欧美文化的影响，中国人开始喜欢将自己头发的颜色染成各种鲜亮的颜色，也包括褐色甚至是红色；随着时间的变化，人们对自然的回归，又开始喜欢黑色的头发，这就是消费流行的小周期。

（2）研究消费流行周期性的意义。

一个事物周期性的出现受到各种因素的影响，研究出一种产品的周期性就可以更好地带动消费流行。

7.4.4 消费流行对消费心理的影响

1. 消费流行引起顾客认知态度的变化

通常情况下，当一种新产品或新的消费方式出现时，由于顾客对它不熟悉、不了解，往往会抱有怀疑和观望的态度，然后通过学习、认知过程来消除各种疑虑，决定购买与否。但是，由于消费流行的出现，大部分顾客的认知态度会发生变化，怀疑态度消失，肯定倾向增强，学习时间缩短，接受时间提前。

应用举例　“不科学”的松糕鞋流行

先前市场中流行的松高鞋，由于鞋底的高而厚重，特别是在走路时的不方便等特征，会阻碍消费者的消费行为，但随着流行的发展，消费者会很快地觉得“穿着也很好看”。因此，也有很多消费者会跟随流行进行消费。

2. 消费流行引起顾客心理驱动力的变化

就顾客的购买行为而言，直接引起、驱动和支配行为的心理因素是需要和动机。通常情况下，这些购买动机是相对稳定的。但是，在消费流行的冲击下，顾客对流行商品产生了一种盲目的购买驱动力。只因为是流行的商品，因此既不考虑价格的因素，也不考虑款式是否符合自己的特点，进行盲目地购买。

应用举例　胖人也穿“紧腿裤”

一段时间内流行的紧腿裤，本来只是符合比较瘦的消费者购买，但由于商品的流行影响，好多较胖的消费者也开始购买，并觉得穿出来感觉也好；在日常的消费中，大多数的消费者会考虑商品的价格，进行价格的比较。但在消费流行的过程中，消费者就忽略价格的因素，更关注对时尚追逐的因素。

3. 消费流行引起顾客心理的反向变化

在正常的生活消费中，顾客往往要对商品进行比较和评价后，再决定是否购买。但是，在消费流行浪潮的冲击下，常规的消费心理会发生反向的变化。如一些流行商品明明价格很高，顾客却毫不计较，慷慨解囊；反之，原有的商品，尽管价格低廉，却无人问津。

4. 消费流行引起顾客消费习惯与偏好的变化

由于顾客长期使用某种商品，对该商品产生特殊的好感，习惯性地、反复地购买该商品，还会在相关群体中进行宣传，形成惠顾动机。但是，在消费流行的冲击下，惠顾动机也会动摇，而是变为“喜新厌旧”，转而购买流行商品。在消费流行的冲击下，顾客由于生活习惯、个人爱好所形成的偏好心理，也会发生微妙的变化，社会风尚的无形压力会使顾客自觉或不自觉地改变原有的消费习惯和消费偏好。

应用举例 保守的女老师也穿“水果色”

2012 年夏季流行的颜色是橙色等亮丽的水果色，大多数职场女性在选择鞋的颜色时会选择黑色等保守颜色的鞋子，不会喜欢橙色的鞋子。但是，今天的流行，很多职场女性也觉得选择亮丽橙色也是不错的选择，作为一个着装保守的女老师也在时尚的影响下，选择了一双鲜亮的水果色鞋子。

总之，由于消费流行的出现使消费者的购买出现了很多非理性的特点，出现了盲目追求的现象。

实训一

任务：从几种特殊产品的消费中，分析其主要的因素是经济或文化因素，比较经济、文化因素对消费者消费影响特点，掌握文化与经济要素对消费行为的影响。

【实训目的】促进学生在分析消费者消费行为时，能够从经济、文化等方面进行分析，同时可以比较在不同产品的消费中，其经济、文化要素的影响是不同的；总结经济与文化对消费行为的影响。

【实训题目】

分析在以下产品的消费中，主要的影响因素是：

第一，加多宝凉茶；

第二，苹果牌电脑；

第三，月饼；

第四，LV 女包；

第五，住房。

【实训方法】

1．实训过程：

第一步：首先引导学生分析和总结经济、文化对消费心理的影响，形成学习卡；

第二步：将学生分成小组，每组 5 人，讨论每一种产品消费的主要影响因素，形成统一的意见；

第三步：根据讨论结果的快慢排序，进行小组汇报，说明主要影响因素，并说明原因；

第四步：在黑板上进行记录每一组对五种产品的主要因素分析，进行汇总与比较；

第五步：教师点评、汇总和提高。

2．时间：40 分钟左右。

3．地点：教室。

【总结】

1．在对产品的消费过程中，会受到很多因素的影响，其中主要的影响因素是经济与文化，经济是消费行为的基础，文化决定个体的消费偏好和行为习惯。

2．在这五种产品的消费者，其经济与文化所占的程度是不同的。在第二、四、五种产品的消费中，经济是关键的因素，尤其是个体的经济水平，它决定着消费能力；第一、三种产品的消费中，文化是主要因素，它主要决定了个体的消费习惯、消费偏好。

3．经济对消费心理的影响主要体现在三个方面：一是消费者心理的扩张速度；二是消费者接受能力；三是生活方式。文化对消费者心理的影响主要有三个方面：消费审美、价值观等和生活方式。

实训二

任务：通过收集身边的习俗的案例，熟悉并能够运用习俗的概念，在营销中注意习俗对消费行为和心理的影响，进行有针对性的策划。

【实训目的】促进学生熟悉习俗的相关知识；促使学生在分析消费行为以及市场影响的策划中，注意习俗对消费者影响，尤其是当产品和消费者习俗相悖时，市场策略的选择。

【实训题目】收集日常中尤其是自己所属地区的消费中，受到地方习俗的影响的案例；分析在这些习俗的影响下，消费者行为的特点，针对这些特点的主要应对策略是怎样的。

【实训方法】

1．实训过程：

第一步：课下完成案例的收集工作：日常中尤其是自己所属的地区的消费中，受到地方习俗影响的案例；分析在这些习俗的影响下，消费者行为的特点，针对这些特点的主要应对策略是怎样的。

第二步：在课堂上选择5个左右的同学分享个人的收集案例，并按照上述要就进行分析；

第三步：5个简述结束后，选择有新案例的同学进行补充和分析；

第四步：选出两个学生进行本次实训的总结。

第五步：实训指导教师进行分享和总结。

2．时间：30分钟左右。

3、地点：教室。

【总结】

1．习俗是一个对消费者行为有深刻影响的因素，也属于文化的范畴，对一个特区和一个民族的影响非常重要；

2．习俗对消费心理的影响主要体现在三个方面：习惯性、偏好和从众、心理的变化速度等。

实训三

任务：根据消费流行的方式与特点，策划出一个促使产品流行的小案例，熟悉流行的方式和特点。

【实训目的】促进学生熟悉流行的相关知识；促使学生产品的营销中，能够关注流行的方式以及主要的特点；促使学生掌握消费流行的特点以及研究的实践意义。

【实训题目】比照消费流行的三种方式以及通过这些方式推广成功的案例，为下列的产品选择让其成功流行的一种方式和对应的小推广方案；分析这些流行方式的特点；从整体上分析消费流行的特点以及研究意义。

产品如下：新建的薰衣草庄园（大连）、一款新的手机（讲课时学生选择的手机）、一种新小食（比如果脯）。

【实训方法】

1．实训过程：

第一步：首先将学生分成5人小组。将消费流行的方式、主要特点以及举例进行列表，比照上述的内容，为上述三种产品，按照流行的方式进行营销推广。以小组的形式形成方案。

第二步：每小组选出一名代表进行分享各组的工作成果。

第三步：同学们选出每一种产品的比较好的策划方案，分享这个方案好的原因。

第四步：实训指导教师进行分享和总结。并选出自己喜欢的策划以及原因分析。

2．时间：40分钟左右。

3．地点：教室。

【总结】

1．消费流行的方式主要有三种：一是由上而下、平行间以及由下而上的流行；由上而下的流行的引领者通常是群体中比较有影响力的个体，比如演艺名人、体育明星等，因此影响力大、传播广泛、传播速度快；其他两种形式的影响力、广泛度、速度等依次递减。

2．每一种产品由于产品属性的问题等，适合不同的流行方式，比如一条领带，由于容易让消费者看到产品，所以传播性强；而一碗馄饨的流传性就相对较差；同时，由于产品的经营者的经济以及企业的品牌形象等的不同，其选择的流行方式也会受到一定的制约和影响。

3．消费流行的特征主要有：地域差和品种差。地域差主要是由于地域的原因，形成的先后顺序问题，发达地方早、落后地方晚，因此为产品生命周期的延长找到了一个途径；品种差主要是由于地理的原因产生对产品的属性选择的差异，北方人穿真丝是喜欢其华贵、南方人可能是因为其凉爽，这给营销者的启示是针对不同地区的特点开发和推广产品。

任务八

新产品与消费心理

知识目标

1．了解产品、新产品的基本概念；掌握新产品设计的原则与基本心理规则，以及新产品推广的有效途径；

2．掌握产品不同周期对应的不同消费者以及其消费心理。

能力目标

1．能够利用心理学的原则对新产品早期的设计、推广等进行分析；

2．能够利用不同时期的消费者特点和心理要求以及产品不同时期的特点，进行产品推广策划。

引入案例　“JUST DO IT”的耐克

“JUST DO IT”是耐克的企业口号，也是其文化个性鲜明的体现——“体育，表演，洒脱自由的运动员精神”。

20 世纪 70 年代初，慢跑正逐渐兴起，数百万人开始穿用运动鞋，当时在美国运动鞋市场上占领统治地位的是阿迪达斯、彪马和 Tiger（虎牌）组成的铁三角，它们并没有意识到运动鞋市场的这一趋势，而耐克紧盯这一市场，并选定以此作为目标市场，专门生产适应这一大众化运动趋势的运动鞋。

1975 年，鲍尔曼在烤华夫饼干的铁模中弄出一种服烷橡胶，用它制成的新型鞋橡胶圆针，比市场上流行的其他鞋底弹性更强，这有力地促进了耐克的事业。

从 1976 年起，耐克用雄厚的研究力量开发出 140 余种不同式样的产品，不少产品是市场上最新颖和工艺最先进的。这些式样是根据不同脚型、体重、速度、训练计划、性别而设计的。这些风格各异、价格不同和多用途的产品，吸引了成千上万的跑步者。到了 1979 年，耐克通过策划新产品的上市和强劲的推广，其市场占有率达到 33%，终于打进了“铁三角”。

耐克认为，青少年的模仿能力极强，对品牌也极为敏感，校园里明星人物的穿着经常会成为模仿的对象，因此只要设法让最有魅力的运动员穿上耐克，就能吸引全国为数众多的人模仿。最伟大的世界级篮球明星乔丹具有与耐克相称的精神气质，完美而充满活力的工作作风。耐克通过赞助这位“飞人”使其成了千百万喜爱运动者的偶像。耐克获得了进一步的成功，销售额达40亿美元。

案例评析：

1. 在市场营销中，产品是一个层次多面的概念，包括内容广泛，既有核心功能等有形部分，也包括品牌、企业文化等无形部分；

2. 新产品的开发包括了功能、材质、款式等；

3. 无论新产品是怎样的，作为企业中的某类产品都应该是符合人的需要，从核心、形式以及延伸产品等应传递统一的产品概念。

子任务一 新产品的设计与消费心理

从市场营销的角度说产品一般可以分为三个层次，即核心产品、形式产品、延伸产品。核心产品是指整体产品提供给购买者的直接利益和效用；形式产品是指产品在市场上出现的物质实体外形，包括产品的品质、特征、造型、商标和包装等；延伸产品是指整体产品提供给顾客的一系列附加利益，包括运送、安装、维修、保证等在消费领域内给予消费者的好处。

8.1.1　产品、新产品与新产品分类

1. 产品

产品是指能够提供给市场，被人们使用和消费，并能满足人们某种需求的任何东西，包括有形的物品、无形的服务、组织、观念或它们的组合。

2. 新产品

从市场营销的角度看，产品任何一部分的创新、变革、功能或形态上得到改进，为顾客带来新的利益，或企业向市场提供过去未生产的产品或采用新品牌的产品都可以称为新产品。

3. 新产品的分类

（1）全新产品。

全新产品，又可称为非连续性新产品，是指应用新技术、新原理、新工艺、新结构、新材料研制而成的前所未有的产品。在这种新产品面世之前，市场上没有相同或类似的产品，完全是企业新发明创造的。对消费者而言任何一种新产品的面市都会给消费者带来一种生活上的改变，从某种程度上改变了消费者的生活习惯；对大多数企业来说，独立开发全新产品十分困难，需要耗费较长的时间、巨大的人力和资金，但会提高企业的市场竞争力。

（2）非全新产品。

非全新产品又称为连续性的新产品，是在保持原来产品主要特征的基础上，进行部分改进的产品，又可以分成：革新性、改进性和部分改进性新产品三种。

1）革新性新产品。又可以称为换代新产品，是指在原有的基础上，部分采用新技术、新材料、新结构制成，在性能上有显著提高的产品。革新性新产品的改进主要从设计、结构和性能三个方面的改进，尤其是性能上的提高。

对消费者而言，由于革新性新产品只是改进了原来产品的某些功能，所以消费者容易认识和接受，尤其是针对原产品的不足而改进的产品，更容易获得消费者的心；对企业而言，开发换代新产品相对容易，且不需花费巨额资金，只要充分了解消费者的需要，尤其是消费者在消费中对原有产品的不满意地方，更容易推出新产品并赢得更多的消费者。比如，从MP3开始，随着人们对收视功能的差异性要求，功能在日益改变，产生了MP4。

2）改进性新产品。改进新产品是指采用各种改进技术，对原有产品的品质、特点以及原材料等作一定改变与更新的产品。这种改进的产品主要是指原产品的用途不变，只在设计、装配以及原材料等方面所做的部分改进，提高了产品的使用性能。改进后的产品或性能更加良好，或结构更加合理，或特征更加突出，或功能更加齐全。改进与换代新产品都是以原有产品为基础进行产品的研制与开发，对企业资源要求不高，风险较小，开发出的产品也容易为市场所接受，可作为企业开发新产品的重点。

普通的香皂加上杀菌的功能，一般的洗发水加入了去头屑的功能等，电视机加上增加了优盘的接口，能够阅读其中的储存信息功能等，都可以称为是改进型新产品，这类型的商品满足了消费者求新、求变的特点，因此容易被消费者接受。

3）部分改进性新产品。部分改进性的新产品通常是在产品的使用性能上、用途上、质量上等都与原来的产品没有什么变化，而在外观的设计、包装等方面进行改进的产品。

应用举例　外形的变化

随着现代居住条件的不断提高和改善，电视机的尺寸变化、电冰箱的容量、衣服的领或袖子发生了变化等。这类商品的改进只是很小方面的变化，基本上保留了消费者熟悉和喜欢的方面，所以产品的推广和开发都相对比较容易。

随着社会的不断发展和进步，产品的生命周期越来越短，消费者越来越需要新的产品来满足日益个性化的需要，只有不断开发新产品才能满足消费者的需要，不断创造新的消费者，留住老的消费者。

8.1.2　消费者购买新产品的主要原因

1. 新产品功能因素

消费者对商品使用价值的追求和需要是最基本的需要，它包含以下方面：

（1）新产品使用的优越性。

新产品的优越性简单地说就是相对好处，是指新产品比较其他同类产品的先进性。产品的优越性越突出，消费者知觉的速度就越快，欲求程度就越高。

但是在强调优越性要有一定的尺度，产品的优越性不能强调太高，否则会使消费者产生一定的疑虑。比如，宣传的一药包治百病、既能摄像又能照相、录音等多功能的电子产品会让消费者或多或少产生不确信或怀疑的态度。

消费者对新产品的优越性要求是基本的，也是新产品区别于旧产品的主要方面，满足消费者的需求也越强，该产品的市场扩散率、扩散速度也就越快。

目前，消费者对产品优越性的要求体现在两个方面：产品便利性的要求和服务上的优越性。

产品便利性的要求和消费者的生活节奏有关。随着社会的发展，生活的节奏越来越快，消费者对产品的便利性要求也增加，使用便利、操作简单、利于保养维修的新产品会受到欢迎。例如，全自动产品比半自动产品更吸引人。新产品的销售要清楚明白地向消费者介绍商品的功能及可能带来的便利性更容易使消费者接受。

产品服务上的优越性要求和社会发展有关。随着生活水平的提高，消费者的消费水平、消费观念也在提高。由过去只注重商品本身，逐步向注重服务转变，在获得产品使用价值的同时，更要求得到尊重、真诚等心理满足。企业为了赢得消费者对产品和企业的信任和忠诚，就必须在服务方向下工夫，这样才能形成一个稳定的用户群，才会有利于商品的销售。

（2）新产品在使用上的类似性。

新产品的类似性，又可以称为新产品的适应性。消费者在长期的生活消费中，会形成一定的消费习惯、消费方式、价值观念和评价标准等消费模式，并且在短期内不容易改变。因此，新产品如果在适应消费者上述消费习惯的基础上，并在一定程度上进行了改变，这样才能让消费者很容易接受，使新产品的扩散速度加快。

应用举例　**松下 L3 的优越性**

摄影爱好者习惯于用手动的照相机，但是通常携带起来非常不方便，松下 L3 相机就兼有了手动和自动相机的特点，因此专业和非专业的人士都有可能消费，因此获得了推广上的成功。

（3）新产品的可试用性。

由于消费者对新产品没有消费经验，所以对商品的质量、功能等方面都存在一定的“不放心”。因此消费者经过试用，感到满意后，才会对新产品产生兴趣和信任。因此，尽量增加产品的试用性可以帮助消费者更好更快地了解商品，促进产品的推广。

应用举例　**“试用”与“熟悉”**

日用消费品、食品等产品，刚上市时尽量使用小包装，供消费者付少量费用甚至免费赠送给消费者尝试；汽车等产品也提供给消费者一定时间的试乘和试驾或大件耐用品在一定时间内可调换等。一方面扩大新产品的影响度、感知度，另一方面增强消费者对企业和产品的熟悉，容易产生信任，有利于新产品的推广。

（4）新产品的沟通性。

产品的可观性是指产品被消费者看到的可能性。一种产品的沟通性与产品自身的因素有关，尤其是产品可观性、产品的使用频率和产品的复杂性。

应用举例 “沟通性”与销售

一条领带就会比一件内衣的可观性更高，这是产品的属性决定的，一条领带被看到和谈到的可能性永远比一件内衣的可能性更大，所以沟通性更强；日常用品的使用就比生产类的商品使用频率高，因此前者的沟通性更好；一台电脑的复杂度就会比一瓶酱油的复杂度要高，因为电脑的技术含量、知识的要求更加专业，消费者需要很长的时间和知识才能真正地了解商品，才能向其他的消费者来说明消费的满意与否，所以酱油的沟通性比电脑的沟通性更强。沟通性好的商品宣传起来更容易，相反，市场推广的要求更高。

小知识 产品适应的必备属性

在J.布莱思所著的《消费者行为学》中，将新产品适应市场和需要的属性，做了以下的概括，见表8-1。

表 8-1　产品适应的必要属性

属　性	说　明	举　例
相对好处	产品必须具有比市场上其他产品更多的优点	在索尼“随身听”上市前，想听原声音乐的唯一方法是扛一个录音机在肩上，“随身听”在几年内取代了这个累赘，是反社会的设备
相容性	产品必须适合消费者的生命周期和生活习惯	一段时间内，Welsh 山谷的人们拥有世界上最多的 VCR，由于这个地区有较高的失业率又缺乏娱乐设施，使得听录音机是最便利的娱乐方法
复杂性	产品不能复杂到消费者无法理解	尽管苹果公司是一个比 IBM 小得多的公司，但凭借趣味、娱乐的“add-ones”友好软件取得了市场上的成功，给予 IBM 一系列的奇袭
可试性	容易尝试的产品更容易成功	当 Deawoo 汽车进入英国市场时，通过赠送免费录像带的方法，邀请几千名消费者测试开车
可观察性	产品越可被观察、产品扩散的越快。如果其他潜在的消费者看到使用中的产品，可增加对产品的兴趣	“随身听”世界范围的成功部分归结于它的使用可被清楚地看到。同样，新的时尚产品传播很快，也是由于高度的可观察性

2．新产品的社会因素

（1）新产品的时尚性和象征意义。

消费者对商品的购买，不但要购买商品的实际使用价值，也要购买商品的社会象征价值。产品的时尚性和产品的象征价值在多数的时候决定了消费者的购买动机和购买行为。

消费者对产品象征性的需要主要有三个方面：产品的社会地位象征、时尚前卫的象征和习俗等社会意义的象征。

应用举例 产品可象征什么？

社会地位或品位的象征与名牌、艺术性的商品联系在一起。购买名牌商品通常是消费者高格调的一种象征；购买富有艺术性的商品能表现出商品持有者的艺术修养和鉴赏力；商品的价格往往与顾客的社会经济地位相联系，购买高价的商品可以显示出购买者的富有、经济实力强、社会地位高等。

产品可象征时尚和前卫性。比如，同样的一件衣服：一件简洁，一件复杂，而如果时下流行的是简洁的话，前者的时尚性就比后者要好；一个在新产品流行前就购买的消费者比后购买的消费者就更时尚前卫。

商品习俗或其他社会意义的象征。结婚时所穿戴的红色等；玫瑰象征着男女之间的爱情等。

（2）新产品的审美价值。

俗话说："爱美之心人皆有之。"美能使人产生愉悦的心情。商品在售卖过程中，消费者是否对其产生美感，对购买行为能否顺利完成具有重要的心理意义。现代商品应该是技术与艺术两者完美的结合。人们购买商品不仅看重其使用价值，也重视商品的艺术价值，希望商品能把环境、生活点缀得更好，使人们得到更多的精神享受。美学功能强、艺术气息浓的商品更受顾客的欢迎。

（3）新产品的个性化。

现代消费者对商品个性化的心理需求愈来愈明显。不同消费者的个性心理特征不同，对商品的心理需求也不同。因此，产品设计创意要能满足人们个性化的心理需求，使产品体现出独特的个性，既体现出产品自身的特色，可供不同消费者选择；又体现出产品的象征性意义，如象征青年人的朝气、中年女士的优雅、男性的豪爽、儿童的童趣等。产品突出个性的特点就更能引起消费者的关注，同样是牛仔服，男式突出的气质与女式的是完全不同的。

8.1.3 新产品的设计与消费者的基本心理规则

新产品的开发设计和推广对企业的生存与发展是至关重要的，但要成功地设计开发新产品却不是一件简单的事情，不但要掌握消费者的需要、社会的发展，更要依据企业自身的特点和实力进行产品的开发设计和推广，同时新产品的设计不但要满足消费者的心理需要与消费发展的需要，也要符合消费者基本的感觉、知觉的规律。

关于感觉、知觉的规律有很多，其中有四个方面尤其重要。

1. 感觉的适应性与新产品的设计

感觉适应的规律是指由于刺激物对感受器的持续作用，使感受性发生变化的现象。适应对消费者有两个方面的作用：优劣势。消费者对一个产品的适应体现在对产品的习惯，甚至有时会形成消费定势；同时，由于对产品或产品信息适应后会带来"漠视"。

在新产品的设计中要注意消费者对产品的适应状态，减少消费者对产品认识的漠视。

应用举例　　这样的“保留”和“增加”

“可口可乐”改变配方的风波案例很多人熟悉，尽管在改变配方之前，做了大量的新产品品尝试验，证明了后者在口味上更优越，但还是受到消费者的强烈抗议，是因为美国人对老可乐的“美国文化”情结，因此老“可乐”被保留。

雪碧的做法却是非常明智。为了使消费者对产品保持新鲜的感觉，企业就不断地变化新的代言人、新的包装、新的色彩、新的小产品或者新的销售策略等，使产品保持常常新，使消费者对产品保持良好的认知状态。

2. 知觉的整体性与新产品的设计

人们总是把客观事物作为整体来感知，即把客观事物的个别特性综合为整体来反映，这就是知觉的整体性。

根据知觉整体性的规律，在新产品的设计和推广中，应该从整体的角度来把握问题，使产品的外形到整体的概念等都保持高度一致，便于消费者的理解和产品的推广。

新产品设计的整体性应从两个方面来把握：产品有形部分的整体性和产品概念的统一性。产品有形部分的整体性是新产品整体设计和推广的基础。从产品的使用功能、包装、商标、命名、价格、服务等产品概念的各个层面都应从整体性的一致考虑。否则，任何一个失误都会给新产品带来打击。产品概念的统一性是整体性的更高要求。产品的概念决定着新产品开发和设计的种类和传递的企业文化。

应用举例　　“高明”与“不高明”的差异

一个生产饮料的企业，如果开发洗涤用品，在市场的推广中就会给消费者带来不良的心理感受，至少很难借助原来产品来推广新的产品，带给消费者一个完整的印象；同样，如果一个产品在市场中始终是一个大众用品的印象，突然间让其成为一个象征着消费者身份和社会地位的高端产品，消费者也是不容易甚至是不会接受的。

因此，高明的麦当劳虽控股麦道飞机，但从不把两类产品同时进行宣传；成长的“娃哈哈”却因为生产儿童饮品，也生产了儿童止咳糖浆，更以建“娃哈哈”新村（房地产），丧失了成为中国儿童饮品里的“大哥大”的机会。

3. 知觉的选择性与新产品的设计

人们总是把某些事物作为知觉的对象，其他事物作为知觉的背景，这就是知觉的选择性。在选择中什么样的事物更容易成为选择的对象，除了消费者的主观因素外，就是客观对象的差异性。

对新产品而言就是新产品与众不同的特点。这个特点可以是产品的实用性，也可以是信息传递的方式，也可以是产品的包装等。总之，要想成为消费者关注的对象，就应寻找产品与其他产品不同的特性。

应用举例 被“标新立异”成就的新产品

“酷儿”饮料，味道等与其他果真饮料产品的差异较少，但是那个富于卡通性质的形象给予了产品很大的区别性；“小米”手机和其他手机差异不大，却因为“网上秒杀”的营销方法轰动一时；“清嘴小麻子”的命名以及“三角包装”，也促使一个小糖果类产品快速走进消费者的视野；等等。很多产品因为一个标新立异的小设计就快速成为市场中的热销产品，所以在新产品的设计和推广中一定要寻找产品的突破点与差异性。

4．知觉的核心品质与新产品的设计

在对产品的认知中一定有一个核心或关键的品质会影响到消费者对产品的认识，就把这个品质称为核心品质。

作为新产品的设计，其核心功能应特别突出和明确。作为一台电视机就应该是观看清晰，作为一台冰箱就应该是能制冷保鲜等。

8.1.4 新产品开发设计的原则

1．新产品的开发和设计要符合社会潮流的原则

产品设计的指导思想应该从消费者的角度出发，适应消费变化，满足多层次、个性化的需求。消费流行趋势主要有以下三个方面的趋势：

第一，消费习惯从单一方式走向多元化和个性化。在20世纪的六七十年代，由于经济发展比较缓慢，消费者的需要是趋同的。随着经济的不断发展，社会的不断进步，消费者的需要开始出现多元化和个性化。比如，在食品上，有人追求精细的饮食，有人追求粗粮和野生的概念等。这种多元化的趋势使消费者对某一产品的需要出现了不同的要求，表现出个人的特点。所以产品就要根据消费者的这一特点进行设计。从另一个方面来讲，没有任何一种产品可以满足所有消费者的需要，只要能满足某一类型的消费者需要就会获得充足的市场。

第二，消费模式发生重大的变化。表现在消费者消费投入的变化。在以往的消费中，主要以吃的消费所占的比例最高，而在目前的经济环境下，对保健、居住、旅行的消费越来越高。这一方面表现出经济的快速发展，也表现了消费者需求的层面越来越高，所以在产品的开发和设计中，要不断提高设计的内容和质量，以满足消费者的需要。

第三，消费心理的变化。在传统社会中，由于生产力发展水平的限制，通常是生产不足，进而导致市场上的商品供应不足，所以消费者对产品的要求相对较低。随着经济的发展，市场上有充足的产品，消费者的消费经验也越来越多，所以消费呈现出理性的特点。消费者的权利意识、质量意识、受尊重的意识等有所提高，所以对产品的要求也越来越高，不但要有高质量的产品，还需要有良好的服务等。

2. 新产品设计符合个性特征的原则

消费者个性指的就是性格特征，并在消费行为中体现出来。消费者的个性千差万别，大致可归纳为习惯型、理智型、冲动型、经济型、情感型等几类。产品只有适应、体现消费者的个性，才能引起消费者的特别关注和偏爱。由于每一个产品都有自己的目标群体，产品应该赋予产品以品牌个性，使之符合相应的目标群体的消费个性要求，是新产品争取消费者的有效方法。

3. 产品的设计与开发符合科学的原则

产品的使用价值是产品的基础，也是消费者购买新产品的出发点。随着生活水平的提高，消费者在消费中，越来越关注产品的健康概念，食品的绿色、衣服的舒适、家电的环保等。因此，设计新产品时，必须科学合理，充分考虑其功能效用和安全保质的问题，既要符合生理要求，又要遵循人体工程学的原则，使消费者获得最佳的使用效果。

应用举例 新产品设计中的“科学”

近几年来人体工程学也得到了长足的发展，它注重的就是人体结构、功能、心理以及力学等问题的研究，使操纵者、使用者能发挥最大的效能。在以往的研究中，主要用于国防方面产品的设计，现代也应用于日常用品的设计，使产品最大限度地满足消费者的需要。小至一块香皂，大到一台汽车的设计都要符合人体学的要求。比如，舒服佳香皂的凹型设计，就是使消费者在使用时能更容易抓握；同样容积的冰箱，多层多门就可以减少弯腰取物之苦等。这些设计由于符合科学的要求，因此更加受到消费者的喜欢。

4. 产品的设计符合审美情趣的原则

产品除了在功能、造型、结构等方面适应消费外，还应有观赏价值。产品内在美和外在美的统一是产品使用价值与欣赏价值的和谐。符合人们审美情趣的产品往往容易受到消费者的垂青。

应用举例 无处不在的审美需要

人的审美需要是无处不在的，食品要色、香、味俱全，礼品要讲究造型美、艺术美和色彩美，女性用品应纤巧雅致，儿童用品应造型活泼、色彩鲜艳，男性用品则应造型粗犷、色调大方。适合消费者审美心理去设计开发新产品，要根据产品的性质和特点，达到内容和形式的完美统一。

案例8-1 日本索尼公司发明“随身听”

一天，在日本索尼公司董事长盛田昭夫的办公室，盛田的一个同仁手提一台录音机，戴着一副标准配备的耳机，不高兴地说：“我喜欢音乐，又不希望吵着别人。但是我不能整天坐在音响旁边，只好提着音响走。可是这东西实在太重了。”听了这段话，一个在盛田昭夫脑子里曾有过的模糊概念，突然清晰明朗起来。

1979 年 6 月，索尼推出了第一只带着小型耳机、具有灵巧尺寸与高品质声音的随身听。产品开发成功以后，随即面市，立即引起年轻人的抢购，销售量势如破竹，屡创纪录，到年底销出 40 多万台，产品成为公司最佳获利商品。盛田昭夫凭借个人灵感和创意而研制的得意之作“随身听”，在发明后不久，就风靡全球，深受年轻人的喜爱。以后，随身听开始在产品功能上做改造，以适应市场需求。首先以黑色、红色做性别上的区隔，男孩用黑色，女孩用红色。还继续开发出适宜于慢跑、雪地、潜水等不同场合的专用随身听，使爱好户外运动的人也能同时享受音乐。此外，更轻、更薄、更小的随身听也不断开发出来，使人携带时更方便。

“随身听”的成功说明了企业只有考虑消费者需要，产品才能为人们所接受。随着科学技术的不断进步及日益激烈的市场竞争，产品的生命周期越来越短。企业要在市场上生存和发展，就必须根据消费者的需要对产品更新换代，开发新产品并成功地实现市场交换。所以，研究消费者心理，使新产品便于推广。

案例评析：

在新产品的设计中，应从消费者的需要和心理规律出发，才会生产出消费者喜欢的商品，给企业和推广者带来好的市场回报。

子任务二 新产品的购买行为分析

由于消费者的特点以及新产品的推广市场运行的规律，消费者对新产品的认识到接受是一个漫长的心理过程，在这个过程中，也会有不同的消费者，其消费心理也有较大不同。

8.2.1 消费者接受新产品的过程

1. 知晓

知晓是消费者个人获得新产品信息的初始阶段。信息的来源主要是广告、公共宣传、商品说明书、技术资料、他人的议论等。此阶段消费者得到的新产品信息较为肤浅、零散，对新产品缺乏了解。

2. 兴趣

消费者知道了新产品，并且在某种刺激的作用下对新产品产生了兴趣，开始积极努力地搜集新产品有关信息，并进行分析对比，研究新产品的功效、特点、使用方法以及对应的利益等。

3. 评价

消费者根据相关的信息，开始权衡、评估采用新产品可能获得的利益及承担的风险，并着手考察产品并具体考虑这种新产品对自己是否有用，购买是否值得等。对已经购买过的产品进行综合评价，为是否购买奠定基础。

4. 试用

消费者开始少量试用新产品，并根据使用的感受以及效果重新评价和修正自己对新产品的认识和购买决策，决定是否继续购买该产品。

5. 采用

消费者通过试用，对新产品感到满意，完全接受新产品，并重复购买，继续使用。消费者对新产品的采用接受过程，理论上存在五个阶段。但在实践中，消费者对不同新产品的接受和采用速度差别很大。特别要注意的是不能使消费者长期停滞在前三个阶段，企业营销人员应努力促使消费者顺利地从上一个阶段进入到下一个阶段，最后接受新产品。

8.2.2 新产品的推广

1. 做好新产品销售的市场调查

市场调查工作贯穿企业营销的全过程，其调查内容也十分广泛。

第一，新产品购买者调查分析。以接受新产品的时间顺序，消费者被分为五种。新产品的创新采用者和早期采用者，对新产品的销售推广能起到一定的示范作用，但毕竟是人数尚少，新产品在市场上的销路如何，关键还在于中期接受者和晚期接受者，所以要重视对新产品潜在购买者的调查分析。而潜在购买者是无形的，对他们的分析只能从现实购买者的购买行为和购买心理的变化发展中去考察和推测。

第二，竞争对手情况调查。包括竞争对手的数目和规模，竞争对手产品和服务方面的优劣势，竞争对手的营销组合策略等情况，本企业的新产品质量、价格、性能、款式、服务等是否有竞争力。只有了解了对手的情况才能在合适的时期采用合适的营销策略。

第三，新产品的价格和销量情况的调查。调查新产品与市场上已有的类似商品相比，价格是否便宜。消费者在消费的过程对新产品的价格感受怎么样。目前这类商品的消费量是多少。购买频率如何。近几年变化可能性是否存在，等等，要随时掌握上述市场的信息，并及时调整市场策略。

2. 做好新产品样品的试销

消费者对新产品的消费，由于缺乏直接的消费经验和足够的信息，大多数的消费者采取了保守的策略，应针对消费者的这个特点，采取策略，打消消费者的顾虑，应利用各种有效的渠道，增加消费者对产品的了解和直接使用的机会。

新产品的试销有很多方法，主要的办法是在商品展销会、博览会或在市场上以成本价试销新产品，既可以消除消费者对新产品价格的疑虑，又易为顾客所接受。也可以在一定的范围内进行赠送，如挨家挨户免费送样品等，这样会增加消费者直接的消费经验，增加消费者对产品的了解。

3. 充分进行示范展示

在销售现场做新产品功能示范表演，这样做有利于让消费者直接观察到新产品的优越性，增强对新产品的信任感，加深对新产品的印象。同时，这种表演最好采取比较式而非竞争式。比如，销售手表时，将防水款的新表放入水柱中就是一个比较好的方法。

4. 利用印刷品推销

新产品在推广的初期，由于消费者了解的信息不够充分，因而不能很快地进行购买。而电视、报纸等广告形式的信息传递相对笼统，不利于消费者对新产品的认识，所以广泛地制作、印刷、散发宣传新产品的资料、说明书、广告、小册子等，向消费者推销新产品。

印刷品要注意：第一是用词简单明了，易于理解；第二是突出宣传要点，形象直观；第三是介绍典型消费者的使用经验与体会，增加消费者对新产品的信任。

这种方法的最大好处是使消费者更充分的认识产品，通过文字的形式更充分地了解关于新产品的信息，加深消费者的认识。

8.2.3 新产品的生命周期与对应的推广策略

任何一种产品在市场上都有自己的生命周期，产品生命周期是指产品从进入市场开始到退出市场为止的这一全过程，具体可以分为投入期、成长期、成熟期、衰退期四个阶段。在不同时期有不同的消费者，其消费心理也是不同的，应注意不同的心理以及推广的方法。

1．投入期

投入期是新产品进入市场的最初阶段，它具有生产成本高、产品的使用价值不够稳定、营销费用大、销售数量少、竞争不激烈等特点。在这一阶段由于市场竞争者少，因此市场中的同类产品比较少，由于“物以稀为贵”的原因，该产品对消费者有一定的吸引力。

这一时期消费者的心理是求新、好奇、趋美等，在这种心理的驱使下，带头消费新产品，而大多数消费者由于对新产品的情况知之甚少，或者不愿承担购买风险，或是受原有消费习惯的影响等，表现出拒绝购买的心理。

根据这个时期的消费心理，主要营销策略是：

第一是积极开展卓有成效的广告宣传，采用特殊的促销方式。如示范表演、现场操作、实物展销、免费赠送、小包装试销等，广泛传播商品信息，帮助消费者了解商品，提高认知程度，解除疑虑，培育市场。

第二是积极攻克产品制造中尚未解决的问题，稳定质量，降低成本，并随时根据市场中销售的市场反馈，积极进行产品的改进，尽量稳定产品的质量，满足消费者各个方面的需求，使消费者最大限度地获得满意感。

第三是采取行之有效的价格与促销组合策略来扩大新产品的影响面，迅速地占领市场。

2．成长期

成长期是产品在市场上已经打开销路，销售量稳步上升的阶段，这一时期企业产品的生产和销售成本大幅度下降，企业的利润增加，有相当的竞争者相继加入市场。

这一时期消费者的心理主要特征是：消费者对产品有初步的认识，购买的兴趣和欲望有所增强。一些热衷于消费的消费者，也加入到购买新产品的行列中，但是由于新产品进入市场的时间还不长，大多数消费者还未完全消除心理上的障碍，他们仍在继续观察，尤其注意已经购买者的购后感觉，以作为下一步行动的参考。

根据这个时期的消费心理，主要营销策略是：

第一是进一步提高产品质量。如增加花色、品种、式样、规格，改进包装，让消费者有更多的选择性，使消费者的满意感进一步提高。

第二是广告促销，从介绍产品、提高知名度转到突出特色，树立形象，争创名牌，建立消费者对产品的偏好，提高忠诚度。由于这时有很多的生产者加入到竞争的行列中，出现同类产品的可能性增高，所以应强调产品的特色，增加消费者的忠诚度。

第三是开辟新的分销渠道，扩大商业网点，进一步向市场渗透，拓展市场空间。由于新产品的销路已经打开，产品已经有一定的市场认可度，应尽量利用这一优势进一步扩大销售，但也应该考虑市场渠道的可控制性。

第四是适时降价或采用其他有效的定价策略，以吸引更多购买者。由于生产者的增多，产品的一致性提高，进一步推广的空间会越来越少，所以应注意市场的变化并及时调整策略。

3. 成熟期

成熟期是产品在市场上普及销售量达到高峰的饱和阶段，产品已为大多数的消费者所认识与购买，企业竞争十分激烈，企业利润逐步下降，商品销售价格降低。

这一时期消费者的心理主要特征是购买欲望强烈，并纷纷付诸行动。其中，有相当一部分消费者由于从众心理而进行购买；同时，由于大量竞争者的加入，市场竞争激烈，消费者购买时选择心理加强，他们对企业的要求更高、更全。

根据这个时期的消费心理，主要营销策略是：

第一是利用已有的市场销售优势，从广度和深度上拓展市场，争取新消费，刺激消费者的购买欲。

第二是进一步提高产品质量，进行产品多功能开发，创造新的产品特色，扩大产品的多功能性、安全性和便利性，增加产品的使用价值，使产品保持某一方面的特点，并大力宣传本产品的特色。

第三是改进营销组合策略，如调整价格、开展多种广告宣传活动或用以旧换新、有奖销售、竞猜等促销手段，以及强化服务等，保持有利的市场竞争态势。

4. 衰退期

衰退期是产品销售量持续下降，即将退出市场的阶段。消费者对产品已经没有兴趣，市场销售量急剧下降，利润不断降低，同行企业为了减少存货损失，竞相降价销售，竞争激烈。

这一时期消费者的心理主要特征是兴趣转向其他商品，消费者的心态是既期待新产品出现，又希望老产品能降价处理。

根据这个时期的消费心理，主要营销策略是：第一是企业停止生产衰退期产品，上马新产品或转产其他产品，着手开发其他的新产品，为企业赢得市场的机会；第二是利用其他竞争者退出市场的机会，用质优价廉的产品吸引保守购买者，并最快地做好市场价格的调整，充分做好逃离市场的准备。

8.2.4 不同时期的购买者分析

1. 最先购买者

也是新产品的创新采用者，他们是新产品的消费先驱者。通常具备以下的特征：第一，社交活动的活跃者，信息灵通；第二，多思想开放，富有个性，勇于接受新事物，具有较强的创新和冒险精神；第三，经济收入和教育水准都较高，有不断尝试新产品的机会和能力；第四，社会中地位比较特殊的人，有广泛的追随者和社会知名度。这部分的消费者占全部采用者的 2.5%。这些人由于特殊的社会地位或者争强好胜的个性特征，容易进行快速的购买决定，成为新产品的领跑者，但这部分购买者的特点主要是由于消费者的消费能力和社会地位决定的，是社会的上层或者是比较有消费能力的群体。

2. 早期购买者

这部分的消费者也是该产品的最早拥有者，也具备一定的创新精神。早期采用者一般拥有以下特征：第一是年龄较轻，富有探索精神，对新事物有浓厚的兴趣；第二是信息灵通，社交比较频繁，是拥有社会中的新信息者；第三是经济状况良好，有一定的经济能力，这部分人是“舆论领袖”，他们的消费经验和消费行为对其他人的意见和购买行为有较强的引导作用。早期的消费者占全部消费者的 13.5%。这部分的消费者多是由于消费者的经济和年龄的因素决定的，是人群中相对年轻者。

3. 中期购买者

中期购买者是随着新产品的不断推广，新产品已经有了一定的社会知名度和一定量的消费者。中期购买者一般具有以下的特征：第一是他们接受过一定程度的教育，对新事物的接受能力较高；第二是有较好的工作条件和较为可观的固定收入，可以很快地跟上社会发展的速度；第三是中期采用者的消费行为有较强的模仿心理，是能顺应社会潮流但又比较谨慎的“追求时尚者”。这部分消费者占全部消费者的 34%，是一个相对较大的消费群体，这部分的消费者是社会中的白领阶层。

4. 晚期购买者

晚期购买者在产品的生命周期成熟期阶段的消费者，产品的信息以及消费经验都已经很丰富，晚期购买者一般具备以下的特征：第一，工作环境、教育水准和收入状况一般，不主动采用新产品，因为其消费能力是非常有限的；第二，由于种种原因，对新事物心存疑虑，多持观望态度，需要稳定的消费经验作为消费选择的主要支撑，因此在新产品已经进入成熟期并且大多数人都开始使用并且反映良好时才加以购买。晚期购买者占全部购买者的 34%，这部分的消费者是社会的蓝领阶层。

5. 最晚购买者

最晚购买者是新产品的推广已经进入到衰退期的消费者，最晚购买者一般具备以下的特征：第一是消费能力比较差，社会地位比较低；第二是思想保守固执，深受传统观念束缚，对新事物、新潮流多持反对意见，不愿意接受新产品。只有在新产品已经进入成熟后期或衰退期时，绝大多数人已经采用时才接受。最晚购买者占全部消费者的 16%，是社会的最低阶层，见表 8-2。

表 8-2　新产品接受者的比例和个性特征

消费者类型	个性特征	所属阶层	占所有消费者的比例（%）
最先购买者	冒险性强，有创新精神	社会的上层	2.5
早期购买者	受到社会的尊重，前卫，是意见领袖	社会的上层	13.5
中期购买者	模仿性强，是社会中的跟随者	白领阶层	34
晚期购买者	怀疑，不确定者	社会的蓝领与保守者	34
最晚购买者	遵从传统的观念，当新事物不在有异议时才接受	社会的蓝领与保守者	16

实训一

任务：通过自我分享在新产品的消费中属于的消费者种类，掌握新产品不同时期消费者的特点，为推销以及产品营销做准备。

【实训目的】促进学生熟悉新产品的相关知识；促使学生掌握新产品推广的 S 曲线中，不同时期的消费者特点；为新产品的推广做准备。

【实训题目】收集和反思自己在三种以上产品的消费中，属于哪一类的消费者；分析自己的消费心理和特点；总结和分析根据不同时期的消费者特点，采用的主要推销和营销方式。

【实训方法】

1．实训过程。

第一步：针对新产品传播的 S 曲线，同学收集自己在三种产品上消费中属于哪一时期的消费者；分析自己的心理状态、行为特点以及原因，形成简单的文字稿。

第二步：选出一位同学后，每一位同学针对该同学的了解，分析其属于哪一时期的消费者，每个同学把该同学所属的类型写在纸片上，教师将这些纸片收起；该同学进行现场的分享；分享结束后，将同学们对该同学的分析进行统计，总结同学对该同学的看法；对比自己分析与同学分析的相同点和差异点。

第三步：选择 3 位同学重复上述第二步的内容。

第四步：教师点评汇总和提高。

2．时间：40 分钟左右。

3．地点：教室。

【总结】

1．新产品的推广 S 曲线中，将新产品推广分成五个不同时期，也将消费者分成五种不同的消费者，这五种消费者有不同的特点和心理特征。比如初期的消费者，通常是观念较新，勇于接受新事物，形成这些消费行为有原因有年龄原因、经济以及消费者个性的原因；晚期的消费者通常是观念较为落后，接受新事物的能力较差，比较关注商品的价格，形成这些的原因主要和经济状况等有关。

2．由于新产品在不同推广时期有不同的消费者，针对不同时期消费者的心理和特点等，制定相对应的策略。比如，在早期的时候，强调产品的超前和特点等，引起早期消费者的关注；对晚期的消费者就是产品的超值价格等。

实训二

任务：调查新产品消费者更关注的内容，使学生更好地掌握新产品的特点，以及在销售中和推广中应注意的问题。

【实训目的】 促进学生熟悉新产品的相关知识；使学生清晰地认识消费者对新产品的需要内容；能够在销售和推广中加以运用这些知识。

【实训题目】 以电子产品的手机（苹果手机）、日常消费中的食品（新类型的糖果等），调查不少于 5 个人让其说明在消费这两种商品时最关注的产品的特点等，总结这些调查说明在推广和营销中应注意的内容。

【实训方法】

1．实训过程。

第一步：在课下或者是同学间进行调查。针对两种商品调查，更关注的内容：产品属性（使用的优越性、使用上的类似性、可试用性、沟通性）；产品的社会属性（时尚、象征性、审美性以及个性化）。

第二步：根据自己的调查结果，结合自己的经验分析这两种商品消费者关注的内容排序，并分析这些排序的启发意义是什么。

第三步：现场选择 3～5 名学生，交流学习心得。

第四步：针对上述的分析，分析在推广和营销中应注意的内容和策略。

第五步：实训指导教师进行分享和指导。

2．时间：30 分钟左右。

3．地点：课下+教室。

【总结】

1．消费者对新产品的需要，由于个人的原因，特别是产品自身的原因，需要的产品属性是不同的，产品的这些属性包括产品的属性部分以及产品所具备的社会意义。这些属性包括：产品属性（使用的优越性、使用上的类似性、可试用性、沟通性）；产品的社会属性（时尚、象征性、审美性以及个性化）。

2．对手机而言，消费者更可能关注产品功能上的优越性以及产品所具备的时尚性等；对食品而言，消费者更关注的是可试用性、时尚型等。

任务九

价格与消费心理

知识目标

1．熟悉价格的“三大”心理功能以及其对消费心理的深层影响；

2．熟悉消费者价格心理：习惯、感受性、倾向性与敏感性心理；

3．熟悉主要的价格策略以及心理依据。

能力目标

1．能够根据价格的心理功能以及消费者的价格心理分析商品价格的优劣；

2．能够准确地分析价格上升、价格下降时消费者的心理，并能够依据具体的产品和市场情况形成价格调整的小建议。

引入案例　“双赢的销售”

有一位成功的商人，有人问他成功的秘诀是什么？他说他一辈子装聋作哑。原来是这样，顾客走进他的店里，指着一件商品问：

“这个多少钱？”

“什么啊？”商人手贴着耳朵问。

“这个多少钱？”

“什么？有多少？”

“是多少钱!!”顾客有点对商人恼怒了。

“哦！这个多少钱啊？稍等一下。”商人对着屋里的人喊：

“老板，这个柜台上的东西多少钱啊？”

里屋传出一阵带着睡意又不耐烦的吼声：

“不是说了吗？那里的商品要80块！好了，别烦我！”

“哦，这样啊，好的！”商人回过身来对着顾客。

“您也听到了，老板说要50块，不过我给您便宜点，40块拿走怎么样？”

顾客暗自窃喜匆匆付过钱后一溜烟就走了。

案例分析：

价格虽然不是商品的核心，但确实是联系消费者、产品经营者之间的重要纽带，如何制定一个使消费者与营销者双赢的策略是非常重要的。

子任务一 价格功能与价格心理

在经济学的概念中，商品的价格是商品价值的体现，是经济活动中的基本规律。随着市场经济的发展，市场的供给对价格的影响越来越深刻，同时消费者的价格心理也在一定程度上影响着价格变化。

9.1.1 价格的心理功能

1. 衡量商品价值和品质的功能

从经济学的角度说价格是商品价值的体现，并随着市场的情况围绕价值上下波动。在市场营销中，价格往往是消费者用来衡量商品的价值和品质的重要指标和手段。

消费者通常有一种消费心理是“好货不便宜，便宜没好货”、“一分价钱一分货”，就是这一功能的最好体现。在消费者的心目中，价格是体现商品价值的最直观方法。消费者形成这种心理的原因有三个方面。

（1）价格效应。

作为经济规律，价格始终在一定程度上要体现商品的价值，当一个产品的价格很高时，就形成了商品的“晕轮”、“光环效应”或者“晕轮效应”就起到了作用，消费者就会认为商品一定具备了某些应有的品质。

（2）消费者的经验。

通常情况下，人们在知名或者大商店购买商品总要比路边摊点购买的品质更好，即多数的时候消费者花相对多的钱购买的商品质量相对较高，所以消费者在消费中获得“价高质优”的经验。

（3）由于一般消费者知识的限制。

随着科技的高速发展和社会的进步，社会分工的加剧，消费者对大部分商品的生产工艺和专业技术特点缺乏了解。比如，一个了解电脑的人，不可能完全认识某一营养品的实际价值。所以，一般消费者难以了解商品的实际价值和品质，最简单和方便的方法就是以商品价格来衡量商品价值和品质，认为价格昂贵的商品其内在价值和商品品质也相对较高；而价格低廉的商品，其内在价值和商品品质也相对较低。

这也是价格两面性的体现。因为，在消费者的心目中，并不是说价格越低，消费者就越愿意选择，在很多耐用品和科技含量高的产品中，消费者更倾向选择价格较高的商品。

2. 消费者自我意识的比拟功能

消费者在购买活动中，由于购买行为的社会性，通常将商品价格的高低与个人的财富、社会地位、个人的愿望、情感、偏好、个性等心理特征联系起来，进行有意识或无意识的自我比拟，以满足个人的某种欲望和需要。价格所具有的这种心理功能即为自我意识比拟功能。

消费者的这种自我意识比拟有多方面的内容。

（1）价格的社会、经济地位的比拟。

一般情况下消费者习惯购买商品的价格高低是消费者消费能力的重要体现，也是一个人的社会地位和品位的重要体现。所以，有些消费者追求名品、名店等去购买商品，以满足个体社会交往的要求以及体现个人的品位和社会地位。一个总是在大型商场购买衣服、服饰、蔬菜等商品的人，比总在路边小摊位购买上述商品的让人觉得更有心理上的优越感和满足感。

（2）生活情趣比拟。

由于不同的消费者，会有不同的价值观念、消费观念、个性心理特征等，所以价值比拟功能的体现是因人而异的。

虽然社会上有以名品等来显示自己的收入和社会地位的，也有消费者在购买商品时希望自己购买的商品是“物有所值”，甚至或者最好是“物超所值”，以此表明个人良好的购买能力和经济能力。因此，有些消费者专门购买换季打折商品，一方面满足了他们对消费名牌商品的欲望，同时也使他们产生自己善于理财、买到物超所值商品的满足感，这也成为了一些消费者的一种生活趣味。

3. 调节消费需求的功能

在其他的市场条件保持不变的情况下，当商品价格下降时，消费需求量将会增加；当商品价格上涨时，消费需求量将减少。价格对需要的调节和许多因素有关，其中下面的两个方面尤其重要。

（1）商品类型。

当一种商品的需求弹性较小，受价格变动的影响也较小；当一种商品的需求弹性大，受价格变动的影响也较大。

应用举例　　需求弹性—价格—消费者需要变化

日常用品等商品需求弹性小，比如酱油、盐、米、面等生活必需品，商品价格的变动，对需求的影响不大，因为人们对这些产品的需求量是相对比较平稳的；奢侈品的需求弹性较大，受价格变动的影响也较大，比如名牌的服饰、汽车等商品，当价格上升时，消费者会不去购买。因此，对不同商品调价要进行认真的分析，选择合适的价格调整策略。

（2）消费者心理因素。

消费者个体特征与需求的差异会对价格变动的感受不同。

第一，消费者对某商品的需求越强烈，对价格的变动就越敏感，商品价格对商品需求调节的力度就越大。

应用举例　MP4 和 MP3 的销售比较

一个消费者需要时尚款式的 MP4 比 MP3 更强烈，所以 MP4 的价格调整比 MP3 价格的更有市场意义，消费者对 MP4 价格的变动更感兴趣，而 MP3 价格的变动对消费者和市场的影响并不大。所以 MP4 价格的调整更容易带来更多的消费者，增加销量；而 MP3 的价格调整，因为不属于时尚的产品，其价格的变动也不会使产品成为畅销品。在实际生活中，经常可看到名牌或时尚流行商品的特卖场的火爆抢购的场面，就很好地说明这个问题。

第二，从消费者预期价格心理看，当某种商品价格上涨时，本来应抑制消费需求，但消费者出于购买的紧张心理，预期商品价格还会继续上涨，反而刺激了购买心理需求；而当某种商品价格下跌时，消费者出于期待心理，预期商品价格还会继续下跌，于是大家都持币待购，结果反而抑制了购买的心理需求。

应用举例　“买涨不买跌”的原因和影响

在现实生活中出现的“买涨不买跌”现象是因为人们担心涨价商品会继续涨价，而跌价商品会再降价，因此产生的这种购买上的异常现象。我国在加入 WTO 以后尽管汽车的价格已经下调，但消费者仍然持币观望，而 2005 年以来房价的上涨，却不断刺激消费，就是这种心理的体现。这种情况在一些大宗消费，如房地产、汽车以及股票、证券市场上出现较多。

9.1.2　消费者的价格心理

1. 消费者对价格的习惯性心理

（1）习惯性心理定义。

消费者对价格的习惯性心理是指消费者在以往多次对某一类产品的购买活动中，通过对该类商品价格的反复感知，形成了对某种商品价格的习惯性认识和习惯心理。

应用举例　日常消费中的习惯心理

消费者通过多次购买面巾纸，价格基本上是 5 角左右，通过反复的消费过程，消费者会认为 5 角左右是该商品的合理价格；同样，消费者经过反复的市场观察和了解会知道普通的一台 29 寸彩色电视的价格基本在 2000～3000 元，所以一旦购买该商品时就会购买价格范围内的产品。如果，一旦一包面巾纸的价格变成了 1 角钱，普通的一台 29 寸彩色电视的价格是 500 元，消费者在购买时反倒会有一些不安；如果一包面巾纸的价格成为 10 元，原本 3000 元的电视机升价为 1 万元，消费者会觉得“不靠谱”；一旦一般包装的半斤鲜牛奶的价格是 1 元左右，0.8～1.2 元是消费者能接受的，如果超出 1.2 元，价格是 1.6 元，消费者就会觉得不值得，所以不会购买；如果低于 0.8 元，变成 0.5 元，消费者就会怀疑商品是有质量或者是过了保质期等问题，不愿意去购买。所有这些，都是消费者的价格习惯心理在起作用。

（2）消费者习惯性心理的形成。

商品价格作为一种客观的市场现实，是消费者非常关注的因素。由于消费者不一定是专家型消费，对商品的生产过程和产品的构成因素不是很了解，所以对商品的价格构成以及商品的价格变动趋势和过程也不是非常了解，但作为消费中的重要因素价格，消费者又非常关注，所以他们只能从多次的购买活动和消费过程中，以及通过与其他消费者的交流过程中，来逐步体验和认识商品的价格及其价值，并由此形成了对商品价格的习惯性认识和总体的判断，这个经验判断一旦形成就是消费者对该商品的习惯价格。

（3）消费者习惯性心理的影响。

消费者对某一商品的价格一旦形成对其消费行为影响是很大的。消费者从习惯价格中去联想和比较价格的高低涨落，以及商品价值的大小和商品品质的优劣，并据此抑制或刺激消费行为。在消费者心目中已经形成的习惯价格的商品，消费者就会对商品价格做出一个上限和下限的定义，如果商品价格高于上限会使消费者认为太贵，不愿意购买；如果商品价格低于下限则会令消费者产生怀疑，就会让消费者怀疑该商品的质量等问题，因而不敢去购买。

同时，消费者对某商品的价格习惯心理一旦形成，就会有一定的稳定性，形成消费过程中的定势，不会轻易改变。当商品价格变动时，消费者对新价格的认识必会经历一个由不习惯到习惯的过程，这是一个渐进的过程，在价格调整的初期会影响对产品的消费。这就是日常生活中常见到的商品调价引起市场波动的原因。因此，生产经营者在制定和调整价格时，必须考虑消费者的价格习惯心理，采取慎重的态度和相应的措施。

2．消费者对价格的感受性心理

（1）感受性心理定义。

消费者对价格的感受性心理是指消费者对商品价格高低的感知程度和判断过程，同样的价格在不同的场合或情况下，消费者获得的价格感觉是变化的现象。

同样 500 元的一双鞋子，对一个消费水平低的消费者来说，是相对贵的，但对一个消费水平高的消费者来说，相对较低。

（2）消费者的价格感受性来源。

消费者对一种商品的价格高低的感受来自以下五个方面：

第一是通过在同类商品中进行比较获得的。这是最常见和简单的方法，一台 29 寸的数字高清彩电，消费者会通过不同品牌电视机的比较来分析某品牌的电视机价格的高低，消费者可以根据自己的种种调查确认对一个商品的价格感受。

第二是从同一售货现场中对不同类商品的比较而获得的。

应用举例 环境“存托出”的价格体会

同样一瓶5元钱的饮料，在路边小摊里出售，消费者会觉得太贵；在大型的超市里出售，消费者会觉得价格一般；当在五星级的酒店里出售，消费者就会觉得价格较低，这是因为消费者会与不同场所的其他商品进行现场比较，获得价格的感受。

第三是产品自身不同商品的比较，即同一品牌的产品的其他商品相比较获得价格感受。

应用举例 系列产品的价格“造势”作用

一个不知品牌的酒和茅台酒一样，价格都是50元一瓶，消费者购买后，会觉得茅台酒更合算、便宜。主要是因为茅台酒有自己的一系列产品，价格从50元一直到几万元不等，因此茅台酒的实力和系列价格使消费者觉得50元的茅台也货真价实；同样，一个有礼品包装的月饼是500元，同样品牌月饼的简易包装是10元一斤，尽管比其他简易包装的产品贵，也给消费者挺划算的感觉。因此，系列产品具有某种“价格造势”的功能

第四是本商品的前后价格比较。

应用举例 艾格的价格策略

艾格服饰的衣服，通常在新品上市时价格是500元，而在打折后是180元，给人的感觉是便宜的，事实上可能其他品牌同质料的衣服定价就是180元，但给人的价格感受是不同的；一些商店，在反季的时候会挂出一些昂贵的商品，一到正常季节就开始打折销售，会使消费者趋之若鹜。比如，在夏季的后期挂出一件昂贵的风衣5000元，进入销售旺季后，再打七折销售，让消费者觉得价格合适，并乐意购买，觉得买到了货真价实的商品。

第五是消费者个人消费能力的变化。当消费者的消费能力提高，因此商品的价格感觉较低，当人的消费能力下降或本身较低的情况下，对同样的价格就会觉得较高。

（3）价格感受心理的影响。

消费者对一个商品价格的感受不是一成不变的，会随着环境、同类商品以及自身产品等的变化，而使消费者对同样的价格获得不同的感受，所以要深入研究消费者这一价格心理的特点，进行价格的调整和销售地点的选择。

消费者在进行消费的时候，对价格的感受不仅仅来自商品价格本身，也来自环境和消费者个体的因素，综合获得消费者个体的价格感受，从而影响到消费者的消费行为。

3. 消费者对价格的倾向性心理

（1）倾向性心理定义。

消费者对价格的倾向性心理是指消费者在购买过程中对商品价格选择所表现出来的倾向性特点。

有价格不等的4件衣服，消费者在购买时除了要选择款式外，也要根据价格的特点进行选择，同时一个讲究实用的消费者会选择“物美价廉”的，出现选价中的实用倾向；另一个讲究面子的消费者会选择一个价格贵点的，体现身份等，出现选价中的高价倾向。

（2）消费者价格倾向的分类。

由于消费者自身因素和产品因素的影响，消费者的价格倾向性有两种形式：

第一是消费者个人因素导致的价格倾向性。商品的品质一般都有高、中、低档，其价格也有高、中、低价位之分。由于不同的消费者在个性、经济收入、价值观念、购买经验、生活方式及文化修养等方面的不同，所以在选购商品时对价格的倾向也不同。收入较高的消费者在选择商品时，倾向选择价格高的商品，而收入抵的消费者倾向选择价格低的商品。同时，由于消费者消费习惯的不同也使消费者有不同的选价心理和倾向。

第二是由于商品的因素所导致选价的倾向。由于商品类型的不同，消费者对商品的质量和品质的要求也不尽相同，因此对商品的选价倾向也不同。

应用举例　　耐用品与日用品的不同选价倾向

对于耐用消费品的选择、对科技含量高商品的选择以及对人的健康相关商品的选择等，消费者倾向选择价格较高的商品，因为消费者对商品的质量和品质的要求很高；而对非耐用品、科技含量低以及与人的健康关系小的商品选择，消费者会选择价格低的商品，因为在对这些商品的消费，消费者更多关注如何节约金钱的开销。比如，选择冰箱、直接饮用的牛奶、电脑等商品，消费者会选择价格高的商品，以确保商品的质量，而雨伞、挖耳勺等，会选择便宜的商品。

（3）价格倾向性心理的影响。

消费者的倾向性心理虽然和个体的个性有关，但也和产品的类型有关，所以并不是所有的商品都是越便宜越好，也不是所有的商品都可以定高价，而要根据产品的类型，判断消费者的选价倾向，进行合理的定价。

4．消费者对价格的敏感性心理

（1）敏感性心理定义。

消费者对价格的敏感性心理是指消费者对商品价格变动的反应相对其他因素的变动是比较敏感的。由于价格的高低直接影响到消费者的切身利益，所以消费者对价格的变动会做出不同程度的反应，而反应程度的大小，即价格的敏感性，与消费者的个性以及商品的不同而有异。

（2）影响消费者价格敏感性心理的因素。

消费者的因素包括消费者的个性特点以及年龄等特点，个性的因素以及年龄的因素又与许多因素有关，所以不确定性较强，年龄越大，对商品的价格变动越敏感。也与消费者对商品的需要程度相关，对商品的需要程度越高，对价格变动的敏感度越高。

另一个因素就是商品的因素。通常与消费者日常生活密切相关、购买频率高的商品，消费者对其价格变动的敏感性较高，心目中的上、下限幅度也较小。而一些非生活必需品，购买频率低的商品，消费者对其价格变动的敏感性就低，其心目中的上、下限的幅度亦较大。

应用举例　　不同商品变价的不同感受

肉类、蔬菜价格提高几元、几角，消费者也马上感到难以适应，并容易成为社会关注的热点；家具、家用电器等，即使价格上涨了几十元、几百元，消费者也能平静接受且心安理得。这种对变价感觉的差异和商品密不可分。因此，生产经营者应注意消费者对商品价格的敏感心理，在调价时注意调价的幅度及时机，以免引起消费者心理上的过度反应。

（3）价格的敏感性心理影响。

消费者对价格的关注是因为消费者对个人利益的关注是永远。价格除了自身的规律外，也受到消费者的价格心理的影响，并在消费过程中影响着消费者的选择，所以产品的生产者和经营者，不但要分析和研究产品价格的自身规律，也要注意分析和研究消费者的价格心理特点，使商品价格既符合自身经济利益的要求，也适应消费者的心理要求，获得良好的市场效果。

子任务二 价格高速与消费心理

商品价格的调整通常有两种情况：提高和降低。价格调整的原因通常是企业为了适应市场变化需要而采取的行为，是企业应对市场的一个手段。在价格调整时，由于价格策略、时机等原因，其市场的效果和消费者的反映也是不同的。

9.2.1 价格下调时的消费心理与策略

1. 价格调整时消费者的心理反应

消费者对商品的价格是非常敏感的，因为价格的高低直接影响着消费者的经济利益，对人有着深刻的影响，所以调低商品价格，会对消费者有利，理应激发消费者的购买欲望，促使其大量购买。但实际上，由于消费者无法直接了解调低价格的真实原因，因此在心理上会产生一些和营销者期待不同的心理反应。

（1）便宜等于低品质。

在价格下降时，消费者会产生“便宜没好货，好货不便宜”等一系列联想，引起消费者对产品质量的疑虑，因此不愿意购买。

（2）便宜商品的低社会满足感。

商品的价格不但有衡量商品质量的功能，也有社会象征性的功能，过度便宜的商品，使消费者觉得购买便宜货有损自己的自尊心和消费时的满足感。

（3）价格的下降意味着新产品的出现。

商品的价格降低通常是商品逃离市场的预兆，所以消费者会产生商品的式样已过时、将会被新型产品取代的心理，因此会等待更好的商品上市。

（4）价格只要下降就会再降。

消费者会产生降价商品可能是过期商品、残次品等心理，因此希望商品的价格还会进一步下跌，会产生等一等再买的预期心理。

因此商品价格的下降是一把“双刃剑”，一方面可能会带来新的消费者，达到促销的目的；另一方面也可能使消费者怀疑商品的价格、期待更大的降价，因此导致“越降越没人消费”的现象。所以，价格下降应谨慎进行。

2. 降价的心理策略

由于商品的降价会带来很多的心理反应，所以应注意商品降价的策略，商品价格调整的心理策略可分为被动型降价和主动型降价两种形式。

（1）被动型降价的心理策略。

被动型降价是指由于各种原因而形成商品滞销时，生产经营者所采取的迫不得已的降价措施。常见的原因有商品供过于求、市场疲软、商品有缺陷或商品处于衰退期等都会产生商品的滞销现象，为了刺激商品的消费，进行一些价格的调整，价格调整时应注意下述问题：

第一是价格下降的幅度。被动降价的心理策略是降价幅度要适宜，如果降幅过小，不能引起消费者注意，达不到刺激销售的目的；降幅过大，会引起消费者对商品品质产生疑虑等，因此阻碍消费。一般情况下，普通商品降幅为原来价格的 10%～30%；耐用消费品不宜超过 10%；如果商品降幅超过 50%时，消费者的疑虑会显著增加。

应用举例　　降价应用

一支 7 元的牙膏，正常的促销价格应在 5 元左右（七折）；一款价格 5000 元的冰箱，正常的促销价格应在 4000～4500 元（九折）；这样就能刺激消费者的消费。

第二是降价时机的选择。要准确、及时把握降价时机，时机对刺激消费者的购买欲望有重要作用。比如，当产品进入到衰退期时，市场中该产品的数量增加、质量降低，应尽快地选择降价，促使消费者的消费，使产品更快地逃离市场。

第三是降价的频率选择。当一个企业的产品因为被动的原因，频繁地选择降价策略，会降低消费者对企业的认识。因为被动型降价虽有助于扩大销售，但它只是避免扩大损失，而不是盈利的措施，所以不宜过于频繁使用，应避免使消费者产生期待心理和怀疑心理。

（2）主动型降价的心理策略。

主动型降价又称进攻型降价，是生产经营者以扩大商品销售为主要目的，根据市场的一些条件，进行有选择的降价策略，降价的商品不是过时商品，而是通过降价吸引更多的消费者。主动降价常选择在节假日前后、展销会期间或周末等特殊的时间。这种在某些特定日子采取的降价措施，能够避免消费者对商品品质产生疑虑，且迎合了消费者求实、求廉的心理，故能极大地促进消费者的购买行为。

主动降价除了被动降价的三个因素外，还应注意降价方式的选择。既要达到促销目标，也要达到保护商品形象的目标。

应用举例　　折让价格的选择

选择假期内的“买送搭配”的策略。买一瓶香水送小瓶的新产品的试用装、买衣服送一条搭配合理的领带等；“时间折让”的策略。以网络的秒杀价格最为典型，在规定的时间内进行价格折让，严格地在时间过后恢复原价等，这样既可以达到降价促销的效果，又可以在折扣时间过后，恢复到原来的价格和方式，给产品的价格回升留有一定的空间。

9.2.2 价格上升时的消费心理与策略

1. 价格上升时消费者的心理反应

调高商品价格，通常对消费者是不利的，通常会减少消费者对商品的需求，影响商品的销售，但在实际生活中，消费者对企业提价会产生不同的心理反应。

（1）产生“这种商品很畅销、不赶紧买就买不到了的”心理预期。

商品的价格通常是下调的，价格一旦上升会使消费者认为该产品的质量是优秀的，生产者对商品的销售充满信心，因此产生“这种商品很畅销、不赶紧买就买不到了的”心理预期。

（2）产生“这种商品很有价值”的心理预期。

消费者会认为商品在销售的过程中，该商品是畅销商品，或者由于商品的使用价值等使商品的价值上升等。

（3）继续上升的担心。

消费者在价格上升的时候有时会上产生新产品价格的预期，会认为价格会继续上升，因此应该及早购买这种商品，先买下来保值。

（4）负面的心理：价格太高了。

商品的价格太贵了，超出了消费者对该商品的习惯价格，因此就不买或少买，等等。

应用举例　　房屋价格的“上涨”

从 2005 年底至今，房屋价格开始上升，但是消费者对房屋价格的预期就是价格会继续上升，因此产生了“越升越买”的现象，结果是房屋的价格一路攀升。原来每平方米 3000 元左右的房子，到了 2007 年左右就上涨至一倍左右；海尔品牌的冰箱在别人都下调价格时，保持原来的价格不变，甚至有小幅的上升，使消费者看到生产者的信心，并认为该产品的质量和信誉，因而更加促使消费者的购买。

2. 提价的心理策略

价格的上升也有两种情况，即主动的价格上升和被动的价格上升，商品价格上涨虽然是一种正常的经济现象，但商品涨价对消费者而言总是不利的，所以在价格提升时要注意。

（1）被动的价格上升。

被动的价格上升是指由于各种原因形成的产品成本的上升，生产经营者所采取的迫不得已升价的措施。常见的原因有商品的原材料价格的上升、人力资源的价格上涨等产生商品价格上升的现象，为了使生产者能更好地经营，因此进行一些价格的调整。价格向上调整时应注意以下问题：

第一是宣传。提价前一定要做好宣传工作，向消费者解释清楚涨价的真实原因，消除或淡化消费者的不满情绪。

任务九

2005 年，钢材价格的上升导致了冰箱价格的上升；2006 年由于汽油价格的上升而导致出租车收费的上升，由于事前的各个生产者和政府的宣传，淡化了消费者的不满。

第二是在商品的推广中要辅以更热情周到的服务，以取得消费者的谅解与信任。由于价格的上升对消费者来讲是一个负面的事情，为了改善消费者的态度，企业应该为消费者提供更高的服务或者给消费者带来更大的利益使消费者获得满意感。

（2）主动提升产品价格的心理策略。

主动提升产品的价格，是生产经营者以扩大商品销售为主要目的，根据市场的一些条件，进行有选择的价格提升策略，从而吸引更多的消费者。通常是企业为了提升产品的品牌而进行的价格调整策略，应注意的心理策略除了上述策略外，还应注意以下方面：

第一是给产品加入新的因素，使消费者认为价格的上升是物超所值，比如商品的款式、其他功能的加入等，或者缩减商品的生产，使商品拥有者的社会声望得到提高等。

第二是产品提价的幅度。和降价相同的是，价格的提升必须注意幅度，但是由于有些商品价格的提升是以提升品牌效应为目的，所以价格的上升幅度应该是相对较高，才能获得市场的效果，否则，就会达不到提价的目的。

第三是提价的时机选择。由于产品的价格上升会使消费者感受到一定经济的损失，所以商品价格的上升会使消费者降低消费，所以要选择合适的时机进行，达到不同价格提升的目的。

案例9-1　海尔冰箱的“反其道而行”

2008 年左右，由于冰箱价格的竞争而导致价格下降，海尔希望通过价格的上升提高品牌的信心，所以在所有品牌冰箱都在降价时，选择涨价，向消费者介绍本产品的优势以及涨价的原因，不仅没有丧失消费者，反而获得了一定的市场效果。

总之，商品定价和调价的心理策略很多，每一种策略都有其特定的前提条件和适用范围。要根据实际情况选择适宜的、有效的、符合消费者心理需求的方法，使价格尽可能有利于企业的促销活动。

子任务三 定价策略与其心理依据

商品价格的制定通常是在新产品投入市场时进行的，并在以后的市场运行和应用的过程不断地根据市场以及销售情况进行调整，而价格制定的心理策略是生产经营者为迎合消费者心理所采取的定价策略，以满足不同消费者的消费需求。在制定商品价格时，除了要考虑商品种类、需求、竞争、成本等外，还要认真考虑消费者对价格的各种心理反应。只有根据不同消费者对不同商品、不同价格的心理反应而定价，才能把产品顺利地推向市场。

9.3.1 撇脂定价法与其心理依据

1. 撇脂定价法定义

又称取脂定价法等，根据消费者求新、求美、求奇等消费心理特点，对新产品销售采取先高价后低价的方法定价策略。当新产品刚刚投放市场时，由于此时技术开发和产品创新等原因，市场上尚没有出现同类商品的竞争者，也没有相关的替代品，加上消费者有求新、求异、求美等时尚的心理，对新产品，特别是精品采取高价策略，以便获取巨额利润和尽快回收研制、开发新产品的投资。之后，随着竞争者的出现，供求关系的变化，生产经营者可酌情逐步降低价格，保证自己的市场份额，或者最快速度地收回成本，然后逃离市场，开发新的产品。

2. 心理依据

撇脂定价法能在市场上运用，主要是因为其能满足消费者如下的心理需求：

第一是满足了追求高价的需要。由于商品的价格比较高，使商品更容易形成一种象征性的消费，能体现首先消费群体的特殊社会地位和消费能力，成为消费者的一种社会地位的象征。

第二是商品价格的规律。在市场营销中，价格的决定因素有两个方面：一是商品的价值，另一方面是市场的供给关系。当市场的供应不足，消费者的需求就会更强烈，一般新产品在上市时，市场处于供应不足的时期，所以消费者的需求比较强烈。

第三是满足了消费者时尚前卫的心理需要。撇脂定价法是在消费者求新、求美等心理下产生的，新产品的出现为时尚前卫的消费者提供了可以供选择的商品，使其与其他消费者产生了一定的不同；同时其高价也会使普通消费者很难接受，缺乏性会使时尚感更强。

3. 撇脂定价法的优势和劣势

撇脂定价法优点：第一，可以提高新产品的品位。价格通常是消费者判断一个商品优劣的主要依据，因此高价格会使消费者感觉到商品的高品位；第二，能尽快收回成本，赚取利润；第三，提高了价格调整的余地，增强了价格的适应能力。当商品的价格不适应市场的需要时，可以有一定调价的空间，给商品适应市场留下了一定的余地。

撇脂定价法劣势：第一，商品的高利润必将引来对手的激烈竞争，竞争越激烈，商品滞留在市场的时间就会越短，对产品的营销和推广的压力也会相应增大；第二，撇脂定价法是一种不利于消费者的定价方法，所以对于企业树立形象和后续的生产和产品推广不利；第三，当价格超过消费者心理标准时，可导致商品无人问津，给产品的推广带来一定的压力和风险。

4. 撇脂定价法的应用

撇脂定价法一般应用于一些市场寿命较短、更新换代速度较快的特殊商品。比如时装、时尚用品、手机等 IT 产品，手机产品，在初面市的时候，一直到价格下降到原来价格的一半，通常在一年左右的时间，由于产品的特殊性，消费者可以接受这个定价，并认为是理所当然的。

一些科技含量高的产品，由于其技术的问题，其他商家在开发时，也需要很多的时间才能掌握相应的技术，所以可以采用撇脂定价法的策略，来获得由于技术能力所导致市场稀缺该类商品的市场利益。

9.3.2 渗透定价法

1. 渗透定价法定义

渗透定价法是根据消费者求实、求廉的心理，以低价进入市场，以获得消费者好感，并迅速占领市场，待打开销路后再逐步提高价格的方法。

2. 心理依据

第一，多数的消费者在购买日用品时，选价心理是低价倾向。渗透定价法迎合了消费者求实惠、求价廉的心理。第二，该定价法有利于消费者态度的形成。低价渗透的方法，更容易让多数的消费者试用，增加消费者使用机会，从而慢慢喜欢产品，为产品培养固定的消费群体。

3. 渗透定价法的优劣势

渗透定价法的优势：第一，有力地把消费者吸引过来，使新产品迅速进入市场，扩大市场占有率；第二，低价渗透也使竞争者难以抗衡，不会有太多的竞争对手，为产品的长期推广建立了条件。

渗透定价法的劣势：当商品打开销路并占领市场后提高商品价格，容易引起消费者心理上的反感乃至抵制，所以应注意提价的幅度与时机。

4．应用

这种定价法一般多用于日常生活必需品的定价，如食品、低值易耗的日用消费品等。

9.3.3 反向定价法

1．定义

反向定价法又称满意定价法，它是采取适应市场竞争能力的定价策略，以消费者对新产品的预期零售价，即目标消费者愿意为新产品所付的价格为前提，据此测算出新产品的生产成本和费用，再据此组织生产。这种方法不同于常规的产品定价格做法，而是以价格定产品，以求符合消费者的消费水平与消费心理。

2．心理依据

该定价方法的主要心理依据是消费者的价格心理是以适合自己为主要的目标，即消费者的消费能力决定了消费者的心理，应从消费者的需要出发，来选择和生产合适的产品。

3．反向定价法的优劣势

反向定价法的优势：体现在价格的确定过程，先从消费者的需求和购买能力来确定价格，进行产品生产成本的控制，更加符合了消费者的需要，使商品的价格符合目标群体的特点，更能吸引目标群体。

反向定价法的劣势：由于首先根据目标群体的特点来确定产品的生产过程和成本的管理，不利于产品质量的提高和生产过程中的改进，同时反向定价法将产品的消费者确定在很小的范围内，不利于产品的推广。

4．反向定价法的应用

反向定价法一般应用于目标消费者明确且目标消费者对产品的要求、消费能力等都比较接近的商品。

案例9-2 “凌志”与“梅塞德斯”

丰田公司看准了人们希望拥有像“梅塞德斯”同样性能但价格较低些的轿车，决定开发性能如梅塞德斯但价格较低的轿车。在确定了产品的售价与性能的前提下，通过精心设计、技术改良、成本控制、营销管理等措施，生产出性能如梅塞德斯而售价几乎只为其一半的凌志轿车。产品一经推出，即受到消费者的追捧，获得极大成功。

9.3.4 非整数定价法与整数定价法

1. 定义

非整数定价法是一种典型的心理定价法，给商品制定带有零头数结尾的非整数价格。整数定价方法与非整数定价法正好相反，就是给商品制定一个整数价格。

2. 心理依据

利用消费者对价格感知差异所造成的错觉来刺激购买。非整数定价法容易产生一种错觉，价格相对便宜，也会使消费者感觉营销者定价是认真和负责任的；整数定价法使感觉价格相对较贵，突出了消费者的消费能力。

3. 非整数定价法与整数定价法优劣势

非整数定价法与整数定价法的优势：非整数定价的优点就是整数定价的缺点，两者是相互的。

非整数定价的优点定价的优点体现在三个方面：第一，可以使消费者产生价格偏低的心理错觉，如标价 98 元的商品比标价 100 元的商品好销，因为消费者会从心理上认为这是几十元的开支；第二，可以使消费者产生定价精确的心理感受，从而产生信任感；第三，可以使消费者产生美好的联想，由于民族传统、风俗习惯等因素，使消费者对某些数字具有偏爱，选择他们偏爱的数字作价格结尾数，会使消费者产生美好的联想。

整数定价的优点体现在；第一价格相对比较贵，突出了消费者的身份和社会地位；第二方便消费者的购买，消费者在购物过程中更加方便付款和了解商品的价格。

4. 非整数定价法与整数定价法的应用

非整数定价法多用于日常生活用品，尤其在超级市场中的应用很广；整数定价法多应用于耐用品和价值较高的商品。

应用举例　　感受它们的不同

同样一件商品，分别有两个定价，以本人的消费经验和体会感受一下它们的不同。

一只杯子它的两个定价分别为：20 元与 18.8 元；

一件大衣它的两个定价分别为：2000 元与 1998 元。

在实践中，前者的定价多选择 18.8 元，后者多选择 2000 元。前者的选择是利用非整数定价的优势，使消费者感觉价格合理和便宜；后者的选择是利用整数定价的优势，使消费者感觉等价稍高。

小知识　不同习俗下的尾数定价

在美国，价格的尾数多采用奇数，奇数是单数，其心理作用是单数比双数小；在中国，“8”有吉祥之意；在中国香港、台湾等地，“8”与“发”谐音，故价格尾数多采用“8”。

9.3.5　习惯定价法

1. 定义

习惯定价法是依据消费者对某商品的习惯价格的心理进行商品的定价，并在长期的推广中保持不变化的价格策略。这种定价方法是掌握了消费者对某一商品的习惯心理而定价的，符合消费者的消费心理。

2. 心理依据

利用习惯定价法，可以顺应消费者的价格习惯心理，使消费者形成习惯性与惠顾性购买行为。有些商品的价格在长期的购销活动中，形成某种程度的固定性，这种固定性价格在心理上起稳定性和合理性作用，是消费者衡量商品品质的标准。它是消费者认识商品品质的一个简单方法，它也是为买卖双方所接受的定价策略。

3. 习惯定价法优劣势

习惯定价法的优势：尊重了消费者对某产品的习惯性价格心理，使产品的定价符合消费者的心理需要，有利于产品的推广。

习惯定价法的劣势：与其他同类产品的价格没有区别，价格的特点不够突出。

4. 习惯定价的应用

这种方法多应用于牙膏、肥皂、剃须刀片等使用广泛的日用工业品等商品。

9.3.6　声望定价法

1. 定义

声望定价法是根据消费者的求名、仰慕名店、名牌商品的心理，对商品采取较高价位的定价方法。

2. 心理依据

声望定价法往往可以提高消费者、商店或商品的身价，消费者购买高价格的商品可以显示自己的社会地位与经济地位，在心理上获得一种满足感，所以会支出超出应支付的价格水平。

3. 声望定价法优劣势

声望定价的优势：突出了商品的社会价格和象征性，满足了消费者的社会需要。

声望定价的劣势：价格不完全体现产品的实际价值，对消费者消费产品是不公平的。

4. 应用

声望定价可以针对名贵的商品、精品等。消费者会因为购买名贵的商品、拥有特殊地点出售的商品来获得心理上的满足。

9.3.7 分级定价法

1. 定义

分级定价法是将某一企业的、同一类的商品多个不同牌号、规格、等级的商品划分为若干档次，分别制定不同的价格策略。

2. 心理依据

分级定价策略给消费者以质定价、优质高价、劣质低价的感觉，并引导消费者购买符合自己心理需要的产品，满足不同层次的消费需求。它既可以满足选高价消费者的心理，也可以满足选择低端产品的消费者心理。低端的消费者获得低价的感觉或者购买和消费该产品更加物超所值。

3. 分级定价法优劣势

分级定价的优势：给消费者的感觉按质定价，满足不同层次消费者的需要，使消费者能各取所需。

分级定价法的劣势：必须是建立在系列产品之上，只有有了系列产品才会有该定价法。

4. 分级定价的应用

分级定价的应用多是在较大的企业生产的一系列消费品或者奢侈品的定价，比如烟、酒、茶等商品的定价。

应用举例　　**茅台酒的价格选择**

茅台酒根据酒的包装、纯度、酿造的时间等因素，分成不同的等级，对茅台极品酒的定价是2000元，甚至更高的价格，而将一般饮用的酒定成20元等，或者将礼品装定价昂贵，而将简装酒定较低的价格，使不同阶层的消费者都能购买到合适自己阶层的产品。同时，也让消费者觉得茅台酒的定价合理：高品质高价格、低品质低价格。

9.3.8 优惠定价法

1. 定义

优惠定价法包括折价与折让两种方式，是指在一定条件下，企业用低于原定价的优惠价格把商品售与消费者的定价策略。

折价就是常见商品直接价格的打折。价格折让的形式主要有数量、季节以及新产品折让等。数量折让价格，即根据消费者购买的数量或金额给予一定的折扣优惠；季节折让价格，为了鼓励消费者在淡季购买季节性商品，对于在商品淡季购买的消费者给予优惠；新产品推广折让价格，对于在新产品试销期间购买的消费者给予优惠；产品销售中的搭配优惠等。

2. 心理依据

优惠定价法抓住了消费者求廉、求实惠的心理，目的是为了吸引更多的消费者前来购买，从而扩大市场份额或加快资金周转。

3. 优惠定价法优劣势

优惠定价的优点：可以满足消费者求廉、求实惠的心理，方便产品的推广。

优惠定价的缺点：一旦产品以折让等方式进行定价，消费者就会产生习惯心理，如果没有折扣时，产品将较难推广。

4. 优惠定价的应用

优惠定价法的心理作用是直接且显著的，它可以激发消费者的购买欲望，促成其大量购买、反复购买甚至超前购买。所以，优惠定价被广泛地运用。但通常情况下，名品、名店等，通常不会采用优惠定价的方法和策略，因为对于名品和名店，其消费群体是固定的，所以通过定价不变的方法，来维护固定消费群体的利益，产生对名品和名店的信任和惠顾。

9.3.9 组合定价法

1. 定义

组合定价法是指将两个或者两个以上相关的商品，进行组合定价，将价格高、消费者敏感、购买频率低的商品定价较低，而将价格低、消费者不敏感、购买频率高的商品定价略高的定价策略。

应用举例 怎样产生价低的感觉？

驱蚊器和所用的驱蚊药片是一组有关联的商品，前者的价格高、消费者对价格敏感、购买的频率低，所以定价比其他商店的驱蚊器便宜，而对后者，消费者的态度正相反，所以该商品的定价比其他商店的价格略高。一般的消费者对前者的关注大，觉得便宜因此产生购买，而对使用的药片并不十分关注，因为方便购买等原因就可能购买价高的驱蚊药片。

2. 心理依据

组合定价的心理依据是消费者对不同价格产品的价格敏感程度不同。组合定价是由于消费者对低价商品的价格不够敏感，但整体给消费者的印象是价格较低的感觉，满足了消费者求实的心理。

3. 组合定价法优劣势

组合定价的优点：将互补产品进行定价，给消费者产品价格较低的总体印象，有助于产品的促销和推广。

组合定价的缺点：对使用频率高的产品价格高，对消费者不利。

4. 组合定价法的应用

组合定价法是对相关产品的整体定价。比如，照相机和胶卷、钢笔和墨水等这类商品的定价。

总之，由于商品的定价是满足不同消费者的营销策略，既受到消费者因素的影响，也要受到产品自身因素的影响和市场环境的影响，因此，任何一种产品价格的确定都要考虑到各种各样的因素，最关键的是要考虑到消费者接受的心理因素，只有如此，才会制定一个符合消费者心理的价格策略。

实训一

任务：针对不同产品的消费者价格倾向进行调查，掌握由于消费者个人以及产品自身的原因产生的价格倾向性心理。

【实训目的】促进学生熟悉关于消费者的价格倾向性心理的相关知识；促使学生熟悉价格的倾向性心理的规律和应用；锻炼学生运用价格倾向性心理进行营销。

【实训题目】以耐用品和日用品两类商品的几种商品，对消费者进行调查，至少是10个以上的消费者，分析这些消费者在价格倾向性心理的差异，分析这些差异的原因，以及其启发意义。

【实训方法】

1. 实训过程：

第一步：将学生分成 3 个人一组；每一种商品选择 10 个以上的消费者进行调查其在价格上选价的倾向：高价或低价；对 10 个人的选价倾向进行案例分析，将分析的结论形成文字；一个人负责课堂上分享。

第二步：以粘贴板的方式进行课堂讨论。以产品为核心，将调查的结果以笑脸贴的方法，将每一组的调查结果（高价、低价倾向两个选项）分别贴在粘贴板上，汇总每一种商品高价与低价倾向的数量。

第三步：选择同学分析在这两类商品上，选择低价和高价的倾向原因；根据分析结果。分析对产品推广和营销的启发。

第四步：教师点评、汇总和提高。

2. 时间：40 分钟左右。

3. 地点：课下+教室。

【总结】

1. 消费者的价格倾向性心理，主要是指消费者在对某一类的产品的消费过程，出现选价倾向。这些倾向包括高价、低价倾向。比如，消费者在买耐用商品时，会比较喜欢买高价的商品，以让自己获得心理安全的感觉。

2. 消费者选价的倾向主要和两个因素有关：一是商品的因素；另一个是消费者个人的原因。商品的因素，比如商品的科技含量高、价格高对消费者更重要或是产品会影响消费者的安全等，消费者都会选择高价；消费者个人因素是指一个消费水平，偏高水平的消费者有选择高价倾向。

3. 在分析消费者的价格倾向时，产品的因素容易分析，而个人因素相对困难。

实训二

任务：根据价格的感受性心理为产品设计价格方案，掌握价格的感受性心理以及应用。

【实训目的】 促进学生熟悉关于消费者价格感受性心理的相关知识；促使学生熟悉价格的感受性心理的规律和应用。

【实训题目】 自选商品，根据价格的感受性心理设计让消费者获得不同价格感受的方案。比如，一支价格 10 元的冰激凌让消费者感觉价格是物超所值的，并不是昂贵的感觉。分析价格感受性心理的启发意义。

【实训方法】

1. 实训过程：

第一步：将学生分成 5 个人一组；每一个小组自己选出组长。

第二步：小组进行分头讨论，选出大家熟悉、喜欢的商品；就目前的价格形态以及在消费者心中价格感受，进行分析；为了消费者获得新的价格感受进行方案的策划。限定小组的工作时间为 30 分钟左右。

第三步：每组选择一名同学进行分享本组选择和制定的主要策略以及原因。

第四步：每个同学就小组策划进行排序，评选出策划最好的小组，分析其胜出的原因。

第五步：教师点评、汇总和提高。

2．时间：50 分钟左右。

3．地点：教室。

【总结】

1．消费者的价格感受性心理，主要是指消费者在对商品价格获得感受的时候，是随着商品所处的环境、包装等，有高低不同的感觉。比如，一瓶价格 10 元的饮料，放在路边摊就显得昂贵，而放在高级酒店等地方就显得价格比较低。

2．消费者价格感受性心理有很多途径，包括产品前后价格、产品的周遭环境和细节、自身产品的系列价格、产品的包装等。

3．由于将来要从事的初始工作，多是对一个有着固定的价格商品进行推广，因此学会进行一些简单的策划和改变让消费者获得不同的价格感受尤其重要。比如，同样是 10 元的冰激凌，可以与更贵的商品放在一起；也可以将周遭环境布置得更加细致、符合商品的格调等，前者使消费者觉得并不是很贵，后者让消费者觉得物超所值。这对产品的推广都是非常重要的。

4．注意小组工作法，以及应该注意的问题。

任务十

产品的命名、商标、包装与消费心理

知识目标

1．了解产品命名的功能、方法和应注意的问题；
2．了解产品商标的功能，熟悉和掌握产品商标的设计策略和心理策略；
3．了解产品包装的功能，熟悉和掌握产品包装的设计策略和心理策略。

能力目标

能够根据消费者心理以及命名、商标与包装的基本规律，对产品的上述三个方面的内容进行优劣分析，对企业产品命名、包装与商标等提出建议。

引入案例　“巴克斯”酒为何能独领市场风骚？

在10万客商激战郑州的全国秋季糖酒交易会上，没想到名不见经传的长沙泰丰食品酒类公司推出的“巴克斯”酒却独领风骚。每天订货达1万多件，最后因货源吃紧，不得不限制订货数量。“巴克斯”酒何以在中原大地如此走俏呢？

酒的芬芳伴随着中华民族几千年沧桑历史，酒的风采、酒的诗韵、酒的故事无不飘逸着馥郁的芳香……几年前，不善饮酒的彭普生在长沙做起了酒生意，创办泰丰酒类食品公司，自任总经理，生意一度做得非常红火。可在经营中他发现，自己公司所经销的各种白酒，不少内在质量并不差，就因为包装差，酒名不好听，牌子不响亮，顾客不问津。他暗自下决心，同生产厂家联营，从提高包装质量入手，创造一个响亮的牌子。

于是，他挑选出几十种白酒，请专家品尝和权威部门鉴定，从中筛选出一种因包装差而影响销路的优质白酒为酒源，投资50万元帮助厂家改善生产条件，进一步提高质量，创出一种新酒。为酒取个什么名字呢？他想到国外酒神巴克斯。据说古希腊、罗马人每月至少举行一次酒神节，一连三日狂欢酒宴。中国虽然没有一个名正言顺的酒神，但却有众多的“神酒”，如古代的琼花露、白玉膏，现代的茅台、五粮液……彭经理突发奇想，何不借它山之石，给中国酒取个洋名字呢？“巴克斯”酒就这样诞生了。

接着，他改进包装。为防止假冒，专门定做了异型磨砂瓶，在湖南首家使用，花钱精心设计制作了商标，别出心裁地研制出独特的新型防盗瓶盖，开瓶后即无法复原，并给每瓶酒编号，建立档案，以便顾客查对。还配有专人查处假冒伪劣产品，发现制盖厂给别人制造相同的防盗瓶盖，立即予以制止，并办理了内外包装及大小三种酒瓶的专利。

改进包装后的“巴克斯”酒，质量100%合格，投放市场后，不仅畅销省内，而且还走俏广东、江西、四川、北京等地市场。北京一消费者来信说，“巴克斯”确实与众不同，绵软香甜，回味长久，瓶帖的设计、瓶装和外包装的造型也都很美观、醒目。商标是产品的“脸”，有了好的内外质量，群众自然就会认“脸”购货。

案例评析：

“巴克斯”酒畅销的原因是成功地为酒进行了命名、提高了产品的包装质量，且精心为酒产品设计了商标。因此，对于产品的成功销售，必要的产品命名、商标、包装与消费心理是密不可分的，抓住其心理，才能成功营销。

子任务一 产品的命名与消费心理

10.1.1 产品命名的心理功能

1. 认知商品的功能

在产品的生产和推广中，生产经营者要运用一定的语言文字为产品起一个特定的名称。消费者首先通过产品的名称来认识商品，产品的名称是消费者认知商品的第一个触点。因此，产品的名称不但要能使消费者易于了解商品的主要特点和记忆商品的形象，还要能丰富消费者的心理活动并刺激消费的欲望。但是，作为产品的命名的基础功能就是帮助消费者更好地认知商品的某些特点。

应用举例 "奇瑞QQ"车、"舒服佳"香皂的命名

"奇瑞QQ"的车的命名一下使消费者认识了该车的小巧和"QQ"的感觉；"舒服佳"香皂，让消费者不但认识了产品的使用功能，也感受商品温馨的感觉。

要使商品的命名成为消费者认识商品的属性，就要做到名实相副。所谓的名实相副是指商品的名称与商品实体的主要性质和特性相适应。商品的名称应能准确而直接地反映出商品的某些特性，使消费者只要间接看到或听到商品的名称，而无须看到商品的实体，就能顾名思义地对商品的某些特性有所了解，从而加速消费者对商品的认知过程。

应用举例 "两用刷"的滞销

台湾有个发明家叫王兴钦，他发明了一个两用刷：一面是刷子，一面是肥皂，还可接在水龙头上，使用很方便，他煞费苦心地给它起个名字叫"鸳鸯刷"，非常浪漫，经豪华包装后推向市场，可销路甚差。后经别人提示发现，人们误将此刷当刷背的刷子。原来问题出在名字上，人们联想到"鸳鸯戏水"，用作刷背实在太硬，自然销路不好。可见名实相副是多么重要。

2. 记忆产品的功能

产品的命名和人的名字在很多时候有异曲同工的效果：都是记住对象的符号和工具。所以，商品命名应力求文字简洁、易读、易记和易于传播。要做到这一点，有以几个问题

要关注：

（1）命名字数的限制。

从心理学的研究来看，个体记忆是有一定的范围的，在记忆知识的介绍中我们知道，人在瞬时的单音节的记忆范围是5～7个音节，因此命名的字数不宜过多。但是，不能因为追求简洁，就使用最少的文字，这样会使命名的区别性就差，命名的字数既要方便记忆，又要有一定的区别性。诸如日本的三洋、日立、东芝、索尼、德国的奔驰（Benz）都是短名响亮的典范。

（2）产品命名的对象性。

所谓产品命名的对象性是指商品的命名应注意目标客户的知识水平，避免烦琐、生僻、拗口、费解和过于专业的名称，也不宜采用使用范围很小的方言土语。这样的命名由于消费者在读商品名称的时候增加了一定的难度，因此不利于商品的传播。

3．引起消费者注意的功能

产品命名要在产品一上市就能很好地引起消费者的注意，就必须具有一定的独特性。20世纪50年代R、雷斯的USP原则、60年代奥威格的“商标形象”策略、70年代里斯和屈特的“定位”思想，强调的都是这个“与众不同”。独特的命名就是要凸显醒目、个性突出，独特的名号就是要有创意，抛弃千篇一律，避免人云亦云，因此更容易让消费者注意。比如：“清嘴小麻子”，2002年底美菱冰箱的系列命名“鲜极”（零下七度，鲜极空间）、“鲜智”（灵性科技，品味新鲜）、“鲜风”（至灵至美，时尚鲜风）等，这些命名在产品一上市就收到了好的效果。

4．诱发情感的功能

商品的命名除了要能概括商品的性质与用途等，也要根据目标消费者的心理特征，使商品名称具有某种情感色彩和特殊意义，以诱发消费者对商品产生兴趣、信任乃至偏爱等肯定和积极的情绪和情感体验，诱发消费者的购买欲望。又如，“舒服佳”香皂、“娃哈哈”儿童饮品、“可口可乐”饮品的命名等，消费者在消费时，除了知道了产品的特性，更有“诱发情感”的功能。因为它能带给人们一种好的感觉，“舒服佳”的舒服、“开口笑”的欢快、“可口”的诱人的感觉，都能引起消费者情感上的认同和喜爱。

应用举例　　红豆生南国，春来发几枝

我国红豆集团公司前身是太湖针织制衣厂。原是一家设在破庙里的乡镇企业，推出“红豆”牌服装，在国外英文译名为“爱的种子”（love seed），畅销不衰，扬名四海。因为红豆集团扎根于源远流长的华夏文化，借助于人们早已熟悉和热爱的“红豆生南国，春来发几枝”的意境而取胜。“红豆”商标采用的是优秀传统文化的移情手法。

同时，还应考虑消费者的消费习惯、民族风俗、宗教忌讳等因素，避免因商品名称引起消极、对抗情绪。

应用举例 **“茉莉花茶”、“金狮”的失败**

例如，中国出口新加坡的“茉莉花茶”，曾一度在市场上遭到冷遇，几乎无人问津。经过调查，营销者了解到在新加坡“茉莉”二字与“没利”谐音，引起消费者的不悦。营销者立即将“茉莉”改为“莱莉”，结果，“莱莉花茶”一上市就受到新加坡人的欢迎，销量大增，这也和“金利来”的改名有很大的相似之处，金利来原来的命名是其英文命名GOLDLION的翻译“金狮”，与粤语的“尽失”谐音，因此遭到了市场的冷落，于是在改成“金利来”之后，受到大家的广泛欢迎。

5．启发联想的功能

商品名称会给消费者某种引导性、启发性的特定心理感受。比如大连一家房地产开发商开发的居住小区的命名是“林语家话”，让人一下产生了回归自然的感觉。像“康师傅”方便面，一下抓住顾客的心，暗示出明显有吃了有益健康的意境。产品的命名要引起消费者好的联想就应力求具有形象性、趣味性、科学性和艺术感染力，并利用事物之间的联系，启发消费者对商品产生有益、美好的联想，达到刺激消费者购买欲望的目的。

应用举例 **“美菱”的系列命名**

美菱2002年的系列命名就到达了这一目标：鲜明——明智之选，新鲜本色，鲜明系列其实在于价格便宜，但又要给出一个新鲜概念，新鲜本色，明智选择很贴切告知消费者，这款机型合算，追求的是聪明的时尚；鲜贝——缤纷小巧，灵动新鲜，本系列在技术上没有特色，更多地在于个性化，因此在产品的诉求上、在新鲜的概念基础上凸显缤纷小巧的个性，表现上也将更加前卫、时尚一点等，消费者一旦看到产品的命名就会产生好的联想。

总之，商品的命名要高度概括商品的主要特性，力求寓意深远、美好，富于情趣、情感，避免雷同和一般化，且便于记忆与传播。这样，可满足消费者的心理需要，促进购买行为。

10.1.2　命名的方法

商品命名的方法很多，每种方法都有其特色和适用的范围。但不论哪种命名方法，其核心都是使商品名称能够适应消费者的心理特点，促使其对商品产生各种有益的心理感觉。常用的、具有心理意义的命名方法主要有以下几种。

1．效用命名法

效用命名法是以直接反映商品主要性能与用途的文字作为商品名称。这种方法命名，能使消费者望文生义，迅速了解商品的功效，迎合消费者对商品实用价值的心理需求。这种命名方法多适用于日用品和生产资料等产品的命名，如去污粉、洗衣机、防晒霜、洗发水等。也常用于药品的命名，白加黑感冒片、健脾丸、降压灵等，都是以药品的功效命名，这使消费者的选择更加方便。

2. 成分命名法

成分命名法是将商品主要成分直接体现在商品名称里，让消费者充分认识商品的价值、功效之所在，提高商品的地位，并区别于其他同类商品，增强消费者对商品的信任感和价值感，从而引起购买欲望。如人参蜂王浆、珍珠粉、羊绒衫、菊花茶等。

3. 产地命名法

产地命名法是以商品出产地的地名作为商品名称，一般多用于颇具名气的土特产等传统商品的命名。这种命名的方法，主要要依赖产地的知名度和美誉度，知名度和美誉度越高，越容易对产品进行推广。比如北京和南京相比，北京的知名度和美誉度比南京的更利于推广产品。其心理意义在于：利用消费者对著名产地的仰慕和信赖心理，给消费者以货真质好、独具地方特色、历史悠久、传统工艺精湛等感觉，从而激发信任感和名贵感，产生购买欲望。如北京烤鸭、山西陈醋、绍兴花雕酒等。

4. 人名命名法

人名命名法是以历史或现代名人、民间传说人物、产品首创者的名字等作为商品名称。这种命名方法是利用人们对名人的崇拜和对创始人的崇敬心理，将特定人物与特定商品联系起来，诱发消费者把对名人或创始人的尊敬与崇拜转化为对商品的兴趣与信任，从而产生购买欲望。如李宁运动服、张小泉剪刀、庄子皮装等。

5. 制作命名法

制作命名法是以商品独特的传统工艺或制作过程而命名。以这种方式命名，能使消费者了解商品制作的主要方法以及不寻常的制作过程，由此提高商品的威望，给消费者以商品品质优良、可靠的感觉。如吊炉饼、二锅头、九制陈皮、双蒸米酒、水磨糯米粉等，将商品的制作过程，通过商品的命名集中体现出来，增加消费者的信赖。

6. 形容词命名法

形容词命名法是根据商品的特性和使用效果，以带有感情色彩的形容词作为商品的名称。通过形容词的形象比喻，把商品的性能良好、功效显著的信息传递给消费者，使消费者产生美好联想，激发购买欲望。如百岁酒、千斤顶、万能胶、龟苓膏等。

7. 外形命名法

外形命名法是以商品独特的外形或色彩作为商品名称，一般多用于食品、工艺品等商品的命名。这种方法能突出商品的优美外形，吸引消费者的注意与兴趣，引起消费者的视觉联想，从而加深对商品的印象和记忆。如动物饼干、棉花糖、白木耳等。

8. 外文译音命名法

外文译音命名法是以外文译音作为商品名称，这种命名方法强调了商品是国外引进的事实，满足了消费者求新、求变、求异、求好的心理需求。如可口可乐、吉普车、沙发、咖啡等。

总之，商品的命名必须根据商品的特性及消费者的心理需求，灵活运用各种命名方法，使商品名称既反映商品的特性，又有强烈的吸引力及感染力，以激发消费者的购买欲望。

10.1.3 产品命名应注意的问题

1. 产品命名的传播性

产品命名的目的就在于使这一产品和其他的产品区别开来，使消费者容易记住并认准牌号购买。如某产品命名容易和其他的产品混淆，就会给消费者认购造成困难，就会影响到产品的销量。

应用举例 杭州市有关商标的调查

据统计，有一年杭州市有210个注册商标，其中用“西湖”命名的就有58个。用“西湖”命名作为商标只能给消费者一种共同的感觉，即这种产品可能是浙江省出品的，而区别性、易记性、寓意性就差不多，它不可能成为某一产品及其特征的代名词。显然，对于创名牌和人们认牌购物是非常不利的。

在营销的比附策略中，将新产品的名称、包装等与知名商标的产品相似，使消费者由于对知名产品的印象来记忆这个新产品，虽然这使新产品的名称等在一定程度上利于传播，但容易混淆新产品与知名产品的关系，不利于产品的独立性和形成商标。

2. 产品命名的延展性

任何一个事物都要体现时代的特点，产品的命名也如此。但是一个产品是不断发展的，并经历不同的时间和岁月，会有不同的时代要求，所以产品的命名还需要考虑未来推广等可延展性。同时，命名也有一定的行业属性，但是产品命名的行业性越高，企业在将产品扩展到其他的行业的限制就会越大。这是因为某些产品的命名，具有过强的产品偏向，适合于电风扇的命名，就未必适合于电视机，例如“顺风”是一个很好的电风扇名字，假如以“顺风”来做电视机的牌子，消费者就觉得格格不入。怎么解决这个矛盾呢？企业就必须给产品命名一个通用的名字。

应用举例 “味王”产品命名的延伸

日本有一个产品叫“味王”，开始时用于味精，后来又用于酱油、食品罐头等，以产品种类来看，“味王”二字极适合于食品类。所以在产品的命名中，要给产品的扩展和发展留有一定的空间。

应用举例　“奇瑞”产品命名的延伸

奇瑞车的名称中的“奇”，有特别的意思；“瑞”，有“吉祥”、“如意”的意思，合起来就是特别吉祥如意。奇瑞车的英文名称是CHERY，是英文单词CHEERY（中文意思为“欢呼地、兴高采烈地”）减去一个“E”而来，表达了企业努力追求、永不满足现状的奇瑞的理念。奇瑞QQ是2001年奇瑞汽车推出的一款微型车，其产品命名十分高明，完整地体现了新产品命名的特点的原则。QQ是专门为时尚年轻人准备的一款微型车，用时下流行的网络聊天工具QQ作为新产品的命名。奇瑞QQ，充分考虑了QQ车的消费人群特点，其市场推广也几乎是水到渠成；而奇瑞瑞虎也充分利用了瑞虎出山的概念。所以，好的新产品命名本身就是很好的推广素材。这样，由于奇瑞名称的宽度使后续的新产品的命名更方便和符合产品的生产者的企业理念。同时，奇瑞的名称中的新奇、吉祥也适合其他产品的命名。

3．产品命名的禁忌和喜好

产品的命名要研究消费者的喜好和禁忌，尤其是在出口商品上必须了解消费者所在国家和地区的习俗，切勿犯忌。例如：我国的“白猫”洗洁精，翻译成英语是“WC”，这会为产品的推广带来一定的阻力；我国的“山羊”牌闹钟，“山羊”在英国是被喻为“不正经的男子”，“山羊”如果出口英国，尽管这种闹钟价廉物美，仍会无人问津。

4．不断开发产品的名称

产品的名称一旦确定，就应该有一定的稳定性，因此在产品的推广中要寻找产品名称的应用，不断开发产品名称的潜在意义和价值，而不是频繁地更换产品的名称。

应用举例　“旺旺”、“好加登”产品名称的开发

比如，“旺旺”产品的名称中的“旺”字，不断被开发，成为春节礼品的一种，符合了消费者追求来年的幸福和“旺旺”运气。产于法国的名字叫“好加登（HEOGAARDEN）”的白啤，由于名称对法国人来讲非常难读，所以在很长的时间里阻止了产品的推广，但是，这个命名上的弱点通过挖掘成为产品推广的优点。“好加登”在第一阶段的广告推广语是“‘好加登’，自1445年以来就难以发音”，第二阶段的广告语是“‘好加登’，名字听起来没法喝的白啤”，第三阶段的广告语是“‘好加登’，名字听起来不太清楚的白啤”，在这三个阶段的广告中，第一个强调了产品的悠久的历史，第二个从反面说明了产品的不利，第三个再次强调了名字的不利，诱发了消费者的好奇心。同时，人们对不利于产品的事件更容易牢记和关注，使消费者感受了产品销售的诚意。因此，通过反复强化，将弱势变成了独家卖点。

总之，一种产品要打开销路，占领市场，不仅要求质量高，而且不能忽视牌名的作用。起一个既符合产品性能特征，又符合消费者心理需求的名字，无疑会提高产品的知名度和竞争力。

案例10-1　可口可乐的成功命名

1927年，上海街头悄然增加了一种饮料——“蝌蝌啃蜡”。

不知所云的名字还不是这种饮料最古怪的地方。它棕褐色的液体、甜中带苦的味道，以及打开瓶盖后充盈的气泡，让不少人感觉到既好奇又有趣。古怪的味道，加上古怪的名字，这种饮料的销售情况自然很差。于是，在第二年，这家饮料公司公开登报，用350英镑的奖金悬赏征求译名。最终，身在英国的一位上海教授蒋彝击败了所有对手，拿走了奖金。而这家饮料公司也获得了迄今为止被广告界公认为翻译得最好的品牌名——可口可乐。它不但保持了英文的音译，还比英文更有寓意。更关键的一点是，无论书面还是口头，都易于传诵。这是可口可乐步入中国市场的第一步。

到1948年，中国成为了可口可乐在美国境外第一个销量超过100万箱的市场。

案例评析：

可口可乐的中文品牌名称称得上是品牌命名的顶级佳作。“可口可乐”这个从“cocacola”直接音译过来的品牌无疑是一个极富中文内涵的名字。它既包含感性诉求又包含理性诉求，“可口”让人们联想到这种饮料的美妙滋味，“可乐”既突出这种饮料带给人们的心理享受，又与可口可乐多年来一直强调并大力宣传的“欢乐、尽情”的品牌形象不谋而合。

子任务二 产品的商标与消费心理

10.2.1 产品商标的心理功能

商标在市场营销活动中的基本功能早为人们所重视。中国在公元10世纪的北宋时代，一些手工业者就已开始使用商标。在当今竞争激烈的市场经济活动中，商标的作用更显重要，它具有有利于消费者识别商品的功能，也有利于生产经营者进行产品推广的功能。

1. 识别功能

商标是商品区别于其他同类产品的标志，具有鲜明的形象，能带给消费者深刻的印象，且易于记忆和传播。当消费者在购买过程中，面对众多的同类商品，商标能够帮助人们进行辨别、比较和区分，以确定商品的品质，便于挑选与购买。在现实的消费活动中，不少消费者常常是认准了商标才购买商品的，这就是所谓的“认牌选购”。

2. 保护功能

商标具有保护生产者和消费者的功能。商标在国家的商标管理机构一经注册登记后，注册者就取得该商标的专利权，并受国家相关法律的保护，其他任何组织或个人未经注册者批准，不得使用。而消费者购买了商品后，根据商品的商标可迅速方便地找到生产者或销售者，获得咨询、维修、零部件更换等服务，或索取赔偿。

3. 促销功能

商标因其本身鲜明的图案、文字、色彩等容易在消费者脑海中留下深刻印象，有利于记忆和传播。同时，商标作为具体某一商品质量、性能、价值特性等的标志，能增强消费者的信任感和消费欲，形成“认牌购货”和习惯消费的心理效应，从而达到促销的功能。

4. 稳定功能

商标是商品质量和企业信誉的体现，同一商标、同一型号的商品表明具有相同的品质标准和技术要求。商标的确定，有利于实行产品标化生产和保证产品品质达到的标准，从而保证商品质量的稳定。同时，由于商标的存在，消费者在购买商品时会觉得产品有一定的连贯性，表明企业的发展和生产的稳定，增加消费者对商品的信赖。

从上述商标的各项功能说明商标对市场营销活动的影响是多方面的，尤其作为商品品质和企业信誉的一种标志，在很大程度上确定了消费者对商品品质的判断和对企业印象的形成，有力地影响着消费者的心理活动与消费行为，并由此带来市场需求。

10.2.2 商标设计的心理策略

商标的设计从题材到表现形式、从技术角度到艺术层面都有许多的选择，让设计者发挥的空间非常广阔。因此，除了要注意法律责任与社会效果外，要紧紧抓住商标对消费者心理所产生的各种刺激，以求设计出适应消费者各种心理需求，能引起消费者注意、记忆和偏爱的商标。因此，必须运用以下几项心理策略。

1. 形意相互一致

商标的设计要体现商品或企业的特点和风格，使商标与商品、企业形象保持一致。这种一致性包含：语意上（寓意、宗旨、含义）的统一性，形象上（主色调、图形格调、设计风格）的和谐性，还包括商品的象征意义与产品性质、用途、使用者身份的相一致性。例如，德国大众汽车公司的德文“Wlkswagenwerk”，意为大众使用的汽车，其商标取自此单词中的两个字母“V”和“W”，便之重叠并镶在一个圆圈内，构成的商标形似三个“V”，象征大众汽车公司及其产品、消费者“必胜—必胜—必胜”，充分体现了企业宗旨、产品特性与消费者的一致性。

应用举例　长安汽车商标的历史发展的三个阶段

a 第一代长安标志　b 第二代长安标志　c 第三代长安标志

第一代长安标志用的是汉语拼音（见图 a）。这种标志很具体，但有两个致命的弱点：一是与同样以生产小面包、微型车为主的同类企业“昌河”的商标拼音基本相同，7 个字母的前 5 个完全一样，Changan 与 Changhe 近似；二是这么长的一串字母不是手写体，没有个性，又用在高速交通工具上，很不易识别。

第二代长安标志（见图 b）比第一代进步了一大步，但也有美中不足，有些是关键性的不足：

（1）实现不了当初的设计理念标志中要有的“Chan”代表“长安”；又有“Ji”、“L”有江陵的拼音，代表两厂合并。其实这是一厢情愿，确实很难看出是由字母组成的。

（2）行业个性、汽车个性、本企业个性不强。许多人一看就说像纯羊毛标志、像蚕茧、纺线的线团，不易联想汽车，而且不好看。

（3）不易制作。这个图案制作较复杂，在电脑上要用 56 个坐标才能制成，而第三代标志用 6 个坐标即可。

（4）不易放大缩小。椭圆中的曲线太细，一旦缩到直径 1 厘米用于名片、信封、线条肯定要断线或看不清楚，不易扩展使用。

目前这个第三代长安标志（图c）是从几十个标志中经两轮筛选确定的。

标志需要阐释。阐释分两种：第一种为开掘与扩展其含义，要比较详细，使之成为爱厂教育的载体；另一种为简释，用于对外宣传。

第三代长安标志阐释如下：

（1）标志图案以天体运行轨迹——椭圆为基础，捕捉“长安”汉语拼音“CHANGAN”中“C”、“A”两个关键发音字母作为其造型设计的要素，经过抽象、组合、变形而成一个永恒运行的天体。一个攀升的箭头、一个精致的方向盘，又如一辆轻巧的汽车奔驰公路上，标志图案颇有“安”字篆书的风骨，蕴含了微型汽车与现代立交桥的抽象含义，椭圆象征公司全体员工坚毅、团结和齐心协力，椭圆与圆弧、圆弧与圆弧交相呼应、环环相扣，揭示了长安企业领、工人与技术工人之间“基础—核心—中坚”的辩证观及其“三结合”共同创造的结晶，也喻示了长安企业多元化、集团化和国际化发展的方向。

（2）标志图案简洁、紧凑、圆转、流畅，极具现代感、韵律感和力量感，动静得宜，刚柔并济，圆满之中有突破，充分表达了企业的形象特征和产业特征，显示了长安公司作为大型骨干企业的高大形象，是长安企业理念“点燃强国动力，承载富民希望”最深刻的再现；同时，也形象生动地阐释了长安企业忠实、团结并为提升人类生活质量而奋斗的企业风貌，给人以活力、高效和分发向上之感，从而激励长安人励精图治、不断创新、向更新、更高境界迅猛发展。

（3）英文标准字“CHANA”是“长安”汉语拼音“CHANGAN”的高度凝练，标志字体是在黑体字基础上经过修饰、设计，手工绘制而成的，其造型稳中、刚劲、优美，与标志图案一脉相承，和谐地传达了长安企业的商标特征。

（4）标志图案的标准色采用红色，象征热情、进步与兴旺，寓意长安公司的事业如旭日东升，朝气蓬勃。标志字体的标准色采用黑色，象征庄重、坚毅与永久，长安企业脚踏实地、锐意进取和永续发展的企业精神。

2. 力求独特新颖

商标设计要独特新颖。独特是指它具有与众不同的特征；新颖是指它的设计具有新奇大胆的创意，以及出人意料的表现形式。一个设计独特新颖的商标，能使消费者在纷繁多样的同类商品中引起注意，产生偏爱，并留下深刻的印象。

应用举例　　麦当劳的商标设计

“M”是一个普通的字母，对其进行一些独特的加工就成为有特殊意义的商标。麦当劳的鲜嫩黄色拱门就是麦当劳的标识，由于棱角圆润、色调温和，给人以亲切之感，特别对孩子更具卡通的色彩，受到全世界孩子的喜欢。与麦当劳的设计不同，摩托罗拉的“M”标识，由于产品的特点，把“M”设计成棱角分明，双峰突起，突出科技产品的特点和在无线电领域的特殊地位。

3. 富于艺术魅力

商标是平面设计的艺术品，因此商标设计必须根据美学原理，恰当地运用色彩、造型、图案、文字等，使其符合人们的知识水平与美学价值，给消费者以美的、愉悦的感受，从而对商标及商品产生好感。“可口可乐”公司的商标，在红白两色中，两个艺术体大写“c”非常鲜明、醒目，很有韵律感与动感，给人很快乐、很有活力、很痛快的感觉。在衡量商标美观性的时候，不能只考虑是否美观，还得考虑商标设计风格与产品风格是否统一。

应用举例　“和路雪”冰淇淋的商标

“和路雪”作为世界第一商标的冰淇淋，自 1994 年进入到中国市场。在进入中国市场的初期，由于其标志缺少人情味，不能够显示与消费者日益密切的关系。从 1999 年改成了红黄搭配的“双心”的标志，体现了“和路雪”一贯倡导的珍爱生活、快乐分享的商标概念，也具有一定的艺术性。

一般来讲，传统商品宜用传统风格的商标，现代商品宜用现代风格的商标。如果一台豪华轿车上贴一个怪里怪气的卡通商标，造型现代的工艺品上加一个古朴的商标，那就有点不伦不类了。

4. 遵从风俗习惯法律等

商标设计必须考虑消费者的风俗习惯和文化传统。每个国家、民族、地域等都有特定的文化传统和风俗习惯，并且反映在对动物、植物、色彩、数字、图形等事物的好恶上。商标设计若有意识地采用当地喜好的吉利标志，会增加消费者对商品的喜爱；反之，则会引起消费者心理上和情感上的抗拒与排斥。例如，印度人把不完整的月亮视作不祥之物，所以若把商标为一轮弯月的新月牌商品运往印度，将受冷遇；而运往欧洲则大受欢迎，因为欧洲人把新月看作美好的象征。如菊花形的商标，不宜在意大利使用，因为意大利人习惯将菊花献给死者；荷花牌商标也不宜在日本使用，因为日本人将荷花视为献给死者的花。这些风俗中的禁忌一定要遵守和注意，否则就会影响到产品的推广。

商标设计还要符合产品行销国的法规。各国的商标法对什么样的商标能够注册，都有明确的规定，如果你选择的商标设计，违反了有关法规，就不能在该国注册，当然也得不到该国法律的保护。

商标形式要适应产品行销地消费者的文化水平。如果一个产品的消费者多数是文盲，那就不宜选择文字商标，而应选图形商标；如果产品是高技术产品，产品消费者的文化层次极高，当然宜用文字商标；如果产品的消费者分布面很广，既有高文化者，又有低文化者，还有文盲，那就应当选用适应面广泛的组合商标。

5. 要具备可呼性

所谓可呼性，就是商标可以用语言来称呼的性质。目前我们常见的文字、图形、组合商标中，最具有可呼性的是文字商标。因为文字是语言的符号，凡用文字构成的商标都能被人用语言称呼，具有可呼性。有可呼性才便于消费者相互的告知和问购，这对产品推广和销售十分有利。例如，一位消费者想买索尼牌电视机，走进商店，便可以问售货员："请问，这里有索尼电视机吗？"售货员一下就能明白，他要的是什么牌子的电视机。如果电视机的商标是一种图案，我们就难以称呼了。图形商标可呼性不如文字商标，可呼性不强就不便问购，也不便于宣传，必然影响销量。当然，这里不是绝对否定图形商标，因为不少图形商标同样具有可呼性。如日本三菱公司的"三菱"商标，对这个图形我们可以一下叫出"三菱"。还有许多图形，也可以很快称呼它。

由此可见，图形商标仍然有可呼与不可呼的问题。图形商标并非绝不能用，若设计得好，则它比文字商标有更广的适应性。英文文字商标，对不懂英文文字的中国人也不起作用。但如果画上比萨斜塔和比萨，人们一看就会知道是意大利的比萨，中国人、外国人都认得，都可用不同语言去称呼，可呼性都很强。所以关键不在于用什么形式的商标，而在于商标是否具备可呼性。为了使商标具有更广泛的可呼性，许多企业采用文字与图形相结合的组合商标。懂文字的消费者，按文字称呼；不懂文字者，可按图形称呼。这样，商标的可呼性、适应性会更广泛一些。

10.2.3 商标运用的心理策略

由于市场、经营方式的多样性及发展变化性，商标除了有好的设计外，还要懂得利用一些巧妙的技巧，才能将商标的潜在功能充分发挥出来。因此，需要进一步研究商标运用的心理策略。

1. 统一商标策略

统一商标策略是指一个企业所生产的全部商品都使用同一个商标。例如，美国通用电气公司的所有产品都统一使用"GE"这个商标。采取统一商标策略有利于建立统一的商标信誉，壮大商品及企业的声望，节约商品推广促销费用，当企业有新产品面市时，由于有以往的产品的宣传，消费者就可以根据对该企业其他产品的消费经验来购买新产品，引导消费者对其所认知的商标的其他产品采取连带购买行为。但是统一商标策略的优势也可能是它的风险之源。如果其中某种商品的质量下降或不稳定时，往往会连带影响其他商品的声誉。

2. 独立商标策略

独立商标策略是对一个企业内多种商品分别采用不同的商标，这有利于企业增加商品的花色品种，明确商品的特性差异，满足不同的消费需求，有利于扩展地区市场，扩大销售。同时也在一定程度上避免因某一商品的问题，而连累其他商品的风险。但独立商标的成本费用大，包括商标设计费用、注册费用和推广费用。

案例10-2　宝洁公司的商标策略

广州宝洁公司的洗发水有三种商标:"海飞丝"(广告词是"头屑去无踪,秀发更出众");"飘柔"(广告词为"令您的头发更飘更柔");"潘婷"(广告词说"拥有健康,头发当然亮泽")。同为洗发水,各有个响亮的商标,各有个特殊的用途可供消费者各取所需。这三种不同商标的洗发水,沿着各自的路子走入市场,共同提高了企业产品的市场占有率,使产品迅速覆盖了中国大江南北。

案例评析:

广州宝洁之所以能使其洗发水产品迅速覆盖我国大江南北,正是运用了独立商标策略而取得成功。公司从洗发水的功能出发及时地向市场上推出了不同功能和不同商标的洗发水,来满足不同目标市场上消费者的不同需求,利于提高产品的市场占有率。

小资料　关于商标发展

世界商标的发展经历了三个阶段:人名地名、普通词和新创词。商标是从原始的传达记号、象征符号和商业标记演变而来,这期间经历了一个漫长的过程。

早期的商标名称几乎都是由产品的发明人、企业创始人和商品的产地来命名。19世纪西方工业革命促进了工业的发展,但是企业多是规模比较小的作坊式的工厂,诞生于19世纪的商标多是产品的发明人、企业创始人和商品的产地的名称。比如,Colgate(高露洁,1806年)、cadbury(吉百利、1831年)、levi' s(列维牛仔,1853年)、Heinz(亨氏,1876)、Nestle(雀巢,1856)、Lipton(立顿红茶,1888年)、Goodyear(固特异,1898年)、Nokia(诺基亚,1865年)、Longines(浪琴,1867年)等。其中的有些产品的商标恰好也能描述产品的特点。比如雀巢虽然是一个姓氏,但是Nestle作为普通词汇有"舒适的鸟巢"、"拥抱"、"依依"的意义,因此可以使人联想到待哺的婴儿、慈爱的母亲等,所以和营养健康的奶粉搭配,图案也是一只母鹊在喂养两只雏雀;又如固特异,Goodyear作为普通词汇,可以说明轮胎的经久耐用。我国的许多商标也是这样,比如"张小泉"、"胡开文"、"王致和"和"青岛啤酒"等。

进入到20世纪以后,科技突飞猛进的发展,企业的规模也快速的扩大,所以,20世纪初的商标多是以普通词汇为主,这些词往往含义优美,能给人以有益的想象,并且能够描述产品的特点。如骆驼香烟(Camel,1913年),带有异国风情,适合用作由土耳其烟叶做成的香烟的商标名称;7-up(七喜,1929年)含义积极,在西方国家,数字7代表一个吉祥向上的意思;Pioneer(先锋音响,1937年)象征着是音响行业的先锋;Tide(汰渍,1946年)描绘了洗衣粉的泡沫比较多;Whirlpool(惠而浦,1950年)形容洗衣机的功能象"旋转的水池";Digital(电脑,1957年)直接指示电脑的数字化;Pampers(帮宝适,1961年)意思是宠爱,形容父母对婴儿的深切关爱;Apple(苹果电脑,1970年)有聪明、信任与友好的丰富含义。

到80年代以后,商品越来越丰富,所以,商标开始用合成的词汇来表达,表明创新等丰富的含义以及自己产品的与众不同。这些词汇不但表明产品的特点和属性,而且也表达了不同的概念。比如 Pentium（奔腾）是一个典型的新创商标，Pent 是拉丁语中的“5”，ium 是化学元素的意思，即表明是电脑中最活跃的要素；Hisense（海信）来源于 High Sense 是高敏感的意思；Frestech 是来源于 Fresh techology，意思是保鲜技术；Denovo（英国的邓洛普轮胎）是新颖的意思；Lenovo 也是这样。这时期的商标多是用合成的方法，表明产品以及创新的概念。

无论商标如何发展，都应该满足下列要素：

第一是简洁清晰；

第二是名称本身能表明产品的属性和特点；

第三是能给人以美好的联想；

第四是能够有法律的保护，差异度要高。

子任务三 产品的包装与消费心理

10.3.1 产品包装的心理功能

俗语说“人要衣装，佛要金装”、“货卖一张皮”，这表明了人们对商品包装重要性的认识。所谓商品包装，泛指一切用于包裹、盛装、束缚、保护和装饰商品的容器、包扎物和装饰物。在现代市场营销观念中，商品包装不仅是承载、储存和保护商品的重要工具，也是美化商品、宣传商品的重要手段，更是直接影响商品价格和销路的主要因素。商品包装对消费者购买心理的影响，主要体现在以下几个方面。

1．识记功能

商品包装的首要心理功能是产生识别、记忆、传递信息的作用。商品的包装通过其相对固定的材料、形式、图案、色彩等，显示其独特个性，以区别于其他同类商品，促进消费者对商品的认识、记忆过程。

2．便利功能

商品的包装以适当的分量、可靠的保护和储存手段，以及方便的开启方式，使消费者易于携带、保存和使用。同时，包装上有关商品的主要成分、使用方法、注意事项等标注，促进消费者对商品的认知，指导消费者对商品的正确使用，为消费者选购、使用带来便利。

3．美化功能

商品包装通过独特构思和精良设计，使商品更富艺术感、时代感与名贵感，这不仅吸引消费者的关注，还能使其赏心悦目，获得美的享受，从而引起消费者的兴趣，激发购买愿望。比如，现在知名商标的商品应大皮装、欧泊来化妆品、天梭表等产品都自己的外包装，不但美化了产品，也有一定的产品推广和广告的作用。

应用举例　　印花棉布的滞销

前几年，印花棉布销售不畅，有些商店便不再进货，改销其他畅销的纺织品。然而，北京百货大楼棉布组则异想奇招，将花布裁成一定长度，三五米不等，用吸塑法把它包扎起来出售，很受消费者的欢迎。北京印染厂从这一现象中受到启发，很快地把原来散装棉布改成小包装，并进一步加以美化装潢，投放市场后，更赢得消费者的喜爱，许多人把它作为礼品馈赠亲友，从而使整个销售市场出现了转机，并引发了一场棉印花布这个大宗商品的一系列改革，突破了数百年来棉布散展尺量的传统销售方式，大大简化了销售过程，使其具有礼品化、个性化的特点，满足了消费者求新求变的需求。

4. 增值功能

良好的包装能赋予商品一种特殊的象征，树立商品的高贵形象，提高商品在消费者心目中的身价，使消费者愿意以高于普通包装商品的价格消费，以获得自尊、社交等种种心理需求的满足。因此，商品包装设计成为商品增值的手段之一。

10.3.2 商品包装设计的心理要求

在包装设计中，面对品种繁多、各具特色的商品以及日新月异的包装材料、不断进步的制作工艺和技术等，设计的空间非常广阔。但无论如何，要取得成功的设计，必须满足消费者对商品包装的心理要求。

1. 突出商品形象和特色

由于消费者购买商品的目的是消费商品本身，故包装设计必须运用多种手段，直接或间接地反映商品的特性，生动如实地展示商品的形象。例如，在一种减肥产品的包装中，由于选择了红色的外包装，使人看起来有些热烈、饱满，因而影响了人们对产品的看法；对于食品类商品，通常采用透明或开窗式包装，使消费者能够直接看到商品的实体形象，消除疑虑和不信任心理；又如床上用品类商品，采用印有真实商品图案或照片的包装，不仅生动地展现了商品的形象，而且还会使消费者联想到使用时的效果。

应用举例　　**如何为产品选择包装颜色**

通过专业人士的不断研究认为：包装的颜色能左右人们对产品的看法。红、黄、橙色，令食品突出，容易引起人们的注意；米黄、海水蓝、乳白、粉色、灰白色等属于柔和的中性色，适应于化妆品、肥皂和个人用品等；棕色，代表丰润和醇厚，作为肉类和巧克力的包装更合适；黑色，由于厚重，所以不适合食品的包装，而可以应用于汽车和扩音器等；白色和蓝色给人以洁净之感，是药品和清洁剂的最佳包装等。

2. 突出生产者和产地

突出生产者的包装是因为某一商品的生产者是知名的企业和或者生产地是知名的地方，所以在包装时体现生活者，在包装突出的地方表明生产者和产地。比如西湖是著名的旅游胜地，所以有以西湖为包装的一系列的产品，如茶、小吃等。这样使消费者更容易关注产品，并增加购买行为。

3. 使用安全便利

包装设计要考虑消费者购买商品后携带、搬运、开启、使用、储存等方面的便利与安全感觉，力求科学、合理、安全、便利。例如，对于易碎商品，首先要考虑选择适合的材料与设计，不损坏商品及不伤害消费者，同时在包装上印注“易碎商品”、“小心轻放”或“勿叠压”等警示语；而对于一些需要密封包装的商品，一方面考虑密封性能，另一方面还要考虑开启方式的简便，如易拉罐汽水、酱油瓶盖的拉环设计等。对于一些要求使用过程方便的商品，则做特别设计，如抽取式纸餐巾、食品保鲜薄膜等。

4. 富有时代性

在消费者购买活动中，求新、求变、求好的心理起着很重要的作用。这不仅体现在对商品本身品质的要求上，也体现在对商品的包装上。因此，商品包装设计必须充分利用现代科学技术、制作工艺、新型材料等，赋予包装以浓厚的时代特色，给消费者以新颖独特、简洁明快、科学先进的感觉。

5. 诱发美好联想

消费者由于民族、文化、地域、宗教、性别、年龄、职业、收入、经验等不同，对同一事物的理解也会不同。所以，在包装设计上，要根据商品的特性和目标消费者的特点，力求使包装设计能引发消费者积极、健康、美好的联想，从而引发消费者的购买动机。

应用举例　　**“宝洁”公司产品的包装**

“宝洁”公司在进行包装设计时充分考虑到消费者的这个心理特点。在推出的去屑专家“海飞丝”、头发柔顺专家“飘柔”、营养专家“潘婷”时，充分利用了消费者的想象，“海飞丝”采用海蓝色包装，让人联想到大海，产生一种清爽的感觉，突出去屑的功能；“飘柔”采用青草的草绿色的包装，突出了青春的气息，让人联想到一头柔顺、飘逸的长发；“潘婷”采用了杏黄色包装，让人联想到营养、滋润的感觉，突出了产品营养的个性。

良好的产品包装，能诱导消费者的想象力，增加消费者的购买。

总之，商品包装应力求符合消费者各方面的心理需求，以激发其购买兴趣与欲望，从而达到促进商品销售的目的。

10.3.3 商品包装设计的心理策略

商品包装设计的心理策略是指根据商品及消费者的特性，通过设计和使用商品包装，引起消费者积极的心理效应，以刺激购买欲望。常用的包装设计心理策略主要有以下三项：

1. 按消费习惯设计

对于不同的商品，消费者有不同的消费习惯，有些习惯甚至是根深蒂固的。因此，包装设计应迎合这些习惯，方便这些习惯。

（1）惯用式。

惯用式包装指某些商品长期沿用，消费者对其包装式样、开启方式等已形成固定模式的包装。采用惯用式包装，便于消费者识别，使他们产生熟悉感、亲切感。如火腿罐头包装造型多为扁身马蹄形，竣鱼罐头多为椭圆形。

（2）分量式。

分量式包装是根据商品使用的分量进行分装的包装。这种包装能满足不同消费者或消费方式的需要，也为商品的使用与储存提供方便。例如，小食品的单个独立包装使消费者在旅行或日常外出的携带；沐浴液、洗发水、洗衣粉等有家庭装及旅行装；大米有 10 斤装、100 斤装，方便城市和农村、大家庭和小家庭的使用等。

（3）配套式。

配套式的包装是将用途相关、种类各异的数种商品组合为一件的包装，以方便消费者选购及使用。如化妆品套装，有洁面膏、日霜、夜霜等，方便消费者的使用；旅行套装，有方便的牙膏、牙刷、小香皂、指甲钳等，方便旅行者的远行携带。

配套式的包装既有同类系列产品的套包装，比如化妆品等的套包装；也有相关产品的套包装，比如日用品、旅游用品的套包装。良好细致的套包装，表现出企业对消费者的用心，是企业迎合和服务消费者需要的最好体现。

（4）系列式。

系列式包装是指同一企业生产的用途类似、品质相近的商品设计为图案、色彩、形式相同的包装，以便于消费者识别、记忆和选购。如嘉顿牌饼干，其奶盐苏打饼干、葱油苏打饼干、加钙苏打饼干等一系列的饼干均采用规格相同、主体图案相同但颜色各异的系列包装。

（5）趣味式。

趣味包装或称幽默包装，也是目前国际市场上较为流行的一种销售包装。这类包装主要是在造型及装潢上采用比喻、夸张、拟人等手法以及别出心裁的构思设计，增加包装趣味性和幽默感，强化对顾客的吸引力。例如：时下流行的“酷儿”的包装，“酷儿”的形象以及卡通的造型等附带在“酷儿”的包装上，是年轻人和儿童的首选；很多方便面的包装里有很多的小画片、小小的故事书都使儿童消费者在购买时充满了渴望和期待。美国也有一家食品公司，在水果罐头的罐盖上印有谜语，并注明打开罐头，吃完东西，谜底就在罐底；绍兴特产加饭酒及茴香豆也采用趣味包装，其包装容器为毛竹筒，筒上绘有绍兴“老乡”脸孔，头戴绍兴毡帽，既富有浓郁的地方特色，又具有诙谐幽默的情调，对消费者和游客有很大的吸引力。

（6）透明式。

透明包装是采用透明的塑料玻璃纸及材料，使内装物品一目了然，既能体现商品的自然美感，又便于顾客识别、选购。因此，这类包装形式在国际市场上盛行不衰。透明包装有全透明的，亦有非全透明的，如一些开窗式纸盒包装、纸板式泡罩包装袋等。

（7）名牌式。

这种包装策略，就是通过知名度较高的名牌包装，促进产品销售的一种包装策略。商品质量固然重要，但商品包装给人形成的心理价值也是十分重要的。企业采用名牌包装策略，途径有二：一是自己创造，即通过自己努力，提高产品质量、使用合理价格、讲究信誉，逐渐将牌子创出来；二是设法借，有些企业产品质量较好，但经营时间短；有些企业为将产品进入国际市场，一时又无代理商等，这类企业就可跟名牌商品的生产、经销单位商榷，花一定代价借用名牌商品包装，促进产品销售。但决不可随意假冒名牌商品。

2. 按消费水平设计

根据目标消费者不同的消费要求而设计相应的包装，这样有利于满足不同消费者的需求，也符合环保原则。

（1）等级包装。

等级包装包括根据商品不同的等级设计相应的包装，也包括同质的商品根据消费者的不同需求而设计不同等级的包装。例如，10 年酿花雕酒和 5 年酿花雕酒的价值相差很大，前者的价值是后者的 3 倍。为体现其相应的价值，10 年酿花雕酒的包装为造型如花瓶的青瓷瓶，并在瓶上绘上风景画；5 年酿花雕酒的包装则为普通的瓷瓶。而对于同质的商品，也有不同的包装，如中国四大古典文学名著，就有精装本与普通本，前者满足经济条件较好且喜爱收藏者之需，而后者则可照顾一般消费者的需求。

（2）特殊包装。

特殊包装是指为价格昂贵的商品的包装，以体现商品的价值并起保护作用，同时还能满足高消费者鉴赏的心理要求。如雪茄烟，因其本身的价值很高，且其消费者一般都是非富则贵，因此雪茄烟的包装通常采用优质木料，设计精美，做工考究，令人爱不释手。

（3）礼品包装。

礼品包装是一种装饰华丽、富有喜庆和祝福等情调的包装，以适应消费者开展人际交往、欢度节日之需。如中秋节的月饼、春节的年霄品，通常采用喜庆的红色或金色礼盒包装。

（4）简易包装。

简易包装是一种构造简易、成本低廉的包装。这类包装适应消费者的日常生活消耗品，满足节约、求廉、求实的需求，也符合环保要求。如牙膏、食盐、洗衣液等低值易耗的家庭用品；还有一些货仓式商店出售的饼干、糖果等食品或其他生活用品。

（5）复用包装。

复用包装指能反复使用或有多种用途的包装，以达到节约社会资源、符合环保要求，且减轻消费者的支出，或实现一物多用的需求。如玻璃瓶装的啤酒、牛奶等，其被消费后的空瓶退还生产企业重复使用；又如一帆风顺五粮液、酒鬼白酒、10 年酿花雕酒等酒类的酒瓶造型美观，酒喝完后可用作花瓶、工艺摆设品等，实现一物多用。

3. 按消费者年龄性别设计

由于消费者的性别、年龄的不同，其消费心理需求也不同。商品包装应顺应这些差异进行设计，使商品更具吸引力。

（1）儿童用品包装。

儿童用品包装迎合少年儿童的心理需求，一般采用造型卡通、生动，色彩鲜艳、明快，具有新奇、童趣及知识性。

应用举例　　汇源牵手迪斯尼

2006 年 1 月 1 日，美国华特迪斯尼公司与中国汇源果汁控股有限公司在北京签署了一项卡通形象授权使用协议，在授权期间里，中国汇源果汁控股有限公司将享有迪斯尼品牌及所授权的卡通人物形象的使用权。汇源成为大陆第一家迪斯尼品牌授权的果汁生产企业。2006 年 3 月，第一瓶汇源迪斯尼小熊维尼系列儿童果汁饮料于汇源上海工厂问世，揭开了汇源——迪斯尼强强联手，打造儿童果汁饮料新时代的序幕。

（2）青年用品包装。

青年用品包装则注重美观、新颖、流行时尚、科技含量高及与众不同等心理需求，使商品包装富于美感和时代感。

（3）女性用品包装。

女性用品包装根据女性追求温柔典雅、美丽时尚等心理需求，使商品包装具有艺术性和流行性。

（4）男性用品包装。

男性用品包装则适应男士刚劲、庄重、果断、粗犷等心理需求，使包装体现科学性、实用性及阳刚性。

（5）老年用品包装。

老年用品包装指按照老年人庄重、朴实的心理需求，使包装体现方便、简朴、实用等特点。

案例 10-3　　CD 唱片：包装盒的魅力

消费者买 CD 唱片的过程是另一个应用购物行为模式的研究例子。理智告诉我们，消费者购买唱片取决于他们是否认为 CD 唱片里的音乐是动听的和诱人的，因而在发达国家的许多唱片店早已提供了自助视听服务，即把一些新近上市的和比较重要的唱片，装进互动式自动播放器里，顾客可以在自动播放器前戴上耳机，选择试听这些唱片的片段。但是，在一项关于顾客购买唱片过程的研究中，营销专家们在 CD 唱片销售柜台前安装了摄像机，记录和研究消费者购买 CD 唱片的全过程。专家通过对大量的录像带进行统计，发现消费者在购买一张唱片之前，往往要反复地把这张 CD 唱片拿起，放下，再拿起，翻过来看，又翻回去，再放下，甚至走开一会儿，回过头来又拿起那张 CD，如此反反复复，平均触摸它多达 11 次，才下决心买。按照一般理解，唱片是买来听的，不是买来摸的。顾客若想知道唱片的品质，应该试听。

“平均触摸它多达 11 次”这个事实使营销专家们恍然大悟——影响顾客选购 CD 唱片的因素远不止于音乐本身的品质那么简单，更包括了许多与听觉无关的东西，诸如唱片封面的照片、调色、文字说明以及唱片的外包装盒的质地。唱片包装的封面设计的重要性早已为唱片公司所认识，但在包装盒的质地上搞差异化的公司还很少。一家唱片公司根据以上这项研究的启示，重新设计制作了几款与众不同的唱片包装盒，包括：

一款钛白色的，摸上去略带金属的冰凉感，用以包装爵士乐；

一款采用东方琉璃瓦的暗绿色，且有着磨砂玻璃般的触感，用以包装源自亚洲和阿拉伯的音乐。

一款深蓝色塑料盒，但摸上去却有“起毛”感觉的，让人觉得仿佛那是天鹅绒而不是塑料，用以包装古典音乐 CD;

还有一款海蓝色的，仿佛布满细碎的裂痕，用以包装伤感的情歌；

……

采用新包装之后，虽然该公司音乐的内容并无改进，但 CD 的销量却大增。

案例评析：

包装在现代市场营销活动中起着非常重要的作用，不仅保护商品，而且有一定的增值和促进销售的作用，是商品的“沉默推销员”，对消费者的购买心理起着很大的影响作用。因此，应注重产品的包装，在产品的包装设计上必须满足消费者对商品包装的心理要求，引起消费者积极的心理效应，以刺激购买欲望。

实训一

任务：为某一食品系列起名。

【实训目的】 促使学生能够运用一定方法，结合消费者的心理为某食品命名，该名称能够发挥一定的营销效能。通过集思广益，提高学生的创新意识和集体协作能力。

【实训题目】 该食品为糖类，包括椰子硬糖、软糖、榴梿椰子糖、椰奶咖啡糖、椰子粉固体饮料、木瓜粉固体饮料、椰奶咖啡固体饮料、椰奶薄饼、木瓜薄饼、辣椒酱、胡椒粉调味品等 100 多个品种风靡岛内外，深受广大游客的青睐。为了拓展业务，计划设计海南特色系列产品，为加强该公司在全国的影响力，拓展市场，为该系列产品命名。

【实训方法】

1．学生分组进行命名，然后选择一名代表向全班同学展示，并说明设计所考虑的消费者心理的因素和起到的作用。最后，学生讨论各组设计情况，老师进行点评。

2．时间：30 分钟。

3．地点：教室。

【总结】

1．命名的方法主要包括效用命名法、成分命名法、产地命名法、人名命名法等 8 种方法，每种方法都有其特色和适用的范围。但不论哪种命名方法，其核心都是使商品名称能够适应消费者的心理特点，促使其对商品产生各种有益的心理感觉。

2．命名应注意几个问题，使产品的名称要与其他产品区别开来，有一定的延伸性，符合消费者所在国家和地区的习俗，并能够不断开发产品名称的潜在意义和价值。

实训二

任务：结合消费者的心理，为“新椰城”蛋糕设计系列包装和公司商标。

【实训目的】 提高学生分析消费心理的能力、创新能力。

【实训题目】 新椰城蛋糕有限公司为了拓展业务，计划设计以青少年为主要消费者的系列产品，命名为“童趣”系列蛋糕。为加强该公司在学生中的影响力，扩充市场，增强企业营业额，为其设计包装和商标。

【实训方法】

1．学生分组进行设计，设计内容为该产品的系列包装（至少三种口味）和该公司的品牌商标，然后选择一名代表向全班同学展示，并说明设计所考虑的消费者心理的因素。最后，学生讨论各组设计情况，老师进行点评。

2．时间：60 分钟左右。

3．地点：教室。

【总结】

1．分析产品包装和商标设计应考虑的因素，即包装与商标的功能、要求和策略，在设计时应从这三方面进行。

2．在本次设计中，应先根据产品的目标顾客的特点进行设计，应以营造轻松愉快并能激发学生想象力为出发点，让消费者看到面包赏心悦目，感到轻松有趣，生活无限美好，同时在包装上有启发益智的视觉更佳。

3．强调设计的理念，而不是具体的操作成果。

任务十一

信息传递与消费心理

知识目标

1. 了解营销过程中信息传递的主要途径，掌握信息传递应该遵守的基本心理原则；
2. 掌握每一种营销过程中信息传递主要特点以及依据各自的特征应遵循的心理原则。

能力目标

1. 能依据营销过程中信息传递的心理学原则，对现行企业与产品的信息传递进行分析；

2. 能依据共性心理学原则和信息传递各自的心理原则进行简单的营销传递策划，能够对信息传递进行有效的管理。

引入案例　“阿姆斯特丹星巴克”概念店设计

“星巴克”咖啡最近已在世界各地的各城市开设特殊的概念店。2012 年 3 月 8 日，其最新的被称为“银行”的概念店在阿姆斯特丹开业。整个店面坐落在林布兰广场一个 430 平方米的空间中，这个地址是历史遗留的旧银行的金库地下仓库，“星巴克”这样的概念店选址创新也是在品牌概念设计中没有过的，他们公开指作为“实验室”。

全新的“星巴克”体验“实验室”的概念设计灵感来源于荷兰当代文化和其深厚的咖啡传统，概念性空间刻意营造推动创新和实验方面的星巴克超出其舒适区。“星巴克”将作为一个在其“慢”的咖啡剧院中为创新的咖啡酿造的方法，这也可能是尝试新事物的理想场所，这里提供了小的存储空间和阅读空间。

“星巴克”咖啡在此次的服务上也提供了较为新颖的特色，比如在欧洲首次使用三叶草®酿造系统，在早晨提供新鲜的羊角面包，在中午提供新鲜的饼干等。

与所有“星巴克”概念店一样，阿姆斯特丹概念店也是从特色、审美、概念出发，将视觉触摸和可持续材料成套嵌入地下空间。当地的设计细节，包括代尔夫特仿古砖，墙壁身着自行车内胎，木姜饼饼干模具和咖啡袋麻袋以及当地壁画的特色设计都在空间中发挥着重要作用。而所有的空间设计都严格遵循 LEED®可持续建筑标准，整个店是成套的橡木改成了荷兰长凳以及独立天花板上起伏的 1876 件木块。从当地学校回收各类椅子和凳子，也从“星巴克”概念店的风格大相径庭中焕然一新。整个店面的空间设计目的是要尊重历史悠久的银行体系结构，但也视为一个剧院咖啡空间，就像在这个空间中欣赏和感觉一件艺术作品。

独特的空间文化氛围。在概念店的座椅，中央坐落的橡木桌子，多层的空间划分为当地的乐队，诗歌写作、朗诵和彩绘艺术等文化活动提供了一个交流的场所，他们常常因为这家店独特的文化定位，而聚集数百人。这里会有很多本地的设计师成群结队进店的故事，“星巴克”不喜欢欧洲的咖啡馆是因为这里感觉更像在家招待自己的朋友，与他们沟通和分享快乐的事情。

“阿姆斯特丹星巴克”概念店设计。如果将空间设计使用社会媒体沟通方式进行环境渲染，那么下一分钟在街上走过的陌生人就将会是您的“客人”。

围绕着“星巴克”的以环境营销为主要策略的企业策略，“阿姆斯特丹星巴克”概念店从选址、环境、服务等都围绕概念进行设计，给消费者以良好的新形象感受，促使消费者除了与自己的知性好友沟通外，也从环境中获得美好、浪漫的感觉。

子任务一 息传递与消费心理

无论产品或服务处于产品成长期的哪一个阶段，经营者都需要用各种途径和方式将产品或服务的信息传递给消费者，使消费者能够认识和了解产品或服务，从而成为产品或服务的真正消费者。

11.1.1 产品信息传递的途径

产品的信息传递途径较多，这里只介绍主要的三种：广告、营业环境以及营销与营业活动。

1．广告

消费者购买产品的原因主要两个方面：主动需要与被动需要。前者是因为个体的主动出击，后者是由于外界信息的诱导而产生。

对于前者，消费者在采取消费行为之前需要接收大量的信息来帮助其做出选择判断，广告则是企业与消费者之间进行信息交流的主要渠道；对于后者，产品信息就是消费者产生消费的直接原因。

企业通过广告，不仅能传播商品信息、促进商品的销售、引导消费行为，而且有利于树立企业的形象，明确产品与企业在消费者心中的地位，甚至在改变社会思潮、推动消费观念的变革等许多方面都能发挥巨大的作用。所以，如何使广告对广大消费者的消费心理及购买行为产生良性的影响，达到最佳的宣传效果，就成为人们研究与探讨的重要内容。

2．营销与营业活动

营销活动指在以等价交换为特征的市场推销交易活动中，企业以各种手段向消费者宣传产品，以激发他们的购买欲望和行为，扩大产品销售量的一种经营活动。

营业活动是一种适宜于短期推销的促销方法，是企业为鼓励购买、销售商品和劳务而采取的除广告、公关和人员推销之外的所有企业营销活动的总称。

营销活动是以长远地宣传企业和产品为目标，营业活动是短期的盈利为主要目标，无论是哪一种推广，都传递着企业产品的信息，对消费者的行为和心理产生影响，决定着消费行为的产生和售后的感受。

3．营业环境

营业环境是消费者接触产品的主要场所，也是消费者消费行为发生的主要场地，消费者对商品的认知过程、购买的决策过程、对商品的选择过程等都发生在营业场所。

营业环境包括营业场所所处的环境、招牌、橱窗以及内部环境等，这些都承载和传递着产品的各种信息。虽然，营业环境所传递的信息不像广告传递的信息更直接、更容易控制，但是产品信息传递不可或缺的部分。比如，世界顶级品牌LV等，从选址、招牌等都传递其作为世界顶级品牌的品质和特色。

消费者的心理和行为会因为营业环境内各种因素的影响而发生相应的改变，营业环境的质量与形象还会影响消费者态度，影响消费者购买后的评价。

11.1.2 产品信息传递中的心理原则

企业产品通过各种信息传递途径影响着消费者，在信息传递过程中，其主要的目标主要有两类：传递形象和促成消费。

在产品的信息传递过程需要注意的心理学原则很多，产品信息策划过程与传递中都应该有不同的侧重，在这里主要有三个心理学的原则。

1. 注意的原则

注意是个体对某一个知觉对象的指向和集中状态。对一个信息的注意是消费者认识产品、服务或者企业的第一步，因此产品的信息传递引起消费者的注意是信息传递成功与否的第一步。

注意的规则有六个方面，包括位置、色彩、对比、隔离等，在信息策划、传递过程中，以注意的原则为指导，达到引起人注意的效果。

案例11-1　大连割烹清水最初的宣传途径选择

割烹清水是于1985年成立的东北地区第一家中日合资的餐饮企业，至今已有26年的历史，自开业以来在日本一流名厨的指导下，以其正宗的日本风味菜肴和地道的日式服务深受中外宾客的好评。多次被大连市旅游局和多家媒体评为浪漫之都特色餐饮店、大连海鲜美食名店等荣誉称号。目前在鞍山、沈阳和其他地区开设多家连锁分店。

大连是一个滨海城市，随着国家对外开放政策的不断深入，来大连经商的外国人也越来越多，由于地理位置的原因，来大连的外国商人主要以日本商人为主，在开店的最初，目标人群主要是这些来大连经商的日本商人，期待为他们提供地道的家乡饮食和服务，根据分析和调查，来大连的日本商人首先必经的入连通道是飞机场，因此割烹清水选择在大连机场利用户外广告的形式宣传其地址、主旨以及订座电话等消息，方便入境的日本客人进行选择。

这个宣传途径和方式的选择即简洁、方便，又可以最快地引起目标群体的注意。

案例评析：

1. 企业或产品信息传递的第一步就是如何引起消费者的注意，利用引起消费者注意的六个要素进行信息的策划和传递；

2. 在引起消费者信息注意的要素中位置是简单又直接的要素，割烹清水将自己的企业信息放在日本客人来中国的“必经通道”的独具匠心，使企业获得了最初的成功。

2. 整体性的原则

认知的整体性是指个体总是把知觉对象当成一个完整的整体进行认知，当局部出现了问题，就会影响个体对其整体的认识，对于产品而言，其信息的传递应从整体性的角度出发，其中有两个层面的意义：一是注意信息的细节；二是信息概念的统一。

消费者认识产品或服务的途径和方法从产品信息传递出的每一个细节开始，是信息传递的第一步；产品信息传递应该具备统一性，比如香奈儿奢华品牌的信息传递就是通过其奢华的营业环境、营销推广以及品牌“大牌明星”的代言等，无处不传递出其产品的奢华定位。

案例11-2　海尔的创新营销

创新是海尔企业的经营理念与追求，在营销过程中也保持创新营销的理念。2011 年趁“3 · 15”来临前，在全国开展了大规模的拆冰箱活动，旨在通过“拆冰箱”让消费者亲眼目睹海尔冰箱在材料选择、工艺保障、产品质量等方面的可靠性与领先性。

其主要做法是通过“一称、二拧、三捅、四验、五踩、六剪”六个环节，向消费者展示了海尔冰箱与杂牌冰箱的内部构造和工艺，两者的差距也形象地展现在大家面前。

“一称”就是比重量，在活动现场，海尔三门冰箱由于采用了优质的原材料，比同类型普通冰箱重了足足8斤，让消费者看到海尔冰的“用料很足”。

“二拧”就是拧门封条，门封条的好坏直接影响了保鲜效果，优质的封条拧过不留痕，弹性好，而普通的门封恰恰相反。海尔冰箱的门封条拧过之后不留痕迹。

“三捅”是检验冰箱底板材质的方法，在现场观众们看到普通三门冰箱的底板是纸做的，带有一定的安全隐患，而海尔三门冰箱则采用镀锌钢板，真材实料防潮耐用。

“四验”是冰箱的背板，海尔邀请消费者上台用斧头击打冰箱的背板，在消防斧的击打下，只留下一个浅印，而普通冰箱的背板是一敲就破。

“五踩”是检验冰箱的抽屉材质和做工。一个 75 千克重的成年人在海尔冰箱的抽屉上能稳稳站立，而站上普通三门冰箱的抽屉，抽屉却立刻碎裂。

“六剪”是对比冰箱的蒸发器材质差距。通过将海尔冰箱与另一冰箱品牌的蒸发器剪开发现，海尔冰箱采用的散热效果好、没有焊点的铝制蒸发器，而一些小企业则采用铁管蒸发器，在铁管表面上染上了铜粉，以次充好。

海尔冰箱以自己创新的营销方式再次显示了自己的金牌品质。海尔冰箱本次在全国范围同时开展的拆冰箱活动，在帮助消费者建立理性消费标准的同时，也将会向消费者揭开行业内幕，让消费者明明白白消费，买到货真价实的冰箱。

案例评析：

1. 企业或产品信息制作和传递要注意整体的效果，只有从整体出发，关注每一个细节才会获得最终的成功；

2. 海尔本次营销从各个环节除向消费者展示产品的可靠外，更重要的是营销过程中，处处体现了海尔的创新精神。

3. 联想的原则

联想，简单地说就是“由此及彼”的心理过程，是个体面对认知对象产生的主动心理过程，虽然有个体差异性的，但也有共性。

企业向消费者传递信息的过程中，由于消费者个体的知识、经验等是千差万别的，对信息选择性、注意和理解也是不同的，因此面对同样企业制作的信息消费者理解和想象会产生差异。因此，企业在传递信息时，注意信息的简洁，减少由于信息不够清晰等原因产生的不恰当的联想，破坏信息传递的效果；同时，利用联想的规律使消费者产生恰当的联想，增强信息传递效果。

案例11-3　因为名字而消失的产品

台湾有个发明家叫王兴钦，他发明了一个两用刷：一面是刷子，一面是肥皂，还可接在水龙头上，使用很方便，他煞费苦心地给它起个名字叫“鸳鸯刷”，非常浪漫，经豪华包装后推向市场，可销路甚差。后经别人提示方发现，人们误将这个刷子当成了刷背的刷子。原来问题出在名字上，人们联想到“鸳鸯戏水”，用作刷背实在太硬，自然销路不好。可见名实相副是多么重要。

案例评析：

1. 企业或产品信息制作和传递时，由于消费者是主动的、思考的个体，引起消费者的联想是千差万别的，如何让消费者的想象和企业期待的一致是关键的问题；

2. 为了使信息不引起消费者的误解，在设计时，可以进行市场或少量消费者的尝试和调研。

子任务二 广告与消费心理学

广告是向公众传递信息的方式。它是通过电视、报纸等渠道进行传播。广告有广义与狭义两种含义。广义的是指向社会公众传递信息的手段，目的在于唤起并引导人们对某些特定事物的注意，并在必要时实施某种按信息发布者希望和要求的行动。如招聘、求职、公益广告等。狭义的广告是指商业广告或者盈利性的广告。它是广告主有计划地通过媒体传播商品或劳务的信息，以促进销售的公开宣传形式。在这里主要讨论的是狭义广告。

11.2.1 广告的心理功能

广告对消费者的心理影响主要包括引起注意、增强记忆、产生联想、诱发情感、采取行动。从消费心理学的角度看，广告具有以下心理功能。

1. 认知信息的功能

广告是联结企业和消费者的桥梁，通过广告向消费者传递企业的产品信息，每一个企业都希望让最广泛的人群知晓自己的产品信息。而消费者也愿意通过商业渠道方便快捷地搜集到大量的不同品牌的产品信息，从而为形成消费方案提供参考依据。因此，企业应该在广告中将消费者最想了解的信息清楚地呈现出来，方便消费者认知商品和服务企业。

2. 诱导消费的功能

企业做商业广告的最终目的是促进产品销售，增加企业盈利。因此，企业一方面通过广告中的产品基本信息唤起消费者的潜在需求；另一方面企业会通过广告强调产品的优点和特长，以刺激消费者的购买欲望，或通过产品代言人的良好形象和影响力诱导消费者产生购买行为。

3. 教育导向的功能

市场竞争和科技创新导致新产品不断地涌现，企业在商业广告中推销这些产品的同时，也向社会大众传播科技领域的新知识、现代生活的新理念和未来生活的新趋向。这有利于开拓社会大众的视野，转变人们的消费观念，改善人们的生活质量。从这个角度来说，商业广告也具有社会教育、指导消费的功能。

4. 审美娱乐的功能

商业广告总带有“王婆卖瓜，自卖自夸”的意味，再加上长期在媒体上重复传播相同的商品信息，很容易让消费者产生反感情绪。为避免这种情况的出现，就要求企业的商业广告要以大众喜闻乐见的形式呈现，要具有时代的艺术美感。

5. 便利决策的功能

进入 21 世纪以后，人们的生活节奏越来越快。面对无数的商品，特别是层出不穷的新产品，如果没有商业广告的介绍和说明，消费者就会无所适从。商业广告能及时、反复地传播产品信息，便于消费者搜集有关资料，在较短的时间内，对各种产品进行详尽的对比，为购买决策提供依据，从而为消费者节约购买产品的时间和精力。

11.2.2 广告的心理学原理

对于企业的推广人员来说，熟悉并掌握广告的心理学原理，就能更好地开展市场营销活动并更好地满足消费者的需求，提高企业的经济效益。广告的心理学原理主要有以下几方面：

1. 关心“点”原理

消费者购买行为的发生与否取决于他们对商品的关心点。所谓关心点，即对商品或劳务而言，是指商品或劳务的特征；对消费者而言，是指消费者购买商品或劳务时最不放心的因素；对广告而言，是指广告宣传的重点。因此，关心点是对商品或劳务、消费者、广告三者的综合考虑。只有抓住关心点这一原理，才会创造出有效的广告诉求，才能引起消费者的兴趣和需求，激发其购买行为。由于关心点原理考虑了商品或劳务、广告、消费者三方面的因素，因此它是广告心理学原理的核心。

2. 诉求认知原理

诉求认知原理是以心理学的认知规律，指导广告的内容、形式等诉求，具体地说就是在产品的宣传中，提及人们熟悉的事物，接着引出产品，并且与其他产品对比，达到让消费者了解产品优越性的目的。

（1）引起注意。

为了让消费者认识和了解商业广告宣传的商品内容，商业广告必须通过恰当的感性诉求和理性诉求，用反常、突变、对比、强化、集中等手法引起消费者的注意。

（2）产生兴趣。

兴趣是人们在认识事物的过程中所具有的稳定的指向与倾向。兴趣是激发消费者购买动机的“诱因”，购买行为的研究表明，这种诱因是商业广告必须具有的。商业广告信息要满足消费者的需求，必须取得消费者感情上的共鸣。广告激发消费者兴趣的程度主要取决于广告信息的真实可靠和广告形式的艺术性。

（3）刺激需求。

商业广告要抓住消费者生理和心理上的需求来进行宣传，但在宣传中是否能有效地刺激消费者的需求，主要取决于商品的质量、价格、周到而热情的服务以及别开生面的广告艺术魅力。在商品的质量、价格既定的情况下，广告的艺术表现形式对消费者需要的刺激起着十分重要的作用。

（4）激发购买行为。

注意、兴趣、需求只是商业广告对消费者的一般性、基础性的影响。商业广告的成功取决于消费者能否采取购买行动。而购买行动的激发取决于商业广告的真实性、可行性和思想性。

（5）使顾客满意。

让顾客买到称心如意的商品应成为商业广告的最终目的，要使顾客满意，企业必须在设计制作广告之前，进行大量的调查研究和周密的策划。为此，企业必须在售前、售中、售后进行相关信息的披露，如果能将相关信息完整、准确地告知消费者，就能使其满意。

3. 差异原理

差异原理是依据心理学中的异质性刺激现象提出来的。所谓异质性刺激是指一个人受到某种突如其来的刺激后，正常的视听感觉一时失去平衡，并集中于新异刺激物上，从而在感觉中留下特别深刻的印象。差异原理目前已被广泛运用于广告的画面设计、音响组合、光色搭配、形象设计和文字编排等方面。

4. 情感原理

广告实践证明，侧重感性诉求的商业广告，其成功率远远高于侧重理性诉求的商业广告。其原因在于：许多消费者的行为动机不是完全出于理性，而是在很大程度上出于感性。许多具有潜在需求的消费者，由于情感的共鸣作用而被激发成为真正的需求者。商业广告的情感作用主要体现在广告画面与文字的巧妙搭配上。

5. 动态原理

由于科学技术的进步，导致社会经济生活的快速发展，消费者的购买动机、购买行为也在不断地发生变化。因此，商业广告的形式和内容必须不断地改变和创新，以适应消费者不断变化的消费需求和心理状态。

11.2.3　广告的心理策略

1. 广告的注意策略

广告宣传的首要任务是引起受众的注意。在广告策划中，要运用心理学的原理向顾客传递对其消费心理产生较大刺激的信息，从而引导其实施消费行为，这是广告成功的关键所在。因此，有意识地加强广告的吸引力以引起消费者的注意，是广告成功的重要基础。广告制作时首先考虑的是要抓住消费者的无意注意，并将无意注意迅速转化为有意注意，只有这样才能增强广告的效果。通常，引起顾客注意的策略有：

（1）增加刺激信号的强度。

广告信息刺激信号强度愈大，对顾客的影响力、吸引力愈大，不仅刺激信号的绝对强度有此作用，相对强度亦有此作用。增加广告的刺激信号强度可以表现在增大商品模型的体积；提高光线、音响的强度；增加色彩的艳丽程度和画面的新奇程度；采用奇特的表现方式等方面。

应用举例 “巨大”的效果

在2005 年12月1日，摩托罗拉为了给SLVR L7 手机做宣传，在意大利某城市的一栋大厦上做起了巨幅广告，整个大厦就是一幅SLVR L7的广告，给人以触目惊心的感觉，强烈地吸引了人们的注意力。

（2）增加刺激信号的对比。

刺激信号对比显著，也会引起顾客的注意。对比是指对象与背景差异的特性。任何能使广告对象突出的做法，都含有对比的因素或作用。在一定条件下，这种对比信号愈大，对人们的影响力、吸引力也愈大。

应用举例 对比的效果

在商业广告设计策划中，有意识地处理各种刺激信号的对比关系和反差程度，能引起顾客显著的条件反射。如颜色的对比、光线的对比、动静的对比、形状的对比等，可以使消费者心理产生积极与兴奋的情绪，加深其对广告的印象。右图这种反差与对比是否也让你感兴趣并有新的启发呢？

（3）增加刺激信号的感染力。

增加刺激信号的强度与对比能够吸引顾客的注意，而增加刺激信号的感染力则可以维持和深化顾客的注意。增强刺激信号感染力的途径很多，主要有：

第一，新奇有趣的构思。如出人意料的表现形式；别具一格的广告标题；亲切生动、幽默诙谐和个性化的广告词；奇异新颖的广告图案，都能产生较大的感染力。

第二，独具匠心的艺术加工。广告中的艺术加工是激发兴趣的重要因素，如广告画面的色彩、色调、字体、造型、图案的布局；广告人物的衣饰、语言、动作等设计，既能增强艺术性，同时又会增加感染力。

第三，引人关注的题材。广告题材选择得当，采用社会热点和大众普遍比较关心的题材，能给顾客更大的吸引力、号召力和推动力，这是维持顾客对广告主题与内容长期关注并形成深刻印象的重要条件。

2. 广告的情感策略

现代广告中越来越关注消费者的情感体验，尤其是消费者对商家诚实的要求。诚实是人类所崇尚的美德之一，在商品交换中尤其要讲究诚信。现在不诚实的广告泛滥，诚实的广告因而特别容易博得消费者的好感。为了增加广告的吸引力，可以做一定程度的夸张表现，但不意味着广告可以脱离事实欺瞒受众。取得消费者的信任是广告诉求的前提条件，取信于消费者的方法主要有：合理突出广告商品的特点，善于说明广告商品的不足；进行实际的表演与操作；展示科学鉴定的结果和专家学者的评价；消费者的现身说法。

应用举例　　以诚实的表现获得消费者好感

日本一家钟表店推销一款新型手表时，问津者甚少。后来，店主别出心裁地写出一则广告："这种手表走得不太准确，24 小时会慢 24 秒，请君购买时三思。"一下子，行情冷落的手表畅销了。广告的成功，在于"24 小时会慢 24 秒"这种真诚的表白激发了顾客的信任感。在这种情况下，店主希望顾客"购买时要三思"，顾客反而毫不犹豫了。

3. 广告的记忆策略

商业广告宣传的目的之一就是使消费者能记住商品及其相关的信息。因为消费者从接受广告信息进而采取购买行动常常有一定的时间过程，如果广告看过不久就被遗忘，则广告宣传就不能达到预期的效果。因此，既要使消费者能有意记忆，又要使消费者在无意中也能记住商品的信息，这样才能使他们在以后的购买行为中连续用到这些信息，实施购买行动。增强消费者记忆的方法有：

（1）持续重复法。

人们比较容易记住反复频繁出现的事物。增强广告信息与受众的接触频率或频次是增强记忆最常用的方法。常用的办法有：一是在同一媒体上重复同一广告；二是在不同媒体上重复同一广告；三是以不同广告形式重复同一产品的重要宣传内容。但应注意通过广告表现手法的多样来避免消费者产生厌烦情绪。

（2）艺术表现法。

通过对广告所宣传的内容进行艺术加工，采用生动、形象、优美的语言、文字、画面、情节来渲染和表现商品及企业的形象，使消费者产生浓厚的兴趣，进而留下深刻的印象，使消费者在艺术感受中产生轻松、愉快的心情，加深对商品的记忆。

（3）从众效应法。

该法是由使用过某商品的消费者来介绍商品的使用体会及经验，以突出商品的功效，或者在销售现场演示商品的功能、用途和使用效果，增强消费者的信任感，给观众、听众较深的印象。

（4）音乐效果法。

广告宣传过程中配以精心设计的一段优美音乐旋律及轻松愉快的节奏，可以使观众通过对音乐旋律的记忆来增强对广告宣传的产品记忆。研究表明，人的大脑对音乐信号的接受能力远远高于其他信息符号。

（5）联想法。

通过一些形象的图形、有趣的音节、熟悉的情景等信息的运用，使人对广告内容产生联想，加深消费者对广告内容的记忆。如德芙巧克力的广告语“放在口中丝一般的感受”，既让人们感受到巧克力的滑美，又让人通过对丝绸的联想产生强烈的口感润滑印象。

子任务三 营销和营业推广与消费心理

营销与营销推广包括的内容非常广泛，主要包括广告、人员推销、公共关系等活动，广告作为主要表现形式独立介绍，这里不再介绍。这里只介绍人员推销、公共关系与营业推广。

11.3.1 人员推销与消费心理

1. 人员推销

人员推销是指企业通过派出销售人员与一个或一个以上可能成为消费者的人交谈，以口头陈述方式促进和扩大销售，人员销售是销售人员帮助和说服消费者购买商品或劳务的过程。人员推销是产品推广中的最直接方式。

2. 人员推销的基本形式

（1）企业建立的销售队伍。建立以本企业的员工为主的、独立的销售队伍。销售队伍的组成有推销员、销售代表、业务经理与销售工程师等。

（2）专业合同销售队伍。建立在合同基础上的销售队伍，主要包括制造商、销售代表商、经纪人等。

（3）雇佣的兼职销售队伍。在各种零售营业场所，用各种形式和途径进行促销，进行产品操作的现场演示、现场模特示范、咨询介绍等。

3. 人员推销与消费者心理

无论是什么形式的推销方式，即使是网络时代的销售，人员都在销售过程中起到一定的联系企业和消费者的作用，推销人员的一举一动都代表着企业，并对消费者产生或积极或消极的影响。

在人员推销过程中，消费者的三种心理需要关注。

第一，沟通。虽然消费者了解产品和企业的信息途径有很多种，但是推销员是最直接的信息传递者，消费者常通过企业人员了解产品的信息，尤其是对消费者来说购买有难度的商品，比如新产品、技术含量高、涉及消费者的安全等方面的产品，消费者更希望营销者带来更多的产品细节等。

第二，信赖。消费者在向营销者了解信息的时候，营销者的个人气质、状态等表现出的内容，都会让消费者对产品产生或信赖或怀疑的情绪状态，而消费者对推销人员的信赖会使消费者对产品产生相应的感觉。

第三，情感和情绪体验。消费者由于喜欢产品的推广者进而喜欢产品和产品的服务，对经营者来说是非常重要，也是营销人员给企业带来的最好效应；由于产品和企业推广者的原因，使消费者产生了对产品和服务的不好感受，会使消费者产生对产品和服务的抵触和拒绝，在营销过程中也是非常常见的。因此，作为企业注重消费者在营销过程中的情绪和情感体验是现代市场营销非常重要的理念。

4. 人员推销对策

第一，知识。为了更好地满足消费者的上述心理，企业在建立营销人员队伍时，应该注重营销人员对产品的知识以及相关知识的了解和掌握，也包括人际沟通的基本知识，使营销者与消费者的沟通更加充分，增加消费者对企业和产品的了解和信任。

第二，仪表。心理学研究表明，仪表是影响人际沟通和关系的重要因素。推销人员能否赢得消费者，仪表是重要因素之一。人的仪表包括容貌、衣着、体态、风度及言谈举止等。在人际交往的早期，由于第一印象作用，仪表因素是最重要的因素；随着交往的深入，仪表因素的作用越来越小，吸引力逐渐由外部仪表特征转向内部道德品质和个性特征。商业交往通常是非常短暂的，营销人员的仪表会给消费者带来什么样的第一印象，其作用就更加不可忽视了。因此，应注意推销人员的仪表因素。

第三，规范。营销者除了应该具备上述的仪表之外，企业为了更准确地传递销售信息，对营销人员的行为举止进行规范和培训，使其在产品介绍、与消费者沟通过程中等采用统一的语言、行为等，使沟通按照规定的方式进行，增加稳定感和统一性，扩大推广的效果。

11.3.2 公共关系与消费心理

1. 基本概念

公共关系（Public Relation）是指某一组织为改善与社会公众的关系，促进公众对组织的认识，理解及支持，达到树立良好组织形象、促进商品销售的目的的一系列公共活动。

它的内涵有以下几个方面：第一是它的目标是与社会组织、集体或个人建立良好关系，使其能够接受企业以及企业的产品和服务。第二是形式。一方面公共关系是一种状态，任何一个企业或个人都处于某种公共关系状态之中；另一方面是一种活动，当一个企业或个人有意识地、自觉地采取措施去改善和维持自己的公共关系状态时，就是在从事公共关系活动。第三是公共关系的职能。作为公共关系主体长期发展战略组合的一部分，它具有管理职能，这种职能体现在评估社会公众的态度，拟定并执行各种行动方案，提高主体的知名度和美誉度，改善形象，争取相关公众的理解与接受等方面。

2. 公共关系与消费者心理

为了保持与消费者良好的关系并在消费者心中保持良好的形象，应注意消费者的以下心理。

第一，认知。消费者要通过企业的公共关系活动等了解企业与企业的形象等内容，因此公共关系和其相关的活动传递的信息等应能让消费者清晰地掌握企业的宣传目标，到达认识企业的目标。

第二，情感。公共关系是一种创造美好形象的艺术，它强调的是成功的人和环境、和谐的人事气氛、最佳的社会舆论，以赢得社会各界的了解、信任、好感与合作，因此应注意企业公关活动的情感要素。

第三，稳定。企业要建立良好的形象，公共关系的管理职能应该是经常性与计划性的，这就是说公共关系不是水龙头，想开就开，想关就关，它是一种长期性的工作，只有这样才能让消费者获得稳定的信息和情绪体验。

11.3.3 营业活动与消费心理

1. 营业活动

营业活动是指在营销过程中采取的各种活动，主要包括以下几种形式。

第一，赠送促销。向消费者赠送样品或试用品，赠送样品是介绍新产品最有效的方法，缺点是费用高。

第二，折价券。在购买某种商品时，持券可以免付一定金额的钱。折价券可以通过广告或直邮的方式发送。

第三，包装促销。以较优惠的价格提供组合包装和搭配包装的产品。

第四，抽奖促销。顾客购买一定的产品之后可获得抽奖券，凭券进行抽奖获得奖品或奖金，抽奖可以有各种形式。

第五，现场演示。企业派促销员在销售现场演示本企业的产品，向消费者介绍产品的特点、用途和使用方法等。

第六，联合推广。企业与零售商联合促销，将一些能显示企业优势和特征的产品在商场集中陈列，边展销边销售。

第七，参与促销。通过消费者参与各种促销活动，如技能竞赛、知识比赛等活动，能获取企业的奖励。

第八，会议促销。各类展销会、博览会、业务洽谈会期间的各种现场产品介绍、推广和销售活动。

2. 营销活动与消费心理

营销活动多数以促销活动为主，因此与价格中价格折让是相似的。在营销活动中应注意的心理与价格折扣心理相似，因此这里略去。

子任务四 营业环境与消费心理

越来越多的都市年轻人和大部分的女性把逛商场作为休闲、享受的一种方式，一个好的购物环境会给消费者留下美好的印象，吸引消费者流连忘返，引起消费者的购买欲望，进而影响其购买行为。因此，研究购物环境场所的内外环境对消费心理的影响，是消费心理学所要研究的一个重要的问题。

11.4.1 选址与消费心理

俗话说："一步差三市。"商品流通企业的地理位置是商业企业成功的主要因素。从消费者心理的角度，选址应注意三方面的心理。

1. 便利心理

满足顾客需求是商店经营的宗旨，消费者在日常消费中，无论是有计划购买，还是无计划的闲逛，方便是消费者消费过程中重要的心理，因此商店位置的确定，必须首先考虑方便顾客购物。

目前，从经营者的角度也把便利作为选址的首要因素，有几种考虑：第一，交通便利。如选择在这类地区就能给顾客提供便利的购物条件。第二，靠近人群聚集的场所。如影剧院、商业街等地，可以让顾客享受到购物、休闲、娱乐等多种服务。第三，人口居住稠密或机关单位集中的地区。对顾客有较大吸引力，容易培养忠实的消费者群体。第四，符合客流流向规律的人群集散地段，顺应顾客的生活习惯，所以能够进入商店购物的顾客人数多，客流量大。

2. 舒适心理

随着生活水平的日益提高，消费者不仅仅对商品的品质等方面的要求在逐日提高，对消费环境的要求也日渐提升，舒适的购物环境也成为消费者关注的一个方面。

对选址中的舒适性要求体现在几个方面：比如，商业环境的洁净、光照、噪声等方面的要求，尤其是干净的四周环境是非常重要的方面。

3. 一致性心理

消费者在消费过程的一致性心理主要是指商品的定位与购物环境保持一致性。商品的定位主要是商品的消费层级定位和消费者的年龄等自然因素的定位。

应用举例 一致性在购物中的体现

这种一致性的心理通过很多方面表现出来，比如：消费者购买一件耐用品，就不会愿意在批发市场等地区购买；而购买一件简单的日用品，比如指甲刀等，就不会选择在比较高档的消费环境中购买。

对于经营者也采用一些方法满足消费者的这种需要。比如：LV是世界顶级品牌，消费的层次高，因此其选址多选在五星级酒店、高档消费品聚集的地区；而10元一碗的面条店的选址就是一般商业零售企业密集的地方等。

11.4.2 店面橱窗的设计与消费心理

"人靠衣裳马靠鞍"，商店也一样，需要有能吸引消费者的店面外观。如果店面（包括橱窗）等出现某些不协调的话，有可能就会引起消费者的反感，从而使消费者不愿进入店内。店面作为一道城市风景，更注重一种生活气息和情绪的渲染，在商业运作上的心理诉求很多，包括新鲜感、独立性以及各自的文化品位等。

消费者往往总会不由自主地依据对商店店面外观的第一印象来判断商店整体的经营状况，这个印象会先入为主，左右顾客是否会选择进入店内消费的决定。因此，商家在进行店面设计的时候，必须从消费者的角度出发，从而设计出令消费者满意的店面外观。

1. 商店以及经营者文化品牌的个性

消费者对商店的印象往往首先来自于店面个性化的设计风格，包括建筑风格、装饰风格。商店以什么样的形象呈现在消费者面前，是需要企业经营管理者根据商店的经营内容、经营规模、经营档次及其周围建筑的风格来综合考虑的，但最重要的一点是商店外观设计要能体现出其经营特色和商业品味，让店面成为消费者选择商品的向导。

2. 艺术的美感

不管店面风格是如何的，是典型的中式还是西式，是仿古还是现代，商店外观的造型要有独特的特色，外观的色彩要整体一致，整个店面要体现艺术美感，给消费者以美的视觉享受，让消费者从开始就能愉悦地感受到企业的文化品位和特色，成为消费者休闲消费神往之处。

3. 店面的整洁

洁净的店面可以显示出商店的现代感，而且会受到消费者的欢迎。店面的干净不但包括整洁，包括玻璃面、窗框、门框以及店前道路等，而且还包括招牌、损坏的地方等及时修理等，同时也包括店面的玻璃面粘贴的宣传广告、商品信息、剪纸等，否则会给商店带来负面的影响，甚至使消费者产生抵触和厌恶感。

11.4.3 购物内部环境与消费心理

购物的内部环境除了能更好地衬托出商品的品质和特色外，更是消费者了解商品和购物的主要场所，其舒适的程度决定着消费者停留的时间和心情，对消费者的购物也有很大的影响。

购物的内部环境构成主要包括：陈列用具、陈列方式、照明、色彩以及音乐。

1．陈列用具与消费心理

货架（或者柜台）是陈列商品的载体，既要具备实用的功能，又要具备审美的功能。在陈列用具上，实用比审美更加重要。

其中主要的消费心理包括三个方面：

（1）商品核心。陈列的用具要以商品为核心，不能比商品更抢眼。店内陈列用具自始至终只是作为商品的配角，不可以比商品更抢眼。店内设计是为了突出商品，使用少量的陈列用具只是为了店内整体造型设计形象相一致。

（2）安全感。消费者在消费的过程中，对安全性也是有要求的。陈列用具的安全性主要体现在陈列货架的圆滑边缘、材料的耐用等。当有尖锐的物品朝向自己的时候，人总会无意识地感觉到不安全的恐惧感；不能使用易损的货架等。

（3）变化性。随着消费者个性化需求的出现，消费者越来越希望购物环境的变化性，作为商店要根据这种变化不断调整店铺的形象，最简单的方法就是改变店内陈列用具的摆放方式，这也能够从外表上改变一下店内的形象和氛围，使消费者从变化中产生新鲜感。因此，选用店内陈列用具时最好选择能够简单移动的带角轮货架，而且尺寸最好不要太大，方便改变商品陈列方式。

2．陈列方式与消费心理

商品的陈列是商店为了突出商品、吸引消费者的注意并方便消费者购买，对货架上的商品进行合理的搭配和摆放。合理有效的商品陈列，既可以激发消费者选购商品的欲望，又能增加消费者对商店的好感，同时还能减少销售人员的工作量（消费者提问次数减少），缩短交易的过程，促进商品的销售。

（1）方便。主要是指商品的陈列方便消费者的选购。为了满足消费者的这个需要，在商品陈列中，分类清晰的陈列；根据商品的形状、质地、外包装等特性的不同分别采用平铺、叠放、堆放、挂置、悬吊等不同的展示方式，以达到最佳的展示效果；商品正面朝向消费者等，方便消费者的选购。

（2）丰富。消费者在购买商品的时候，一般愿意在商品中进行比对和挑选，这样做既可产生成就感，可也可以依此判断商品的丰富程度，可供选择的越多，消费者越觉得商品是丰富的。根据这种心理要求，商品陈列应合理利用空间，尽可能展示更多的商品品种，可以将同类商品的不同款式、规格、花色的商品品种全部展示出来，以扩大可供顾客选择的范围，同时也给顾客留下商品种类齐全、丰富的好印象，从而提高商店的商品周转率。

（3）清晰。消费者在购物的过程中，随着社会的发展，人们的生活节奏越来越快，人们希望在消费中节约时间，选取方便，清晰感觉的要求就凸显出来，消费者因此感觉经营者的管理状态和水平。因此，经营者应从商品的位置、分类等进行有效的注意。

3. 色彩与消费心理

色彩对于商场的环境布局和形象塑造影响很大，营业场所的色调不同让消费者产生优美或和谐的视觉效果，包括地面、天花板、墙壁、柱面、货架、柜台、楼梯、窗户、门以及售货员的服装设计出相应的色调。

应用举例　不同产品的色彩要求

不同商品其要求的色彩也不同。食品中很多是黄色的，如面包、糕点等，故黄色常作为食品销售柜台的主色调。但是，如果黄色面积比例过大，会给人一种病态的、食品变脏的心理感受，使用时应注意以明黄、浅黄为主，同时避免大面积、单一使用。珠宝首饰、钟表玉器等适合以紫色为基调，给人以庄严、高贵、典雅的心理感觉，使人产生一种敬畏感。

色彩与季节也有关，在炎热的夏季，商场以蓝、棕、紫等冷色调为主，消费者心理上有凉爽、舒适的心理感受。

小知识　色彩中的心理

色彩对人们的心情也能产生影响。不同的色彩及其色调组合会使人们产生不同的心理感受。例如，以红色为基调，会给人一种热烈、温暖的心理感受，使人产生一种强烈的心理刺激。红色一般用于传统节日、庆典布置，营造一种吉祥、欢乐的气氛。但是，如果红色过于突出，也会使人产生紧张的心理感受，一般避免大面积、单一采用。绿色为会给人一种充满活力的感觉。绿色又被称为生命色，表现生机勃勃的大自然。在购物环境设计时，采用绿色，象征着树木、花草。以黄色为基调布置，给人以柔和明快之感，使人充满希望。

（1）美感。运用色彩要与商品本身色彩相配合，符合消费者审美的要求。这就要求商场内货架、柜台、陈列用具为商品销售提供色彩上的配合与支持，起到衬托商品、吸引消费者的作用。

（2）轻松。运用色彩要与楼层、部位结合，创造出不同的气氛，使人产生轻松的感觉。如商场的入口处人流量多，应以暖色装饰，形成热烈的迎宾气氛，也可以来用冷色调装饰，缓解顾客紧张、忙乱的心理；地下营业厅沉闷、阴暗易使人产生压抑的心理感觉，用浅色调装饰地面、天花板可以给人带来赏心悦目的清新感受等。

（3）变化。色彩运用要在统一中求变化。商场为确定统一的视觉形象，应定出标准色，用于统一的视觉识别，显示企业特性。但是在运用中，在商场的不同位置，又要求有所变化，形成不同的风格，使消费者依靠色调的变化来识别楼层和商品品位，唤起新鲜感，减少视觉与心理的疲劳。

4. 照明与消费心理

购物场所的光线可以起到引导消费者的作用，使购物场所形成明亮、愉快的气氛，可以使商品显得光彩夺目、五光十色，引起消费者的购买欲望。如果光线暗淡，商店会显得沉闷压抑，而光线过强，又会使消费者感到晕眩，影响售货员视力和导致精神紧张，易出差错。照明主要有三部分：基本照明、特殊照明、装饰照明。

（1）基本照明的适度心理。基本照明指商场为保持店堂内的能见度，方便顾客选购商品而设计的灯具，因此应适度，既不能过于明亮，也不能过于昏暗。主要要形成和创造一个整洁宁静、光线适宜的购物环境。灯光不宜平均使用，要突出重点、突出商品陈列部位，总的照明亮度要达到一定强度。

（2）特殊照明的商品核心。特殊照明也叫商品照明，这是为突出商品特质，吸引消费者注意而设置的灯具，因此应符合注意的原则。如在出售珠宝金银饰品柜台，采用定向集束灯光照射，显示商品晶莹耀眼、名贵华丽；在时装出售柜台，则采用底灯、背景灯，显示商品的轮廓线条。

（3）装饰照明的注意心理。装饰照明是营业场所现场广告的组成部分，用霓虹灯、电子显示屏或旋转灯吸引消费者的注意。一般而言，营业场所灯光照明应在不同位置配以不同的亮度，这样可以吸引消费者注目。

5. 音乐与消费心理

音乐是营造商场气氛的一个有效途径，它也影响着消费者的情绪和营业员的工作态度。音乐运用适当，可以达到吸引消费者对商品的注意，如电视、音响的播放；营造特殊氛围，促进商品销售，商场定时播放不同的背景音乐，不仅给消费者以轻松、愉快的感受，还会刺激消费者的购物兴趣。

（1）舒适。合适的音乐可以为消费者创造舒适的消费环境。一些噪声，如柜台前的嘈杂声、机械的声响，都可能使消费者感到厌烦，因此采用背景音乐缓解噪声。背景音乐要选择旋律轻柔舒缓的，以营造温馨的气氛，不要播放节奏强烈的打击乐、迪斯科等，以免影响消费者情绪，扰乱售货员工作节奏。

（2）时尚与品质。音乐的选择会给消费者带来不同的心理，时尚和品质的心理是最常见的。比如：在背景音乐中选择时下流行的电影、电视剧的主题曲会给消费者时尚的感觉；选择好的钢琴曲以及各种世界知名曲目时，会让消费者感受有品位的感觉。

实训一

任务：通过同学们一起寻找一个产品的信息传递方式，掌握产品信息传递的途径，能在以后的实践中给予充分的注意。

【实训目的】 促进学生熟悉产品信息传递的相关知识；促使学生掌握产品的信息传递途径；在营销中丰富产品的信息传递途径。

【实训题目】 收集《中国好声音》节目的信息传播途径；在这些传播途径中，哪些是至关重要的核心因素；总结和分析该产品成功的主要因素，对产品宣传的启发意义。

【实训方法】

1．实训过程：

第一步：每一位学生准备 10 张彩色的纸片，快速地在自己的纸片上列举出《中国好声音》节目的信息传播方式和途径；没有看过节目的同学可以根据电视剧的信息传播途径进行举例；时间为两分钟；注意在纸片上签上自己的名字。

第二步：在事先准备的白板上写上信息传播的途径分类；准备好尽量多的强力贴。

第三步：每一位学生根据分类将自己的纸片贴在相应的区域。

第四步：将差异较大的同学分类挑选出来，分析其分类的依据；并共同分享本次分享的主要意义。

第五步：教师点评、汇总和提高。

2．时间：40 分钟左右。

3．地点：教室。

【总结】

1．从专业学习的角度分析产品的信息传递主要有三个方面：广告、营销环境以及营销与营销活动。具体到本次活动中，也包括这三个方面，人员在其中有着关键的作用。比如，四位有影响力的导师选择上，对广大公众就是很大的影响。

2．产品推广过程中，利用了各种信息传递的途径。随着媒体形式的变化这些传播途径也在不断改变和发展中。比如，《中国好声音》的官方网站、贴吧等，都是新的推广途径。

3．强调从整体上对该问题进行分析，运用已经学过的知识等。

实训二

任务：熟悉并能够运用信息传递中的营业环境作用，在实践中加以运用。

【实训目的】 促进学生熟悉产品的信息传递的相关知识；能够运用产品信息传递的合适途径推进产品的推广；提高学生自主学习信息传播相关知识能力；能够指导学生在市场营销过程中的分析与运用。

【实训题目】 在业余时间，以图片的形式，收集营业环境对产品推广的成功和失败案例（各 5 个以上）；同时，分析其成功或失败的原因；在课堂进行分享，分析这些结论的实践意义是什么。

【实训方法】

1．实训过程：

第一步：课下以 3 个人为小组，进行收集营业环境运用好的案例和失败的案例各 5 个；形式是图片的形式；形成文字材料。

第二步：分享每个小组的调查结论，分析各自收集案例的特点以及主要的启发意义，小组在分享时，将可展示的图片形成 ppt 形式，分析这些案例的启发。

第三步：两个学生进行本次实训的总结。

第四步：实训指导教师进行分享和指导。

2．时间：40分钟左右。

3．地点：课下+教室。

【总结】

1．营业环境对产品或劳务的推广作用是非常重要的，随着经济的发展和人们消费方式的改变，这些作用就更加凸显。

2．营业环境对产品或劳务的推广途径有很多，主要包括三个方面：第一是选址，要注意消费者消费中求便利、舒适与一致性心理；第二是店面橱窗的设计，要注意的是商店以及经营者文化品牌的个性、艺术的美感以及店面的整洁；第三是购物内部环境，主要考虑陈列用具、陈列方式、色彩、照明以及音乐与消费心理。

3．推荐汪中求的《细节决定成败》。

任务十二

消费者的购买行为与购买决策

知识目标

1. 了解消费者购买行为与决策的过程以及影响因素；购买行为理论对购买行为的基本理解、核心问题以及主要策略。

2. 掌握消费者购买行为与决策过程中的核心问题与关注点。

3. 掌握消费者购买行为与决策行为的基本分类，以及每一种类型的准确概念应用。

4. 掌握购买决策中切断点的定义以及在实践中的意义。

能力目标

1. 能够从整体上对消费者的购买行为与决策进行分析，并根据具体的产品特点找到购买行为与决策行为中的关键点，并指导实践；

2. 能够根据产品的特点分析本产品的购买行为类型，根据主要的购买行为类型分析其应采取的策略。

引入案例　美国式仓储式连锁兴盛的原因

美国仓储式连锁销售概念是由 Price Club 的创始人 S.普莱斯（Soloman Price）于 20 世纪 70 年代提出的。老普莱斯最初设想：建立一个购物俱乐部，将个别会员的零散购买力聚集起来，统一直接向生产厂家大批量订货，在省去中间分销商及批发商的层层附加成本的同时，又可从厂家获得更大的价格折扣。1976 年，他们在美国圣地亚哥开办了第一家“价格俱乐部”（Price Club）。作为俱乐部的会员们在精心策划的巨大工业建筑内感受到一种从未体验过的购物氛围，这里的商品多以大包装的形式摆放在超级屋顶下的钢制货架上，漫步其中就好像走进了一座大型的储货仓库。此间大多数商品的零售标价比其他传统超市和商场的零售标价低很多。这种大规模、仓储式、会员制、精选商品、连锁销售形式一经出现，就在北美地区备受欢迎，当即发展成为一种新型的商业形式。因为 20 世纪 70～80 年代的 10 多年中，美国经济持续滞胀，美国消费者的购物习惯也在不知不觉中发生着变化，原来追求高档、舒适、时髦的购物风尚有所收敛。于是，这种20世纪70年代在美国萌芽的购物俱乐部就以其独具的魅力吸引了越来越多的家庭主妇，以家庭为单位的生活消费成为这种销售方式的主要客源。这就是为什么90年代初在美国经济仅以2%低速增长的情况下，仓储式连锁商业年销售额仍以较高速度递增的原因。

案例评析：

1. 仓储式超市在美国的流行和兴起原因是美国经济变化，经营者根据消费者购买行为的变化，创建的一种符合消费者需要的销售方式；

2. 任何一种营销都是有对象性的，无论是集体或是个体的消费者，因此关注消费者的行为与心理特点才会有好的市场效果。

子任务一 细解购买行为

12.1.1 购买行为分析概述

1. 购买行为分析

消费者的行为要经过五个阶段，即认识需要、搜集信息、比较分析、购买决定和购后感受，是一个动态的过程。

2. 购买行为分析方法

在购买行为分析时，主要方法是 6W2H。即 Who、What、Which、Why、When、Where、How、How much。6W2H 直接反映出消费者的购买行为，通过 6W2H 分析可以了解消费者购买行为的规律性及变化趋势，以便制定和实施相应的市场营销策略。

3. 6W2H 分析法的主要内容

（1）Who。谁组成本产品的市场，即目标群体是谁？谁购买？谁参与购买？谁决定购买？谁使用所购产品？谁是购买的发起者？谁会影响产品购买？

（2）What。购买什么产品或服务？顾客需要什么？顾客的需求和欲望是什么？对顾客最有价值的产品是什么？ 满足顾客购买愿望的效用是什么？ 顾客追求的核心利益是什么？

（3）Which。消费者购买哪种产品？在多个厂家中购买哪个厂家的产品？在多个品牌中购买哪个品牌的产品？购买著名品牌还是非著名品牌的产品？在有多种替代品的产品中决定购买哪种？

（4）Why。为何购买？（购买目的是什么？）为何喜欢？为何讨厌？为何不购买或不愿意购买？为何买这不买那？为何选择本企业产品，而不选择竞争者产品？为何选择竞争者产品，而不选择本企业产品？

（5）When。何时购买？什么季节购买？何时需要？何时使用？曾经何时购买过？何时重复购买？何时换代购买？何时产生需求？何时需求发生变化？

（6）Where。何地购买？在城市购买还是农村购买？在超市购买还是农贸市场购买？在大商场购买还是在小商店购买？

（7）How。如何购买？如何决定购买行为？以什么方式购买？（现场选购、邮购、网上购买、电视购物等）按什么程序购买？消费者对产品及其广告等如何反应？

（8）How much。购买数量是多少？一定时期的购买次数是多少？一定时期的购买频率是多少？人均购买量多少？总购买量多少？

在回答上述的问题同时，就解决了消费者行为分析的种种问题，为营销活动的开展奠定了基础。

12.1.2 购买行为分析中关注的核心问题

1. 购买者与使用者

在消费行为的分析中，消费者是消费行为的执行者，没有消费者，就失去了分析的基础。在对消费者进行分析时，把消费者分成产品的购买者和使用者两部分。

由于购买者和使用者的关系不同，存在两种情况：第一种情况是购买者和使用者是统一的，即购买者就是使用者；第二种情况是购买者和使用者是不统一的，即购买者自己并不使用产品或者说使用者并不自己购买。

应用举例　**“买者”与“用者”的一致与分离**

在日常的消费过程中，这种情况是占大多数的。在这种情况下，产品的消费群体是明确的、简单的，分析目标群体的特点就能了解消费者的特点。女性化妆品、服装、日用品等，使用者就是购买者本人，分析女性消费者的特点就可以了。

另一种情况是两者是分离的，导致这种情况的原因有两个方面：一是客观原因所导致的，比如婴儿和儿童用品、男性多数的日用品等，消费者由于年龄的原因没有购买的能力或者由于风俗的习惯，导致使用的人并不亲自购买产品；二是市场营销等外界原因的促使，比如礼品等。

案例12-1　**“脑白金”的成功**

脑白金的营销方式导致了使用者和购买者的区分。脑白金的目标市场是老年人群体，但是根据市场的经验和常识性的分析，由于我国传统的文化影响以及经济水平的限制，老年群体的消费能力和购买力相对比较低下，大多数老年人的收入用于储蓄、日常的基本生活以及医疗的保障等，所以脑白金作为一种保健品，要想获得更大的市场机会，必须扩大购买群体。于是，脑白金将目标瞄准了中青年的消费者，打出了“今年收礼只收脑白金”。经过铺天盖地的广告推广，脑白金成为中青年消费者送给父母最好的礼品。使该产品既有一定的使用价值，又具有了一定的社会意义：晚辈送给长辈的孝心。从而“一举两得”，赢得了更广泛的市场。中青年的消费能力远远大于老年群体的消费能力，并且很好地解决了老年人的“舍不得”的心理问题给产品的推广带来的市场障碍。

案例评析：

虽然产品的使用者和购买者是否统一，和产品因素密不可分，但营销者要根据自己产品的特点，运用各种营销方式，来制造有利于产品的市场机会。

所以，在分析消费者和购买者时根据产品、消费者、市场的特点，不断扩大购买者群体对企业来讲是非常重要的。在这类行为的分析中，不但要分析使用者的特点，更要关注购买者对使用者的关注点，从而进行有目的的销售。

2．购买行为过程

在购买行为的过程分析中有几个问题需要关注，比如消费者到哪里去寻找某类产品的信息，消费者购买商品的哪一方面，消费者希望到哪里购买某类产品等。在后面的决策分析中也会关注这个问题，所以这里就不加论述。

3．产品的复杂性

产品的复杂度是指在某一产品的消费过程，消费者需要介入的努力性程度，简单地说就是消费者在某一类产品的消费过程中思考的程度。消费者需要的努力性越高，产品的复杂度就会越高；反之，产品的复杂度就越低。

产品的复杂度与两方面因素有关：一是产品的价格相对消费者购买力的高低，价格越高的产品由于消费者的购买经验和购买频率都很低，所以在购买的过程中，就要不断搜集信息，进行反复地比较和选择，购买的过程都很谨慎并经过深思熟虑；二是价格并不高，但由于产品的特殊意义，所以，消费者在购买时比一般的购买需要更多和更仔细的考虑。

应用举例　　**产品的“价格与特殊意义”**

人们购买等离子电视、生物保鲜的冰箱等，比购买一瓶酱油、一斤咸菜等要经过更反复的考虑，因此价格增加了消费者购买商品的复杂度；本来消费者在购买一双长筒袜时不需要太多的考虑，但由于一品牌的长筒袜宣传说“买某品牌的长筒袜，送你一双性感诱人的美腿”，所以消费者在购买时就要犹豫一下，想一想广告的宣传和别人的看法等；同样，“××胃泰，女人送给男人的关爱”，也使女同事在买药给自己的上司时，需要根据现场环境和与上司的关系，再进行购买。这些产品赋予的特殊意义，不同程度地加大了消费者购买的难度，使产品的复杂度人为地提高了。

由于产品价格因素导致的购买复杂度，是由于产品自身的因素所决定的，是很难改变；第二种是营销者人为地增加了产品的复杂度，尽管在一些情况下使消费者的群体在整体的范围来看下降了，但是消费者的群体更加明确，产品特点的差异度更高，所以更加方便目标群体的购买。所以，适当地提高产品的复杂度，就是提高和明确了产品的市场定位，对产品的推广更有意义。

12.1.3　购买行为的一般模式及其意义

1．购买行为的一般模式

研究消费者购买行为模式，对于满足消费者需要，搞好市场营销工作具有要的现实意义。在现代社会生活中，由于消费者的个性与需要、购买动机、消费观念、消费方式与购买习惯的不同，消费者的购买行为是千差万别，不尽相同的。尽管如此，在不同的消费者购买行为中，仍然存在着某种共同的、带有规律性的特征。心理学家在深入研究的基础上，指出了消费者购买行为中的共性或规律性，即消费者购买行为的一般模式，见图 12-1。

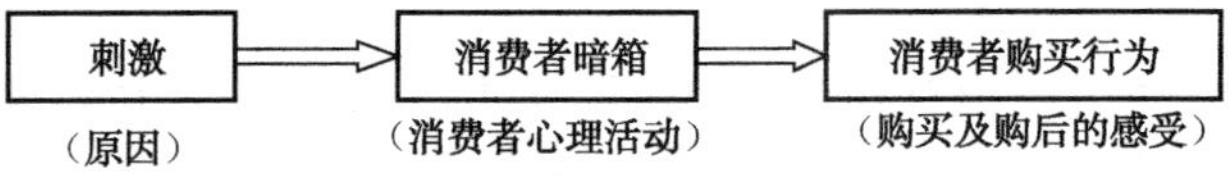

图 12-1　刺激-反应模式

根据刺激-反应模式的分析，所有消费者购买行为的原因是由刺激引起的，这种刺激来自两个方面：一是外界环境，如社会的经济情况、政治情况、科技水平、文化因素、企业的市场营销刺激（广告、价格、包装等）等；二是来自消费者内部的生理和心理因素，如需要、动机、个性、态度、观念、习惯等。消费者在各种刺激因素的综合作用下，经过复杂的心理过程，产生了购买动机；在动机的驱使下，做出购买决策，采取购买行动，并进行购后评价，由此完成了一次购买行为。由于这一过程是消费者心理活动过程，是在自我状态下完成的，因此心理学家称之为“暗箱”或“黑箱”。

但是，尽管消费者的购买过程存在“暗箱”，但是一般模式的分析指出了外界和心理的刺激是产生购买的直接动力和原因，同时指出消费行为分析暗箱的存在，即消费行为存在不确定因素的影响。

2．购买行为一般模式分析的意义

通过消费者购买行为一般模式的建立和分析，为企业营销部门制订营销计划，扩大商品销售提供了依据。根据这一模式，市场营销刺激与其他刺激进入购买者的意识后促使消费者购买动机的产生，消费者的特征和决策过程导致了购买决策。消费行为的分析以及市场营销人员的核心任务就是要了解在出现外部刺激后、消费者作出购买决策前的购买者意识中所发生的情况，认识消费者的购买行为规律，并根据本企业的特点，向消费者进行适宜消费者的“刺激”，以便使外在的刺激因素与消费者的内在心理活动发生相互作用，以便形成购买决策，采取购买行动，实现满足消费者需要，对于企业就是获取销售利润的目的。在上述分析的基础上，可以把购买模式进行细化，如图 12-2 所示。

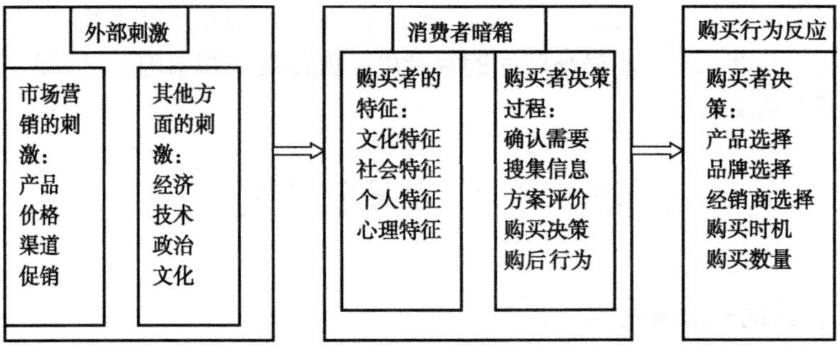

图 12-2　购买行为细化

12.1.4 购买行为的类型

在购买活动中，每个消费者的购买行为都各有不同，区分不同类型消费者的购买行为，找出其差异，对企业开展营销活动有一定的参考价值。对消费者购买行为分类的标准很多，所以有很多种的购买类型，不同类型的消费行为都有各自的特点。

1. 根据消费者购买目标的明确程度分类

（1）确定型。

确定型的消费者在进入商店、发生购买行为之前已有明确的目标，对所要购买商品的种类、品牌、价格、型能、规格、数量等均有具体的要求，并且很确定，一旦商品合意，便会毫不犹豫地果断购买，如果所进的商店没有所要购买的产品就不会做太长时间的停留。所以，这类消费者通常不需要销售人员的介绍、帮助和提示，只需要有技巧地应对就可以了。多数情况下，男性消费者多属于确定型。

（2）半确定型。

半确定型的消费者在进入商店购买之前，已有大致的购买意向和目标，但是这一目标并不是很具体、明确。在实际购买时仍需要了解、判别，要经过对同类商品的反复比较、选择之后，才能确定具体的购买对象，这类消费者在消费者中占多数。对这类消费者，要尽快了解消费者的购买目的，进行有针对的推荐和建议。比如，消费者已经明确要买一件参加晚宴的礼服，但是什么颜色、款式等，需要到现场根据别人的建议以及现场的情况进行选择。

（3）不确定型。

不确定型的消费者无论是进店前还是进店后，没有任何明确的购物目标，他们只是由于顺路、散步，或是饭后茶余信步进入商店，漫无目的地随意浏览商品。如果商品能引发消费者的兴趣和需要，便会产生购买行为动机和行为，但有时也可能不买任何东西。究竟发生购买行为与否，与商店购物环境、气氛及消费者的心理状态密切相关。对于这类消费者，营销人员应主动服务，尽力激发其购买欲望。

2. 根据消费者对商品的认知程度分类

（1）深涉型。

深涉型消费者对有关商品的知识有较深入的了解和研究，能对商品进行全面的判断，所以在购买的过程中能独立地挑选商品，并且不断向销售人员提出比较专业的问题和某些细节的问题。

针对这类消费者，销售人员对商品的专业知识是第一要素，能回答消费者相关的问题并提出自己的建议和对细节问题的理解，这样会增加与消费者的亲近感，形成好的沟通，达成销售的目的。

（2）浅涉型。

浅涉型消费者对所购的商品有一定的了解和认知，只能针对自己知道的方面进行比较商品。所以在购买的过程中，期望销售人员进行介绍，了解商品更多的信息。

所以，针对这类消费者的特点，销售人员要做好介绍，但对消费者了解的方面，不应该轻易地评价。因为，消费者事先了解的信息，虽然是一知半解，但多数的信息是从有经验的人中获取的，有时尽管信息不一定准确，但消费者总是要坚持并有一个先入为主的印象。所以，一旦批评了消费者的信息和观点，都会使消费者产生抗拒的心理，因此要先肯定消费者的观点，然后再提出自己的看法更好。

（3）初涉型。

初涉型的消费者对所要购买的商品缺乏认识，更谈不上购买的经验。所以，在购买中表现出两个极端现象：一些消费者会听从销售人员的推广和建议，直接购买，态度果断；一些消费者就会不断挑选，听别人的建议，通常情况下是犹豫不决。这在手机、电脑等产品的购买中尤其突出。

针对这类消费者的特点，销售人员应该选择产品最吸引人的地方，进行积极的介绍，使消费者对产品产生兴趣。

3. 根据购买者在购买过程中的介入程度和品牌间的差异程度划分

（1）简单型。

简单型的购买是指商品的价格低廉，同时可选择商品间的差异不大，消费者经常购买，所以消费者在购买中就不会花费较多的时间和精力，也不需要其他人的参照意见。在购买时，多是根据习惯购买，购买的品牌变化不大。

面对这种广泛选择的购买行为，当企业处于市场优势地位时，应注意以充足货源占据货架的有利位置，并通过提醒性的广告促成消费者建立习惯购买行为；而当企业处于非市场优势地位时，则应以降低产品价格、免费品尝等方法介绍新产品的独特优势等方式，鼓励消费者进行多种品种的选择和新产品试用。

（2）复杂型。

复杂型的购买是指价格高贵、消费者购买次数较少的、冒风险大的和高度自我表现的商品，同时产品的品牌差异明显，消费者在购买过程中介入程度高。

由于对这些产品的性能缺乏了解，为慎重起见，他们往往需要广泛地搜集有关信息，并经过认真学习，慎重地做出购买决策。对这种类型的购买行为，企业应设法帮助消费者了解与该产品有关的知识，并设法让消费者快速地了解本产品在比较重要的性能方面的特征及优势，使他们树立对本产品的信任感。这期间，企业要特别注意针对购买决定者做介绍本产品特性多种形式的广告。差异化定位尤其适合这种产品的策略。

（3）和谐型。

和谐型的购买是指产品价格高、购买频率低，同时品牌的差异性小，所以看不出各品牌有何差异时，因此消费者在购买中，相对其他产品，购买商品的特性也不够明显，因为消费者购买品牌差异不大的商品时，虽然他们对购买行为持谨慎的态度，但他们的注意力更多是集中在品牌价格是否优惠、购买时间、地点是否便利，而不是花很多精力去搜集不同品牌间的信息并进行比较，而且从产生购买动机到决定购买之间的时间较短。因而这种购买行为容易产生购后的不协调感，即消费者购买某一产品后，或因产品自身的某些方面不称心，或得到了其他产品更好的信息，从而产生不该购买这一产品的后悔心理或心理不平衡。

为了改变这样的心理，追求心理上的平衡，消费者便会广泛地搜集各种对已购产品的有利信息，以证明自己购买决定的正确性。为此，企业应通过调整价格和售货网点的选择，并向消费者提供有利的信息，特别是自己产品与众不同的方面，要加以强化。

应用举例 让消费者买了“不后悔”

随着制造电冰箱技术的发展，不同品牌的电冰箱差异越来越小，甚至在功能上看不出差异，消费者对这些处于成熟期的产品购买就会处于“纠结”状态，因为，无论购买谁的产品，都会让消费者觉得“不够完美”，或者是理由“不那么充分”，因而心理产生不平衡感。因此，作为经营者就要千方百计地帮助消费者消除不平衡心理，给予消费者“额外”的利益，比如西门子冰箱就会为消费者厨房配套用具，坚定其对所购产品的信心。“细心”的产品和经营者，会设计出类似自己品牌一样的、精致的小家电用品、厨房用具等，因此额外利益是非常重要的。

（4）多变型。

一个消费者购买的商品品牌间差异虽大，但可供选择的品牌很多时，他们并不会花太多的时间选择品牌，而且也不专注于某一产品，而是经常变换品种。

应用举例 多变的“吃客”

消费者在购买一些小零食上，多是善变的“吃客”。比如购买饼干，上次买的是巧克力夹心，而这次想购买奶油夹心；今天买了康师傅牛肉面，明天就吃华丰的牛肉面。这并不说明消费者是对上次购买的饼干或者牛肉面不满意，而是想换换口味。

面对这些多变的消费者，产品的经营者也要“多变”，主要有两个方面：一是在产品品种的不断改进和增加，使消费者可以进行选择，这对经营者来说是相对难度大；另一方面，就是对产品形式进行改进，比如改变包装等，使产品保持常变常新。不同的消费类型、特征以及主要策略见表 12-1。

表 12-1 消费类型、特征以及主要策略

购买类型	消费者介入度	品牌差异度	消费者特征	市场策略
简单型	低	小	购买行为简单	使销售渠道更方便消费者购买
多变型	低	大	消费选择多变	产品可以进行变化（包装等上变化）
复杂型	高	大	惠顾行为多	强化市场定位明确
和谐型	高	小	外界影响大	给消费者额外利益

4. 根据消费者的购买态度与要求分类

（1）习惯型。

这类消费者一般根据以往的购买经验和消费习惯采取购买为，他们或长期惠顾某商店，或长期使用某品牌的商品，以至形成某种定势，购买习惯不会因为年龄的变化、环境的变化而变化。不受时尚风气的影响，购买行为表现出很强的目的性。他们在购买商品时当机立断，成交迅速。如有的消费者购买牙膏，从青年、壮年直到老年，无论是出差还是居家过日，都买上海产的“中华牌”牙膏。

针对习惯性消费者的主要策略是服务，使消费者购买就犹如回家一样。

（2）理智型。

这类消费者在购买商品时善于观察、分析、比较，有较强的选商品能力。他们在购买前已经广泛搜集所需商品的信息，了解市场行情，思熟虑后才做出购买决定；购买时十分理智慎重，对商品反复比较，权衡利弊，不受他人及广告宣传的影响；挑选商品仔细、认真，很有耐心。在整个购买程中表现出很强的自主性，始终由理智来支配行动。

（3）经济型。

这类消费者对商品的价格非常敏感，选价心理较重，往往以价格的高低作为选购标准。这类消费者又可以细分为两种类型：一种是以价高低评价商品优劣的消费者，他们认为价格高的商品质量一定好，价格越高越买；另一种是对廉价商品感兴趣的消费者，他们对同类商品价格的差异十分敏感，喜欢购买优惠价、削价、处理价、降价大甩卖的商品。

（4）冲动型。

这类消费者选购商品的选择能力较弱，对外界刺激敏感，心理反应活跃，情感变化快，很容易在最后一刻改变主意。因此，这类消费者在购买商品时，很容易受商品外观、广告、推销员、营业员、他人的影响而不去进行比较，草率购买，买后常常会后悔不已，而下一次购买依然如故。新产品、时尚商品对这类消费者有很强的吸引力。

（5）感情型。

这类消费者感情丰富，想象力强，常常因商品的款式、颜色、包装等外形美而引起联想。在购买时容易受感情支配，也易受外界环境（购物环境和营销人员态度）的感染诱导，往往因此而心血来潮，发生购买行为。

（6）疑虑型。

这类消费者性格内向、优柔寡断、多虑多疑。他们在购买前三思而后行；购买中细致，挑来挑去地拿不定主意；购买后还会疑心上当受骗等。

（7）随意型。

这类消费者缺乏主见，在选购商品时一般都希望获得销售人员的提示和帮助。对所购商品缺乏认真的分析比较，常常受众多人同一购买趋向的影响，从众购买自己并不急需的商品。有的消费者在生活上不挑剔、不苛求，表现在购买行为上也比较随便，此类消费者也属随意型。

5．根据消费者在购买现场的情感反应区分

（1）温顺型。

这类消费者神经过程比较脆弱，尽量避免任何过大或过小的神经刺激，表面上很少受外界环境的影响，但内心体验却很深刻。表现在购买行为方面，从选购商品到最后实现购买，都愿意听从销售人员的介绍和意见，信任他们，所以能很快做出购买决定。这类消费

者对所购商品本身的情况考虑得不是很全面，而对销售人员的服务态度却很敏感。

（2）反抗型。

又称反感型。这类消费者的个性心理具有较高的敏感性，多愁善感，性情孤僻。外界环境细微的变化都能引起他们的警觉。在购买商品时，主观意志较强，不喜欢听取别人的意见，以怀疑的观点审视周围的一切，对销售人员及其他顾客均不信任。

（3）沉着型。

这类消费者购买过程比较平静，反应缓慢沉着，购买决定一经做出，就不容易改变，也很少受外界环境因素的影响。在购买行为中，除了购买商品所必需的语言，始终保持沉默，感情内隐，抑制性强，交际适度，但不很随和。

（4）激动型。

又称傲慢型。这类消费者很容易激动，言行举止时有狂热、暴躁的表现，自控力差，购买行为方面也表现出不善于考虑，傲气十足，对商品与销售人员的要求有时苛刻得不近情理。对此，营销人员在各个方面应给予较多关注。

（5）活泼型。

又称健谈型。这类消费者灵活性高，善于适应各种环境，有广泛的兴趣爱好，但容易变化。表现在购买行为上，显得活泼、健谈，在购买和挑选商品的过程中，愿意与人接近、交谈，主动与顾客或营销人员交换意见。

总之，在购买活动中，受购买对象、时间、地点、环境、个性心理等诸多因素的影响，不同的消费者会表现出多种不同的购买行为。因此，必须用动态的、差异化的观点对消费者购买行为进行观察、判断、分析，为做好营销工作打下坚实的基础。

12.1.5 不同产品的购买行为类型分析

分析和研究不同购买行为类型的主要意义在于结合销售的产品及其特点，并且掌握由于产品的因素所导致的主要购买行为类型，进行有针对性的推广活动。

由于产品的分类方法有很多，所以有各种各样的产品，根据产品的三个方面主要特点进行分类并分析其主要购买行为类型。

1. 日用品和耐用品及其购买类型

根据产品使用上的差异将产品分成日用品和耐用品。日用品的购买频率很高，通常消费者有丰富的购买经验和消费的体会，所以对产品的知识也了解很多。而耐用品却正好相反，由于消费者的购买频率和使用经验都很少，所以对产品知识的了解也相对较少。见表 12-2。

2. 技术含量高与低不同的产品及其购买类型

根据日常的生活经验，有的产品技术含量比较高，比如电脑、汽车等；有的产品技术含量比较低，比如一块毛巾、一块香皂等。由于产品的技术含量不同，消费者在消费的过程中，采取的行为和态度是有区别的，见表 12-3。

表 12-2　日用品和耐用品的购买类型

产品类型	购买行为类型			综合的产品推广建议
	购买目标	认知程度	介入程度和品牌间的差异程度	
日用品	确定型	深涉型	简单型和多变型	1．不需要销售人员进行产品的介绍 2．因为消费者是多变的，要在产品的包装以及现场的摆货上加以注意
耐用品	不确定或半确定型	浅涉型或初涉型	和谐型和复杂型	1．销售人员要有丰富的产品知识，进行有效的现场介绍，使消费者充分了解商品 2．强化产品的市场差异性与区别度

表 12-3　高、低技术含量产品的购买类型

产品类型	购买行为类型			综合的产品推广建议
	购买目标	认知程度	介入程度和品牌间的差异程度	
技术含量高	不确定或半确定型	浅涉型或初涉型	和谐型和复杂型	选择有专业知识和经验的销售人员，进行专业的介绍
技术含量低	确定型	深涉型	简单型和多变型	销售人员可以有选择地推广，重要的是占有超市等销售地点的有利位置

3．新产品与老产品及其购买类型

新产品和老产品由于其在市场中停留时间的不同，消费者的消费经验以及消费习惯是不相同的，尤其是新产品的消费经验不足，使消费者在进行市场选择的时候有很大不同。

表 12-4　新、老产品的购买类型

产品类型	购买行为类型			综合的产品推广的建议
	购买目标	认知程度	介入程度和品牌间的差异程度	
新产品	不确定或半确定型	浅涉型或初涉型	和谐型和复杂型	1．尽量介绍产品的特点 2．对产品相对应的消费风险给予有效的承诺 3．注意的是不应该夸大产品的优势，也应注意消费者原有的消费经验
老产品	确定型	深涉型	简单型和多变型	1．尽量说明产品的特点和现有的优点 2．需要注意的是不应该反驳消费者已有的消费经验和认知

子任务二 购买决策

购买决策就是消费者的购买目的确立、手段的选择和动机的取舍以及购买目标的确认过程。

购买决策在消费者的购买行为中有非常重要的作用。对于消费者来说，决策的内容不仅规定着购买行为的发生方式，正确的决策可以使消费者以较少的费用买到物美价廉的商品，最大限度地满足消费者的需要。对于厂家和商家来说，分析研究消费者的购买决策，为企业正确地确定产品、价格、渠道、促销等策略提供依据。

12.2.1 购买决策过程中的问题分析

购买决策是购买行为的一个深度分析，购买决策遵循着购买行为的过程，其关注点有所不同。

1. 问题认知

消费者认识到自己有某种需要时，是其决策过程的开始，这种需要可能是由内在的生理活动引起的，也可能是受到外界的某种刺激引起的。

应用举例　　想买衣服的“两个”原因

自己想买一件衣服，无外乎两种可能：看到别人穿着，非常时尚，也是符合自己天生的气质，于是暗自打算购买一件；要参加晚会了，多年未见的同学朋友都要出席，自己总要打扮一下，“不能让自己丢面子”，赶紧去买一件能衬托自己气质的衣服。可能还有其他原因和可能，但是外部与内在原因是消费者购买的“两个”主要因素，营销者应注意不失时机地采取适当措施，唤起和强化消费者的需要。

2. 搜寻信息

消费者一旦确认了问题，就开始寻找信息，为制定决策提供依据。

首先要分析的问题是的消费者信息来源。通常消费者信息来源主要有四个方面：第一，个人来源，如家庭、亲友、邻居、同事等；第二，商业来源，如广告、推销员、分销商等；第三，公共来源，如大众传播媒体、消费者组织等；第四，经验来源，如操作、实验和使用产品的经验等。每一种产品的消费者其信息来源是不同的，比如，食品与服装，食品多是口口相传，而服装多是来自公众信息途径。

其次，影响个人信息搜寻范围大小的因素，主要有四个方面。一是消费者对风险的预期，一般，随着对购买风险预期的增加，消费者会扩大搜寻范围，如果消费者打算买一件新产品，会广泛和长时间搜集信息。二是消费者对产品或服务的认识。如果消费者对潜在的购买了解很多，就不再需要另外搜寻更多的信息。三是消费者对产品或服务感兴趣的程度。信息搜寻的范围与消费者对要消费对象感兴趣的程度相关，即对其产品感兴趣的消费者花更多的时间搜寻信息。比如，一个网球运动爱好者，为了购买新的球拍，可能更愿意向专业人士讨教，并比其他购买者花费更多的时间和精力选择适合的球拍。四是情景因素，在紧急的情况下购买产品时，人们对信息的搜寻是有限的，比如车坏在半路上了，司机不大可能到处打电话去找一个最便宜的地方修车，或者是抢购的时候消费者也不会有充分的时间去搜集信息。

最后，消费者搜索信息的渠道与载体。产品的消费者群体更倾向从哪里寻找相关信息，比如电视、报纸、网络等更倾向哪一种。

3. 分析评价

消费者得到的各种有关信息可能是重复的，甚至是互相矛盾的，因此还要进行分析、评估和选择，这是决策过程中的决定性环节。

在消费者的评估选择过程中，有以下几点值得营销者注意：

第一，产品性能是购买者所考虑的首要问题；

第二，不同消费者对产品的各种性能给予的重视程度不同，或评估标准不同；

第三，多数消费者的评选过程是将实际产品同自己理想中的产品相比较。

4. 购买决定

消费者对商品信息进行比较和评选后，已形成购买意愿，然而从购买意图到决定购买之间，还要受到两个因素的影响：

第一，他人的态度，反对态度愈强烈，或持反对态度者与购买者关系愈密切，修改购买意图的可能性就愈大；

第二，意外的情况，如果发生了意外的情况，比如失业、意外急需、涨价等，则很可能改变购买意图。

5. 购后行为

在分析消费者购买决策后的行为分析，影响到营销的后续活动，对购后行为的分析主要是购后的满意程度、购后的活动。

消费者购后的满意程度取决于消费者对产品的预期性能与产品使用中的实际性能之间的对比。购买后的满意程度决定了消费者的购后活动，决定了消费者是否重复购买该产品，决定了消费者对该品牌的态度，而且会影响到其他消费者，形成连锁效应。

12.2.2 影响消费者购买决策的因素

1. 个人因素的影响

(1) 稳定因素。这主要是指个人某些特征，诸如年龄、性别、收入、家庭、生活周期、职业等。稳定因素不仅能影响参与家庭决策者，而且影响人们决策过程的速度。

(2) 随机因素。随机因素是指消费者进行购买决策时所处的特定场合和具备的一系列条件。有时，消费者购买决策是在未预料的情况下做出的，例如某种情况的出现将延迟或缩短人们的决策过程，由于收入突然减少，原本计划购买的服装不得不放弃。

2. 心理因素的影响

指消费者本人的心理状态因素，包括两个方面：一是消费者的心理过程因素；二是消费者个性心理要素。(见第 1 章中的消费者心理因素分析)。

作为消费者心理因素的影响，还包括了消费者的经验。

经验包括由于信息和经历所引起的个人行为变化。一些生理条件如身体成长变化、衰老、退休而引起的行为变化，不列入经验考虑范围。个人行为的结果强烈地影响着经验积累过程。如果个人的活动带来了满意结果，那么他在以后相同的情况下，会重复以前的做法。如果行为没有带来满意的结果，那么将来他可能采取完全不同的做法。例如，一个消费者购买了某种牌子的食品，觉得食品好吃并非常喜欢，那么他以后还会继续购买该食品；反之，就不会如此。

一个公司要成功地推销产品，它就要帮助消费者了解产品。消费者可以通过直接经验了解产品，许多营销者都设法在消费者购买产品前向他们提供直接经验。通过推销人员和广告作用，营销者在消费者购买前就要向其提供信息以影响消费者经验，从而使消费者对产品的态度有好感，以利于销售产品。

3. 社会影响

社会营销包括的因素有角色和家庭、相关群体、社会阶层、文化等因素。

12.2.3 购买决策原则

1. 购买决策原则

消费者进行评价之后，就会进入到决策过程，决策的原则有以下几个：

一是理想品牌原则。每个消费者心目中都有一个对某类产品的理想品牌，并用这种理想品牌印象同实际品牌进行比较，实际品牌越接近理想的品牌，越容易为消费者所接受。

应用举例 “理想”与“现实”到底差多少？

消费者也选择一双最新款式的运动鞋，耐克是心中的理想品牌，但因为价格的昂贵无法购买，恰好有李宁牌的运动鞋款式和耐克的很形似，同时对李宁本人也充满了崇敬，那就选择李宁牌的吧。因此，当“理想”和现实有差异的时候，离“理想”越近的产品越容易成为消费者的首选。

二是多因素关联的决策原则。这一原则是消费者为商品的各种属性建立一个最低可接受水平，具备了所有这些属性，并且达到了规定水平时，该商品就会被接受，而对于没有达到这一可接受水平的其他牌号的商品都不予考虑；

三是单因素分离原则。这种方法与多因素关联原则正好相反。这种模式是指消费者只用一个单一的评估标准来选择商品。也就是说，消费者以一种属性去评价他所考虑的几个牌号商品，并从中选出最符合他评价标准的那个商品牌号。

四是排除法的决策原则。排除法的核心在于逐步排除以减少备选方案。首先，要排除那些不具备所规定评估标准的最低可接受水平的品牌。其次，如果所有考虑中品牌，都具有某一评估标准的最低限度要求，那么这一标准也要去掉。因为这种无差别的衡量对选择过程没有用处。总之这种方法就是不断地以不同的标准加以衡量，再不断地排除下去，直到剩下最后一个为止，最后这个品牌所具有的独一无二的特征被称为“独特优势”或“关键属性”。

营销人员要深入了解不同消费者购买决策的选择标准，根据自己产品顾客群的特征，设计营销策略。

2. 决策效用的体验

（1）商品的效用。

消费者通过购买商品以及对商品的使用，能够使自己某些方面的需要得到满足，从而获得生理或心理上的愉悦与满足。商品的这种能满足人们某些需要的属性，就是它的效用。从消费心理学的角度讲，商品的效用就是人们在占有、使用或消费时得到的快乐和满足。效用反映了人们在消费活动中的满意程度。研究效用，发现其内在规律，便于科学客观地研究消费者行为。

应用举例 商品的效应到底和哪些因素相关？

当少数人拥有“大哥大”时，他们会获得一种显示其社会地位和身份的满足感，因此这一商品对他们来说就具有较高的效用；当拥有手机的人数急剧增多，该商品中获得的满足感不像以前那样强烈时，它的效用也就降低了。对于集邮爱好者来说，任何一款有价值和纪念意义的邮票的效用极大，但在普通人眼中，它只是一个无用的东西。所以一个商品的效用与消费者需要的类型、强度等密切相关。

（2）消费者行为的边际效益。

边际效益是西方经济学家分析消费者行为特点时提出来的一种理论。这种理论认为，追求商品带来的最大满意度是人们消费商品的目的和愿望。随着消费商品数量的增加，给消费者带来的总的满意程度也在增加。而在消费者满意度增加的同时，每一单位商品给消费者带来的满意度却在减少。

商品的边际效益随着消费数量的增加而减少的现象，普遍存在于各种商品之中。出现消费行为边际效用的原因大致有两方面：一是消费者在消费一种新商品时，受到求新动机的影响，对于新商品的满意度很高，而随着商品总量的增加，消费者对其逐渐适应，新鲜感逐渐降低，如果再继续消费这种商品消费者所得到的满意度就会下降。二是消费者某种需要得到了一定程度的满足之后，就会产生新的需要，原有的消费需要就变得相对不重要了。这时，继续增加商品的消费数量，所得到的满意度不会等量增加，边际效益出现了。

应用举例　　自助餐中的“边际效益”

每个人都有过吃自助餐的经验。通常情况下，在吃之前一定是非常饥饿的，开始吃时每一种食物都非常受用，味道鲜美，随着肚子开始慢慢吃饱，食物的味道也开始慢慢变化，通常大多数人会吃到没有吃下去的欲望为止，如果此时再给她或他吃东西的话，人就会觉得难以承受。从吃饱开始，每一种东西的边际效益开始下降。

边际效益现象可以为企业提供有益的启示。在开发新产品、占领市场方面需要有长远观念。一种产品一经占领市场后，企业必须做好开发新产品的准备。因为没有任何一种产品可以永远占领市场。无论新产品性能、质量如何优越，消费者在逐渐适应后迟早会发生边际效益现象。而这种现象一旦出现，消费者会从心理上逐渐疏远甚至厌弃该商品，并主动寻找让他们感兴趣的新产品。此时，如果经营者不能准确分析这一心理变化，不设法开拓市场就会面临被其他商品抢占、替代的局面，这对企业是极为不利的。

（3）消费体验。

消费者购买到商品之后，就开始了实际的使用和消费过程，并从中获得应有的消费体验。此时，商品的质量、性能特点、使用效果优劣以及便利程度如何，便会充分地反映出来。不仅如此，消费者还会根据自己的价值标准做出相应的评价，而这些评价既可能影响消费者下一次的购买行为，又可能使他把他们的感受、评价传播给其他消费者，从而影响他人的消费行为。

在使用和消费商品的过程中，由于不同消费者对商品的期望、要求不同，加之个性及经验方面的差异，他们得到的消费体验也各不相同。在此，分析消费者在哪些方面的体验会更深刻一些，哪些因素影响消费者购物的体验，这些体验又是怎样影响下一次消费行为或他人消费行为。

从消费者需要的满足程度看，一般而言，商品的特性与消费者需要越接近，产生满意的体验越深刻；商品与消费者需要之间的距离越远（一般指商品特性远远不符合消费者的需要），消费者购物后产生不满意的体验越深刻。

满意的体验具体表现为：对于自我认识该商品的肯定；对于商品销售企业和人员的信赖感；对于商品价格的认同感。相应地，情绪上也会因愉快而积极，一次购物后，更乐意选择同样的购物场所及商品。不满意的体验则表现为：对自我认识该商品的否定；对商品经营环境的怀疑、不信任；在认知商品价格与性能等方面产生不平衡心理，有上当受骗的感觉，情绪上也容易变得消极而不愉快。因此，除了消费者自己会尽力避免重复该购买行为外，有些消费者还会将这种体验告诉他人，令其他消费者对该商品及购物产生戒备心理，以致对企业产生不信任感。

3. 消费决策中的“切断点”

（1）决策中的切断点定义。

消费者在购买决策时，总是针对自己的消费能力、需要、产品的特点与市场环境等因素，设定一些限制的或购买的范围，通过比较选择与设定的限制最小的产品购买，就把消费者对某产品设定限制购买的各个共同点，称为购买决策中的切断点。

应用举例　　**牛奶的“切断点”**

甲、乙、丙三位学生购买早餐奶，在三个人的心目中根据各自的需要，分别设计了不能买的牛点:

甲：全脂　每袋 1 斤以上 非伊利牛奶

乙：非水果味　每袋 1 斤以上 超期

丙：非水果味　每袋 1 斤以上 1 元以上

综合三个人在购买牛奶的切断点是：口味、每袋重量以及日期等。

（2）切断点的作用。

决策中的切断点一旦确定，在消费中就会对消费者的行为产生深刻的影响，但并不是说所有点的作用是一样的，这要看消费者的最主要需要的内容是什么，消费者会根据个体的需要确定决策中切断点的顺序，尤其是排序中会有一个或几个必要的条件或首要的条件。

应用举例　　**消费者是如何设计自己的购买限制的?**

一个消费者要购买一个房子，他首先在心里建立了几个选择的标准：房子是 100 平方米左右；每平方米不能超过 4000 元，总房款要限制在 40 万元以内；由于有一个正读书的孩子，必须是与学校要近一些；由于妻子经常失眠，所以不能距离马路边嘈杂的地方；由于奶奶要帮助照顾孩子，所以楼层不能太高。所以这些面积、价款、学区、位置、楼层等要求，就是该消费者在购买房子的切断点。当一个房子很华丽，200 多平方米，超过了购买能力，所以不会成为购买的对象；一个房子价格合适、面积合适等，但学区较差，也不会成为购买的对象。

上述的消费者，因为孩子要上小学会是一个最重要的切断点，所以当有两个房子，一个是 100 多平方米，价格适中，比较僻静，适合妻子的要求；另一个房子是 110 平方米，价格是 50 万元左右，超过购买能力，但是学区良好，不但有小学、中学等，消费者的选择通常会是后者。所以，切断点的顺序要看消费者需求重要性的程度。

（2）消费者购买切断点的确定。

第一是消费者的购买能力与消费者个体的需要。消费者在购买商品时，首先要考虑个体对产品价格的承受能力，即消费某一产品的习惯性价格，这既与消费者收入有关，也与习惯性的价格有关；其次是消费者个人的需要和偏好；最后是消费者消费的习惯。

应用举例　消费者个体的考量

要购买一件上千元的皮鞋，消费者就要考虑个人的收入状况；要买一包 2 元的面巾纸，消费者要考虑对价格的习惯，因为通常一包面巾纸的通常价格是 5 角等；同样是买房子，有的消费者关注的是周围的交通情况，有的关注的是学区等；比如，由于消费者在消费中都有一定的习惯性，土生土长的海边人不会希望住在海边等。

第二是产品的特点。由于产品的价值、产品的类型等方面的不同，因此消费者在购买产品时的切断点也是不同的。

应用举例　不同的产品产生的不同需求

冰箱等耐用消费品，由于产品的特点不同，消费者在购买时容易形成的切断点是价格、品牌、款式、功能、尺寸大小等；对于一把雨伞，切断点是款式、颜色、价格等，功能等很少成为购买者设定的切断点。所以，由于产品的差异会形成不同的切断点。

第三是市场环境的影响。市场环境的影响包括习俗、文化、经济条件、消费流行等影响，会促使消费者在某一时期购买某一产品时形成特殊的切断点。

应用举例　外部因素这样影响消费者

由于中国人的传统认为红色是喜气的象征，而白色是白事的象征，因此传统的中国人在结婚时会选择红色的礼服，不会选择白色的礼服；由于时下流行的是圆口女鞋，一款老式的鞋就会成为购买的切断点。

综上所述，消费者在购买时候总会设计一些购买的要求，不符合要求的特点就成为消费者购买时的切断点，有经验的销售人员应通过交流尽快了解消费者的购买条件和排斥产品的特点，尽快向消费者介绍符合要求的产品，促使消费者的购买，对企业了解目标市场的一般要求和切断点，在设计产品和推广产品时就可以针对消费者的要求，使生产与推广过程更加有针对性。

子任务三 购买行为的理论

为了更好地认识消费者的购买行为，很多人就消费者的购买行为进行研究和分析，从不同的侧面解释了消费者消费行为的主要原因和特点，为分析消费者的购买行为，指导营销策略的制定奠定了基础。

12.3.1 象征性社会行为理论

1. 理论的基本内容

任何商品都有两种价值：使用价值和社会价值。所以消费者在消费商品的过程中，不但购买了商品的使用价值，而且也购买了商品带来的某种特殊社会含义。

随着社会的发展，消费者在购买商品时，除关注商品的使用价值外，越来越关注商品的象征意义和社会价值，作为商品的经营者应更多地从商品的社会象征意义入手，满足消费者对商品社会属性的要求。

2. 商品的象征意义

（1）象征消费者的个人身份地位。

商品在很多时候可以成为个人身份的象征，表明了商品拥有者的社会地位和身份。

应用举例　从产品中表现出的消费者身份

有些商品的社会表现性很强，比如高档轿车的拥有者、名表的购买者、高档时装的消费者等，都说明了这些消费者在社会中的地位。有些服务的消费也如此，在快餐店、饭店以及五星级酒店进行的习惯性消费都无言地表明了消费者所处的社会阶层和社会地位。

（2）表达消费者的兴趣、爱好等。

某些商品的消费也可以表达消费者的兴趣、爱好以及对时尚潮流的把握程度。

应用举例　从产品中表现出的消费者情趣

很多商品的购买都表明了消费者的爱好和兴趣，比如集邮爱好者收藏的邮票、钓鱼爱好者所买的鱼竿等，都表明了消费者的情趣。同时有些商品的购买也表明了消费者与时尚的距离，比如网上购物、所穿服装的颜色和款式等。

（3）消费者社会交往的用途。

指社会商品用于人际交往，并象征了两者之间的关系和人际关系的状况。

应用举例 商品的“语言”

玫瑰花用来表明爱情、康乃馨表达了对母亲的祝福等传统的商品都传达了某种特殊的社会意义。现代情况下很多商品也被赋予了某种社会交往性，比如脑白金是子女送给父母的健康祝福，也表明了孝心，金六福是节日带给全家的酒等。

3．理论意义

消费者购买商品时不但买到了商品的使用价值，更重要的是买到了商品的社会意义，所以在产品的推广中，不但要考虑商品的使用性，更要关注和开发商品和服务的社会性，使消费行为变成一种社会行为，消费者为了满足社会性的消费愿意付出的“成本”远远比对使用价值付出的要更多，而且更心悦诚服。

12.3.2　减少风险理论

1．理论的核心

这个理论是指消费者在购买商品时总感觉要承担某种不确定的损失。与消费者知觉到的风险理论内容一致，作为营销的核心就是要降低消费者的购物风险。

2．产品不同时期的风险

产品的生命周期包括产品的介绍期、成长期、成熟期和衰退期四个阶段，在这四个周期中消费者感觉到要承担的风险是不同的。

（1）在产品的介绍期——产品质量风险。在产品介绍期商品对消费者来说是一个全新的概念，因此消费者对产品没有消费的直接和间接经验可以借鉴，所以消费者最担心的是产品质量和实用性的问题，所以在第一个生命周期内，营销者应着眼降低消费者对产品的质量和稳定性的担心，以试用、包退换等策略，使消费者更有信心消费和购买该产品。

（2）在产品的成长期——产品时间风险。

在产品成长期，已经有一定量的消费群体，消费者对商品的了解程度开始增加并开始熟悉产品，但产品进入市场的时间较短，消费者通常是时尚群体、改革者或者是社会地位较高者，所以尽早购买产品也具有更高的社会意义。所以在这个阶段消费者担心的是自己在产品消费中所处的先后位置，所以时间风险是最主要的。在这个阶段，营销者策略就是扩大销售渠道，方便消费者购买。

（3）在产品的成熟期——社会性风险。

在产品的成熟期，产品的消费者越来越多，同时同类产品的差异性降低，同样的产品充满了市场，质量也基本上没有太多的差异，但消费者购买商品时，就会担心产品能否说明和代表自己的社会身份等，所以在这个阶段，营销者应着眼强调本品牌的商品差异性，使产品的社会交往性更好。

（4）在产品的衰退期——经济风险。

处在衰退期的产品，消费者已经饱和，产品也逐渐退出市场，这个时期的消费者是消费群体中的低端消费者，产品的质量、渠道以及产品的差异性都已不是消费者关心的问题，所以消费者消费该产品时希望以最低价格购买产品，商品的价格成为消费者最担心的问题。因此在这个阶段，营销者应着眼于以最合适的价格和时机，最快地逃离市场。

3. 理论意义

减少风险理论的核心内容就是如何降低消费者的购物风险，使目标群体能放心地购买本企业的产品，并增加消费者的消费信心和惠顾程度。

12.3.3 习惯建成理论

1. 理论的核心

这个理论建立在心理学的条件反射理论基础上，其核心内容是消费者的消费行为实际上是一个习惯养成的过程。无论消费者消费行为如何千差万别，都是一个通过接触、认识、喜欢以至习惯的过程，是一个渐进的过程。

2. 理论的具体内容

（1）重复会形成喜欢。

重复地消费一个产品或劳务，在重复的过程中，增加了对产品或劳务的认识，减少了陌生感，因此会产生喜欢的感觉。

应用举例　“过程”需要等待和耐心

在日常的消费中，这种现象是非常常见的。比如在色拉油的推广初期，消费者，尤其是有经验的家庭主妇都会认为，色拉油在烹调食品时其色香都与传统的大豆油有很大的差别，但随着色拉油的不断推广，消费者越来越喜欢色拉油。同样，人们对鸡精、小粒盐的接受也同样如此。因此，一种新产品要被消费者所爱，需要一个过程慢慢让消费者接受，经营者需要耐心等待。

小知识　人际吸引效应——社会心理学中的人际吸引规则

美国心理学家费斯汀格在大学生中进行了实验，让学生们描述他们目前喜欢的人，多数学生选择的是同宿舍或临近宿舍的同学。费斯汀格认为最主要的原因是临近更熟悉，没有陌生感，危险性也最小，所以容易形成喜欢。后来的心理学家或者认为临近导致喜欢，或者认为熟悉导致喜欢，无论是哪个理论，都是因为人与人之间的反复认知，所以导致相互喜欢。

所以，如何让消费者使用该产品是很重要的，比如试用、品尝以及重复的广告推广等都是让消费者接受的途径和方法。

（2）重复过程和反映的巩固程度决定消费行为的养成。

消费者对某种商品的购买行为直接取决于“商品—购买”这一刺激——反应链的巩固程度。也就是说，假如消费者经常购买某种商品，就会形成一种习惯，建立起一种稳固的条件反射，一旦他（她）再次见到这种商品或重新产生对这种商品的需要时，就会自然而然地再去购买它。而且，这种“刺激-反应”的强度愈大，条件反射建立得愈牢固，带有某种“定向”性质的购买行为就越容易出现。

应用举例　　习惯的养成

生活在我国南方的消费者以大米为主食，这在世世代代的长期生活中已形成了牢固的习惯，当家中的大米吃完了，自然就会出现“大米——购买”的条件反射；北方人经常吃饺子，看见饺子想吃的可能性很高，北方人吃饺子的习惯是很难改变的；“可口可乐”在进入中国市场时，大量的广告和免费品尝对培养消费者的习惯购买起到了促进的作用。

（3）强化物对习惯行为的养成也有很大的影响。

从心理学的角度看，购买行为是一种习惯建立的过程，也就是新购买行为建立的过程。根据巴甫洛夫条件反射学说和斯金纳的操作条件反射理论，任何新行为的建立和形成都必须使用强化物。只有通过强化物的反复作用，方能使一种新的行为产生、发展、完善和巩固，就像在“狗”实验中，喂狗的食物一样。

应用举例　　什么是对于一种商品习惯的“强化物”

企业在商品的设计、制造中，如果能严格地把好质量关，使每一个产品的质量都过得硬，消费者购买使用后，就会因亲身感受到了它的质量可靠和功能完善，对它加以肯定和赞赏。当第二次需要时就会再去购买它。第二次购买又导致肯定的体验，结果就会促成第三次，第四次……多次的重复购买。久而久之，这个商品的良好形象就会牢牢地树立在消费者的心目中，致使消费者的习惯性购买行为形成。在此，商品的质量就是消费者购买行为的强化物。这恰恰说明人们为什么喜欢购买优质名牌产品。

根据这个理论，在销售过程中怎样为消费者提供一个好的“强化物”是很关键的问题。

3. 理论意义

依据该理论，消费者对一个产品的消费是一个习惯养成的过程，如何使消费者经常性地使用某一个产品，如何设计一个实际可操作的过程，并给予一定的刺激，促使这个过程的形成，是这个理论给予企业和营销者重大的启示和命题。

12.3.4 消费行为的认知理论

1. 认知理论的含义

认知理论是近年来比较流行的一种消费行为理论，它的核心是把消费行为看成是一个信息处理过程。该理论认为，从消费者接受商品信息开始，至最后购买行为结束，始终与对信息的加工和处理直接相关。它包括注意、知觉、表象、记忆、思维和语言等。在整个过程中，商品信息在消费者机体内“流动”，从注意、知觉开始，通过储存、提取，直到购买时使用。

2. 信息处理的过程

消费者对商品信息的处理过程是：当商品信息刺激消费者时，在多种内外因素的共同作用下，经过消费者的知觉选择、过滤后，或被接受或被拒受，从而决定是否购买。

此过程就是外来的商品信息首先要暴露给消费者，通过消费者的知觉选择，可能被接收，也可能被拒收；当信息被接收后，消费者亦不一定去注意，如果消费者对这些信息不感兴趣，就可能视而不见，听而不闻，这时的信息只是一种感觉登记，很快就会自然消退，从记忆中消失掉。只有当信息被注意后，才能转入短时记忆，这时，消费者就必须认知信息、了解信息，看信息是否与自己的知识、经验相一致，一致则予以接收，否则就予以拒收。信息一旦被接收，就将转入长时记忆，以备取用。当消费者面对某种商品信息时，长时记忆中储存的信息就会与新接收的信息整合起来，形成对该种商品的态度，从而影响购买决定的作出。

应用举例　　**信息传递中可控和不可控因素**

通过宣传、广告、促销活动传递有关商品信息的内容时，是突出强调商品的新功能、新特点，还是突出强调商品的价格优势、物美价廉；发布信息所采用的传播媒体，是选择大众传播媒介——报纸、广播、电视等，还是选择针对性强的私人传播媒介，如电话、信函等。这些都是可以选择和控制的因素。

不可控制的因素是指接收信息的人即消费者的特性，消费者的性格特点、生活方式、社会经验等。还有其他因素，如泛指社会行为规范、社会行为准则、公共道德规范等。

以上仅是消费者对商品信息的接收处理过程。接收了商品信息之后，消费者还要对信息进行分析处理。分析的过程要考虑传递信息者的信用、传递信息与自己需要之间的关系，从不同渠道接收信息的比较、验证，以及对信息的理解程度，在这个基础上才产生购买与否的决定。

根据该理论消费者的购买行为是一个复杂的过程，任何一个信息都会促使消费者的购买行为中断或形成，所以要研究消费者的认知过程的特点，抓住关键的因素，促使消费者达成购买行为。

实训一

任务：通过分析某一个具体的消费行为过程，掌握消费行为分析的基本过程以及主要的关注点。

【实训目的】 促进学生熟悉消费行为分析以及消费行为过程的相关知识；促使能从整体上分析消费者行为；能够从这个过程中找到主要和重要的关注点。

【实训题目】 收集自己的某一个具体的消费过程，以两种形式分析这个消费行为过程：具体的语言描述与以消费行为过程分析的理论描述；通过这两种途径分析，找出影响本次消费行为过程的主要和关键因素，分析这个因素在本次消费中的作用；这些分析对产品宣传的启发意义。

【实训方法】

1．实训过程：

第一步：每一位学生找一个自己最近的、典型的、全面的消费事件，简单描述一下本次消费行为；以消费行为过程的分析方式分析消费行为；列举在本次消费行为中的影响因素；分析影响本次消费行为的重要因素。

第二步：随机的两位同学交换各自的分析；相互评析分析的案例：根据消费行为的基本过程、影响因素、关键因素等，给案例分析打分，说明扣分以及扣分的理由。

第三步：选出 5 位以上的同学分享分析的结果：消费行为过程分析，本人对分析的评价。

第四步：教师点评、汇总和提高。

2．时间：40 分钟左右。

3．地点：教室。

【总结】

1．从专业学习的角度分析消费消费行为的过程：消费行为过程分成五部分：从认知需要—收集信息—比较决策—购买行为—购后感受；对一个消费行为的影响因素主要来自三个方面：消费者、产品以及环境和社会影响因素；每个因素都可能成为影响一个具体消费行为过程的关键和核心因素。

2．对一个产品的推广，要从消费者消费行为过程的分析，寻找出营销本产品的方式，如果关键因素是产品，主要策略就是从突出产品特色出发，如果是社会因素的话就应该考虑如何使产品顺应社会影响因素的需要等。

3．消费行为过程给了从整体上对该问题进行分析的路径，学生应学会整体思考的方法以及相互学习方式。

实训二

任务：熟悉并能够运用购买决策类型的方式，分析一个具体的产品中消费者决策的类型，并分析在实践中的意义。

【实训目的】 促进学生熟悉消费决策的相关知识；能够运用决策的类型对一个具体产品的消费进行决策类型分析；提高学生自主学习相关知识的能力。

【实训题目】

分析一下产品的消费中消费者的决策类型：

第一，加多宝凉茶；

第二，苹果牌电脑；

第三，月饼；

第四，LV 女包；

第五，住房。

分析这些结论的实践意义是什么。

【实训方法】

1．实训过程：

第一步：将学生分成 5 人小组，共同讨论上述产品的决策类型；分析这些分析的实践意义，形成小组讨论结论。

第二步：分享每个小组的讨论结论，分析这些案例启发什么。

第三步：实训指导教师进行分享和指导。主要从两个方面进行：产品的类型与决策类型分析的关系，以及小组工作速度中的一些启发意义。

2．时间：40 分钟左右。

3．地点：教室。

【总结】

1．消费者决策类型有很多的分类，与产品、消费者本人等都有很大的关系，在消费者行为的分析过程中，主要有三种类型：消费者的目的性、产品与品牌差异、消费者对产品的了解程度等三个方面。第一种分成确定、半确定、不确定型；第二种分成简单、多变、和谐和复杂型；第三种分成浅涉、初涉和深涉型等。

2．在上述的分析中，产品的属性是很重要的，它决定了消费过程的推广。

3．小组工作方式是一个常用的方法，效率和过程同样重要，在决策中，总是要找到工作的核心。

实训三

任务：熟悉并能够运用消费行为分析的理论分析一个产品的消费，掌握消费行为分析的理论。

【实训目的】 促进学生熟悉消费行为理论的相关知识；能够运用这些理论进行产品的消费分析；提高学生自主学习相关知识的能力。

【实训题目】

以象征性社会行为理论、习惯养成理论以及社会风险理论对下列产品消费进行分析，并说明这些分析的实践意义：

第一，加多宝凉茶；

第二，苹果牌电脑；

第三，月饼；

第四，LV 女包；

第五，住房。

【实训方法】

1．实训过程：

第一步：将学生分成 6 个小组，每两个小组以抽签的方法，选出一种理论对上述五类商品进行分析；分析这些分析的实践意义，形成小组讨论结论。

第二步：分享每个小组的讨论结论，分析这些案例的启发意义。

第三步：实训指导教师进行分享和指导。主要从两个方面进行：消费行为理论对产品消费行为分析的意义，以及小组工作速度中的一些启发意义。

2．时间：40 分钟左右。

3．地点：教室。

【总结】

1．消费理论主要有四种，其中三个理论对产品的营销非常重要。象征性社会行为理论强调的是消费者消费产品除了产品自然属性外，也有社会属性，比如对地产、品牌产品等消费，消费者更加关注社会意义；习惯养成理论认为消费者消费某产品有一个习惯养成过程；社会风险理论主要是在产品的不同时期消费风险是不同的。

2．根据上述理论，在产品的推广中，要关注产品的社会和象征意义的塑造、要主要推广过程的时间性（不能要求消费者立刻适应新产品）、要注意产品在不同时期消费者最关心的问题。

3．关注小组工作方法。

参 考 文 献

1．单风儒．营销心理学．北京：高等教育出版社，2005.03.

2．薛长青．消费者行为分析．大连：大连理工大学出版社，2009.11.

3．王曼，白玉苓．消费者行为学．机械工业出版社，2011.08.

4．迈克尔・R.所罗门．卢太宏，杨晓燕．消费者行为学（8 版）．北京：中国人民大学出版社，2009.07.

5．齐常华，林楠．消费心理学．北京：清华大学出版社，2010.07.

6．申纲领．消费心理学．北京：电子工业出版社，2012.12.

7．陆文均．顾客消费心理学．上海：同济大学出版社，2011.05.

8．陆剑清．现代营销心理学．北京：首都经贸大学出版社，2010.01.

9．熊素芳，袁青燕．营销心理学．北京：北京理工大学出版社，2006.09.